W0074042

ClimatePartner°
klimaneutral
Verlag | ID: 128-50040-1010-1082

Selbstverpflichtung zum nachhaltigen Publizieren

Nicht nur publizistisch, sondern auch als Unternehmen setzt sich der oekom verlag konsequent für Nachhaltigkeit ein. Bei Ausstattung und Produktion der Publikationen orientieren wir uns an höchsten ökologischen Kriterien. Dieses Buch wurde auf 100 Prozent Recyclingpapier, zertifiziert mit dem FSC®-Siegel und dem Blauen Engel (RAL-UZ14), gedruckt. Auch für den Karton des Umschlags wurde ein Papier aus 100 Prozent Recyclingmaterial, das FSC®-ausgezeichnet ist, gewählt. Alle durch diese Publikation verursachten CO_2-Emissionen werden durch Investitionen in ein Gold-Standard-Projekt kompensiert. Die Mehrkosten hierfür trägt der Verlag. Mehr Informationen finden Sie unter: http://www.oekom.de/allgemeine-verlagsinformationen/nachhaltiger-verlag.html.

Bibliografische Information der Deutschen Nationalbibliothek:
Die Deutsche Nationalbibliothek verzeichnet diese Publikation
in der Deutschen Nationalbibliografie; detaillierte bibliografische
Daten sind im Internet über http://dnb.d-nb.de abrufbar.

© 2017 oekom verlag München
Gesellschaft für ökologische Kommunikation mbH
Waltherstraße 29, 80337 München

Über die Herausgeberin: Die Heinrich-Böll-Stiftung ist eine politische Stiftung für grüne Ideen und Projekte. Weitere Informationen unter: www.boell.de

Konzept/Redaktion: Marcus Franken
Korrektorat: Petra Kienle
Umschlaggestaltung: Andrew Corbett Design
Satz: Markus Miller, München
Druck: AZ Druck und Datentechnik GmbH

978-3-96006-008-6

FSC
www.fsc.org
RECYCLED
Papier aus
Recyclingmaterial
FSC® C008457

Heinrich-Böll-Stiftung (Hrsg.)

Wirtschaft im Zukunfts-Check

So gelingt die grüne Transformation

Inhalt

Vorwort

Das Ziel, die Emission von Treibhausgasen bis zur Mitte dieses Jahrhunderts weltweit radikal zu reduzieren, stellt die Wirtschaft und den Alltag einer Gesellschaft vor grundlegende Probleme und Veränderungen. Die besondere Herausforderung besteht darin, gleichzeitig weltweit Armut und Arbeitslosigkeit zu bekämpfen und gegen den Klimawandel vorzugehen.

Deutschland versucht das bereits und geht seit einiger Zeit den Weg einer grünen Transformation der Wirtschaft. Die Energiewende macht es vor, wie der Ausstieg aus fossilen Energieträgern in einer erfolgreichen Exportnation gelingen und darüber hinaus Arbeitsplätze schaffen kann. Andere Bereiche unserer Volkswirtschaft ziehen nach, andere tun sich schwer, denn die Hürden des Umbaus sind immens.

Das Neue entsteht im Schoß des Alten – häufig wird dies als krisenhaft erlebt oder als zu langsam wahrgenommen, dennoch baut sich auch eine neue ökologische Wirtschaftsweise auf den Strukturen des Bestehenden auf und verändert diese radikal.

Die Heinrich-Böll-Stiftung will mit dem vorliegenden Buch eine Bilanz ziehen. Wir legen eine Analyse des aktuellen Stands der Nachhaltigkeit in den verschiedenen Sektoren der Wirtschaft in Deutschland vor, die auch Ausblicke in eine mögliche ökologischere Zukunft erlaubt. Die grundlegenden Fragen, die es zu beantworten gilt, lauten: Wie weit sind wir mit dem Umbau in der deutschen Wirtschaft gekommen, wo liegen die größten Hemmnisse und welche Schritte müssen als Nächstes gegangen werden?

Eine arbeitsteilige Marktwirtschaft lässt sich am besten nach Branchen untersuchen. Expertinnen und Experten der unterschiedlichen Sektoren unserer Marktwirtschaft beschreiben die Zukunftsfähigkeit der Mobilität, des Wohnens, der Energiewirtschaft, der Landwirtschaft, der Chemieindustrie, der Stahlbranche und des Maschinenbaus. So entsteht ein aktuelles und faktenreiches Panorama unserer Marktwirtschaft in ihrer Unterschiedlichkeit und Vielfalt.

Wenn es uns in unserem Land gelingen kann, grünes Wachstum für einen allgemeinen Wohlstand zu generieren, können wir mit den richtigen Rahmenbedingungen und Ansätzen mindestens ein Beispiel für andere sein, vielleicht sogar ein Impulsgeber und Partner einer gerechten Globalisierung.

Die Heinrich-Böll-Stiftung beschäftigt sich seit ihrer Gründung mit diesen Themen. Wir veranstalten Konferenzen, arbeiten an alternativen Konzepten, veröffentlichen Studien und Bücher, unterstützen Projekte und Initiativen in aller Welt. Unsere Website www.boell. de ist eine Fundgrube für alle, die sich für Fragen nachhaltiger Entwicklung interessieren. Dieser Sammelband reiht sich hier ein.

Abschließend möchten wir allen danken, die zu diesem Projekt beigetragen haben. Ein besonderer Dank gilt dem Redakteur Marcus Franken für das Konzept und dessen Umsetzung, den Autorinnen und Autoren der Beiträge sowie Bernd Rheinberg, der als Lektor diesen Band von der Konzeptphase bis zur Drucklegung betreut hat.

Berlin, im Frühjahr 2017

Ralf Fücks
Vorstand der Heinrich-Böll-Stiftung

Ute Brümmer
Referentin Wirtschaft und Finanzen

Zur Einleitung

Wirtschaft im Umbruch
Auf dem Weg zu einer grünen Ökonomie

Von Ralf Fücks

Machen wir uns nichts vor: Der Klimawandel hat das Zeug zur Mutter aller Krisen. Er tangiert die Lebensbedingungen von Milliarden Menschen. Gerät er außer Kontrolle, rollen schwere Umweltkrisen und soziale Verwerfungen auf uns zu. Sie werden die Welt noch unsicherer und gefährlicher machen. Wer über die Zukunft nachdenkt, kann der ökologischen Frage nicht ausweichen.

Ökologische Transformation des Kapitalismus

Wie weit Ökonomie und Ökologie im Konflikt miteinander liegen, ist eine Frage der Produktionsweise. Nicht die Größe des Sozialprodukts ist entscheidend, sondern die *Art und Weise*, in der wir Energie erzeugen, Industriegüter produzieren, Landwirtschaft betreiben, Städte bauen und den Verkehr organisieren. Die globale Wirtschaftsleistung wird sich in den kommenden 20 Jahren glatt verdoppeln. Das ist gut und alarmierend zugleich. Gut, weil wirtschaftliches Wachstum Hand in Hand mit sinkender Kindersterblichkeit, längerer Lebenserwartung, besserer Bildung und steigenden Einkommen geht. Alarmierend, weil eine Verdoppelung des Ressourcenverbrauchs und der Emissionen auf einen ökologischen Super-Gau hinausliefe. Das alte, ressourcenfressende Wachstumsmodell ist nicht zu steigern. Wenn also ein »Weiter so« in ein globales Desaster mündet und der Ruf nach einem »Ende des Wachstums« ins Leere geht, was ist dann die Alternative?

Mehr Wohlstand für Milliarden Menschen bei sinkender Umweltbelastung klingt nach der Quadratur des Kreises. Aber genau darum geht es. Die Lösung liegt in der Entkopplung von wirtschaftlicher Wertschöpfung und Naturverbrauch. Das erfordert nichts weniger als eine grüne industrielle Revolution. Was ist darunter zu verstehen? Erstens eine weitgehende Dekarbonisierung der Ökonomie, also ein Abschied von Kohle, Öl und Gas und der Übergang zu erneuerbaren Energien. Zweitens die sprunghafte Steigerung der Ressourceneffizienz. Die Formel dafür heißt: aus weniger mehr machen, also mit weniger Rohstoffen und Energieeinsatz mehr Wohlstand erzeugen. Drittens der Übergang zu vernetzten Stoffkreisläufen, in denen alle Reststoffe wieder zum Ausgangspunkt neuer Produktionsprozesse werden. Ein solches Kreislaufsystem erfordert eine Neubewertung aller eingesetzten Werkstoffe und Materialien. Künftig dürfen nur noch solche Stoffe in Verkehr gebracht werden, die entweder vollständig in den biologischen oder in den industriellen Kreislauf zurückgeführt werden können.

Die menschliche Zivilisation hängt an einem halbwegs stabilen Klima, an der Fruchtbarkeit landwirtschaftlicher Böden und an intakten Wasserkreisläufen. Überschreiten wir die Belastungsgrenzen dieser Ökosysteme, drohen sehr große Probleme. Der springende Punkt ist, dass aus diesen roten Linien *keine fixen Grenzen* für Produktion und Konsum folgen. Was dem Menschen auf unserem Planeten möglich ist, wird nicht in erster Linie von geophysikalischen Faktoren bestimmt. Unsere allerwichtigste Ressource heißt *Kreativität*. Dazu gehört auch die Fähigkeit, Knappheitskrisen durch Innovationen zu überwinden.

Die ökologische Transformation des Kapitalismus ist ein gewaltiges Innovations- und Investitionsprogramm. Sie erfordert eine Erneuerung des industriellen Apparats und der öffentlichen Infrastruktur, den radikalen Umbau von Energieerzeugung und Verkehr, eine Revolution des Bauens und eine andere Art der Landwirtschaft. In einer schrumpfenden Ökonomie schrumpfen auch die Investitionen, die Innovationsrate sinkt. Der Wettlauf mit der Klimakrise erfordert aber eine Beschleunigung des strukturellen Wandels. Das impliziert *steigende* Investitionen und ein *höheres* Innovationstempo – also das Gegenteil einer Postwachstums-Strategie.

Europa hat das Potenzial, zum Vorreiter der grünen industriellen Revolution zu werden. Die »Energiewende« ist dafür ein Referenzprojekt: Mit ihr können wir demonstrieren, dass der Abschied von der fossil-nuklearen Energieversorgung ein ökonomisches Erfolgsmodell sein kann. Nur dann wird sie auch zum Modell für die aufstrebenden Gesellschaften des Südens.

Das magische Dreieck: Technik, Kultur, Politik

Freilich entbindet uns die Beschleunigung technischer Innovationen nicht davon, unsere Vorstellungen von einem guten Leben zu überdenken. Technischer und kultureller Wandel sind zwei Seiten einer Medaille. Schaut man genauer hin, verweisen die neuen Lifestyle-Trends im akademischen Milieu – Mobilität ohne privates Auto, vegetarische Küche, Fair Trade, Reduktion überflüssiger Dinge, verfügbare Zeit als neuer Luxus, Vereinbarkeit von Beruf und Familie – mitnichten auf eine neue Kultur des Verzichts, sondern auf einen *reflektierten Hedonismus*. Er zielt darauf ab, konkurrierende Werte unter einen Hut zu bringen: Genuss und Gewissen, berufliche Ambition und soziale Bindung, Konsum und Nachhaltigkeit. Die Alternative zum »Weiter so« lautet »anders und besser.«

Die ökologische Transformation des Kapitalismus ist keine Gesundbeterei. Wer sehen will, entdeckt vielfache Anzeichen des Wandels. Trotz aller hemmungslosen Bereicherung, trotz Bankenskandalen und Betrugsaffären zeichnet sich ein Trend zur moralischen Aufladung der Ökonomie ab. Soziale und ökologische Kriterien spielen eine wachsende Rolle für den Unternehmenserfolg. Wer es sich leisten kann, will ein gutes Gewissen beim Einkaufen haben. Die industrielle Massentierhaltung gerät in Verruf. Junge Talente fragen nicht nur nach Gehalt und Aufstiegschancen, sondern nach dem Sinn ihrer Tätigkeit. Das moralische Kapital von Unternehmen gewinnt wachsende Bedeutung für ihren wirtschaftlichen Erfolg. VW ist ein Lehrstück für die enormen Kosten ethischer Verfehlungen. Auch in der Finanzindustrie beginnt ein Umdenken. An den Börsen hat die Kohleindustrie einen Großteil ihres Werts eingebüßt. Hohe CO_2-Emissionen werden als Risikofaktor bewertet. Nachhaltige Investmentfonds sind im Kommen. Gleichzeitig beobachten wir eine

Renaissance der gemeinnützigen Ökonomie. Kommunale Stadtwerke, Non-Profit-Unternehmen und Open-Source-Projekte sind Trend, Tauschportale florieren und die großen Autokonzerne bauen eigene Car-Sharing-Systeme auf.

Grüner Ordoliberalismus

Wird also alles gut? Sicher nicht – und schon gar nicht von selbst. Märkte, Wettbewerb und Unternehmertum sind als innovative Suchverfahren unabdingbar. Um aber mehr Nachhaltigkeit in die Marktwirtschaft zu bringen, braucht es einen politisch-rechtlichen Ordnungsrahmen. Die sukzessive Verteuerung des Ressourcenverbrauchs, ein effektiver CO_2-Emissionshandel, ambitionierte Effizienzstandards, transparente Produktinformationen, die Verpflichtung der Hersteller zur Rücknahme ausrangierter Geräte, eine ökologisch ausgerichtete Forschungs- und Technologiepolitik wirken als Hebel in diese Richtung. Aber auch der Staat allein wird es nicht richten. Ebenso nötig sind eine kritische Öffentlichkeit, aufgeklärte Konsumenten und starke zivilgesellschaftliche Akteure, die Alarm schlagen und Handlungsdruck aufbauen können.

»Grüner Ordoliberalismus« könnte eine Antwort auf die Frage sein, wie Regulierung und Selbstverantwortung, Staat und Markt auszubalancieren sind. Funktionierende Märkte sind eine voraussetzungsvolle Angelegenheit. Sie hängen von Faktoren ab, die sie nicht selbst hervorbringen können. Dazu zählen Rechtssicherheit, ein leistungsfähiges Bildungswesen, moderne Verkehrswege und Datennetze ebenso wie eine effektive Anti-Monopolpolitik, kollektive soziale Sicherungssysteme und eine halbwegs intakte Umwelt.

Politik hat die Aufgabe, den Ordnungsrahmen vorzugeben, in dem sich Unternehmen und Konsumenten frei betätigen können. Dazu gehört, dass »die Preise die ökologische Wahrheit sagen«: Die volkswirtschaftlichen Kosten eines Produkts müssen sich in der Preisbildung widerspiegeln. Ressourcensteuern und Abgaben auf Emissionen sind effektiver als eine Vielzahl von Einzelvorschriften. Starke Kartellbehörden müssen für funktionierenden Wettbewerb sorgen. Staatliche Regulierung soll das freie Spiel der Kräfte nicht ersetzen, sondern die Spielregeln vorgeben. Ohne innovative Unternehmen keine ökologische Transformation.

Wo stehen wir heute?

Der vorliegende Band soll eine Bilanz ziehen, wo wir auf diesem Weg heute in Deutschland stehen. Die Bundesrepublik gilt in den meisten Weltgegenden als Vorreiter in Sachen Umweltschutz und grüner Innovation. Tatsächlich gibt es seit den 1970er-Jahren zahlreiche ökologische Fortschritte zu verzeichnen. Damals war das Waldsterben ein großer Aufreger. Eine Serie von Chemieunfällen verunsicherte Europa. Die Luft in den Industrieregionen war miserabel; das Baden in Seen und Flüssen war gesundheitsgefährdend. Die Anreicherung von Schwermetallen in den Böden und in der Nahrungskette beunruhigte die Bürger. Giftige Lösemittel machten Schlagzeilen, Sondermüll-Deponien gefährdeten das Grundwasser. Damit verglichen ist die Umweltqualität heute um vieles besser. Produktionsprozesse und Produkte wurden sicherer und umweltfreundlicher. Dieser ökologische Fortschritt geht vor allem auf drei Faktoren zurück: erstens auf eine immer umfangreichere Umweltgesetzgebung, die durch den Aufbau entsprechender Behörden flankiert wurde; zweitens auf kontinuierliche technische Innovationen; drittens auf das wachsende Umweltbewusstsein der Bevölkerung und den kontinuierlichen Druck einer starken Umweltbewegung, die in den Grünen eine parlamentarische Vertretung fand.

Auf all das kann man durchaus stolz sein. Die Verbesserung der Umweltqualität war zugleich eine wirtschaftliche Erfolgsgeschichte. Sie ging Hand in Hand mit gesteigerter Energie- und Ressourceneffizienz der Wirtschaft und machte die deutschen Unternehmen zu Exportweltmeistern in Sachen Umwelttechnik.

Allerdings waren diese Erfolge begrenzter Natur. Vielfach handelte es sich nur um nachsorgende Technologien wie Rauchgasreinigung, Katalysatoren oder Anlagen zur Abwasserreinigung, die lediglich die Schadstoffe am Ende der Produktionskette herausfilterten.

Ein Großteil der Effizienzgewinne wurde durch steigende Umsätze, wachsendes Verkehrsaufkommen und immer aufwendigere Konstruktionen aufgefressen. Der Automobilsektor ist dafür ein schlagendes Beispiel. In vielen Branchen gingen die Innovationen kaum über die Optimierung bestehender Produktlinien und Verfahren hinaus. Außerdem wurden umweltbelastende Vorprodukte vielfach in Länder mit geringeren Umweltstandards ausgelagert.

Ökologischer Strukturwandel

Der Klimawandel ist mit den alten Methoden gradueller Verbesserung nicht zu bewältigen. Eine Reduzierung der Treibhausgas-Emissionen um 90 Prozent bis zur Mitte des Jahrhunderts verlangt eine radikale Veränderung von Produkten und Produktionsprozessen. Das ist die Herausforderung, vor der wir heute stehen.

Der vorliegende Band nimmt daher zentrale Sektoren der Volkswirtschaft unter die Lupe. Dabei wird deutlich, dass wir uns in einer neuen Etappe befinden, bei der es um systemische Veränderungen geht. Man kann diese Herausforderung mit der Triade »Dekarbonisierung, Effizienzrevolution und Kreislaufwirtschaft« beschreiben. Aber plastisch wird die anstehende Veränderung erst mit einer genaueren Betrachtung der verschiedenen Branchen, die alle vor ganz spezifischen Umbrüchen stehen. Für die Landwirtschaft liegt der Schlüssel in einer De-Intensivierung der Tierproduktion; für die Chemieindustrie in der Substitution von Öl durch nachwachsende Rohstoffe; für die Autoindustrie im raschen Übergang zu vernetzter Elektromobilität; für die Luftfahrt in der Entwicklung neuer Werkstoffe, Antriebssysteme und Treibstoffe; für die Stahlbranche im Wechsel von der Hochofentechnik zu CO_2-neutralen Produktionsverfahren; für die Energiewirtschaft in der Kopplung des Stromsektors mit dem Wärme- und Verkehrsbereich sowie in der flexiblen Steuerung eines dezentralen, fluktuierenden Energiesystems. Das sind gewaltige Veränderungen, die ein hohes Maß an Innovationen und Investitionen verlangen.

Zugleich verdeutlichen die branchenbezogenen Analysen die enormen Chancen, die im Übergang zu einer grünen Ökonomie liegen. Die Verknüpfung von Biowissenschaften und Informatik bietet ungeahnte Möglichkeiten für die Entwicklung nachhaltiger Werkstoffe, Verfahren und Produkte. Die Vision einer Solar-Wasserstoff-Ökonomie rückt in Reichweite. Das vertiefte Verständnis biologischer Prozesse eröffnet neue Synergien zwischen Technik und Natur. Die gezielte Züchtung klimatisch angepasster Pflanzensorten, die biotechnische Produktion von Arzneistoffen, die vielfältigen Potenziale der Naturstoffchemie oder der Einsatz von Mikroorganismen in industriellen Verfahren weisen bereits in diese Richtung.

Allerdings macht eine nüchterne Bestandsaufnahme auch deutlich, dass die anstehenden Veränderungen politisch flankiert werden müssen. Ohne verbindliche Vorgaben für die Reduktion von CO_2-Emissionen, für Ressourceneffizienz und Wiederverwertung wird sich das Neue nicht schnell genug gegen die Beharrungskräfte des Alten durchsetzen. Zu den vordringlichen Hausaufgaben der Politik gehört die Revision des europäischen CO_2-Emissionshandels, um einen effektiven Anreiz für grüne Innovationen zu schaffen.

Spätestens an dieser Stelle pflegt der Einwand zu kommen, dass Klimaneutralität nicht im nationalen Alleingang erzwungen werden kann. Dass die bundesdeutsche Industrie im globalen Wettbewerb steht, ist so richtig wie banal. Allerdings wird dieser Wettbewerb nicht nur auf dem Feld der Kosten und Preise ausgetragen. Angesichts der wachsenden Umweltprobleme in den Schwellenländern definiert sich Wettbewerbsfähigkeit auch über die Umweltqualität von Produkten und Technologien. Der Markt für Erneuerbare Energien wächst exponentiell. Wer bei Speichertechnologien, intelligenten Netzen, Recycling, energieeffizienten Gebäuden, Wasseraufbereitung, ressourcenschonender Prozesstechnik und energiesparenden Geräten die Nase vorn hat, wird auch ökonomisch erfolgreich sein. Wer den Trend zu öko-intelligenten Produkten und Dienstleistungen verpasst, fällt zurück. Für die Automobilindustrie, das Flaggschiff der deutschen Wirtschaft, wird die Umstellung auf das neue Zeitalter vernetzter E-Mobilität zur Überlebensfrage.

Von einem umweltpolitischen »Alleingang« der Bundesrepublik kann keine Rede mehr sein. China ist längst zum Vorreiter für Erneuerbare Energien geworden; in den USA treiben die Giganten des Informationszeitalters ökologische Innovationen voran. Mit den Industrien von gestern hat Europa keine Chance im globalen Wettbewerb. Billig können andere besser. Wir können den Wohlstand von morgen nur sichern, wenn wir zum Vorreiter bei der ökologischen Transformation der Industriegesellschaft werden.

In der Kombination von wissenschaftlichen Entdeckungen, Unternehmergeist und ökologischer Ordnungspolitik liegt das Potenzial für ein veritables grünes Wirtschaftswunder. Der vorliegende Band zeigt Wege in diese Richtung. Er führt uns allerdings auch vor Augen, wie weit wir noch davon entfernt sind.

Foto: Rosmarie Voegtli

Weg vom »Welt-Spitzen-System-Tier«

Wie die richtige Tierhaltung auch dem Klima- und Verbraucherschutz dient

Von Franz-Theo Gottwald

Es gibt bisher kein Leitbild für eine nachhaltige Landwirtschaft in Deutschland und Mitteleuropa. Die Befunde sind daher niederschmetternd: Selbst Biobauern wirtschaften kaum klimafreundlicher als die agrarindustriellen Kollegen. Wer bis 2050 eine klima- und ressourcenneutrale Landwirtschaft haben will, muss an die Tierhaltung ran. Es geht nur mit weniger Tieren und mehr Qualität. Eine Aufgabenbeschreibung.

Auf dem Weg zur sozial-ökologischen Transformation der Wirtschaft kommt der Landwirtschaft eine herausragende Rolle zu. Die vornehmlich konventionelle Landwirtschaft wird von etwa 280.000 Familienunternehmen betrieben; sie setzt dazu synthetische Düngemittel, chemischen Pflanzenschutz und energieintensive Maschinen ein. Daneben gibt es knapp 25.000 Biobetriebe, das sind rund 9 Prozent der Gesamtbetriebszahl.

Die Effizienz der Landwirtschaft ist heute deutlich höher als früher. Aber die konventionelle Landwirtschaft hängt weiter am Erdöl und an der Erdölchemie. Die rund eine Million Menschen, die in der landwirtschaftlichen Erzeugung in Deutschland arbeiten und für etwa 50 Milliarden Euro im Jahr (Stand 2013) Waren absetzen, emittieren jährlich Methan in Höhe von 32,5 Millionen Tonnen CO_2 und das noch klimaschädlichere Lachgas in Höhe von 30,7 Millionen Tonnen CO_2-Äquivalent (Stand 2014). Das sind 58 Prozent der gesamten Methan- und 79 Prozent der gesamten Lachgasemissionen oder 7,3 Prozent der gesamten Treibhausgase in Deutschland. Die Landwirtschaft ist damit nach der energie- und wärmebedingten Verbrennung von fossilen Ressourcen der zweitgrößte Verursacher von Treibhausgasen in Deutschland.[1]

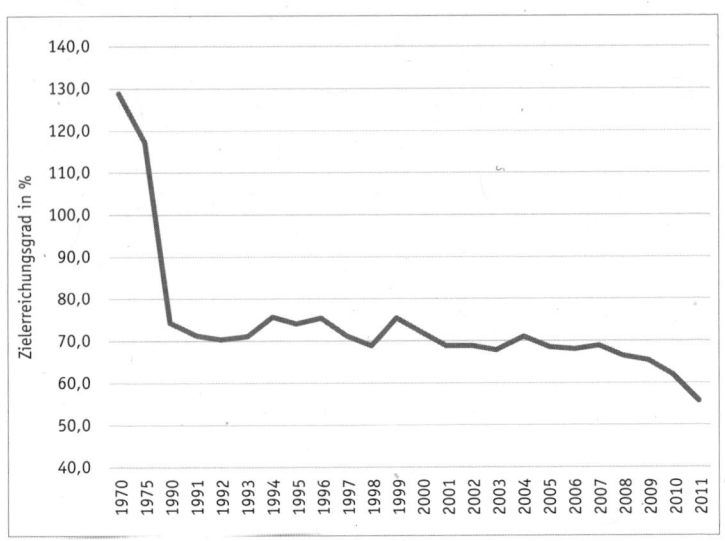

Abbildung 1 Die Artenvielfalt auf Agrarland nimmt ab
Quelle: Bundesamt für Naturschutz (BfN) 2014, nach DeStatis »Daten zu den Indikatoren zu Umwelt und Ökonomie« (Ausgabe 2015)

Öko-Landwirtschaft alleine rettet das Klima nicht

Der ökologische Landbau stellt zwar eine in vielerlei Hinsicht umweltschonendere Alternative dar, wirkt sich jedoch nur auf etwas über eine Million Hektar Boden aus, also auf 6,5 Prozent der Agrarfläche insgesamt. Und das sogenannte Klima-Gutachten des Wissenschaftlichen Beirats beim Bundesministerium für Ernährung und Landwirtschaft betont sogar, dass das Minderungspotenzial an Treibhausgasen des ökologischen Landbaus stark vom Standort und betrieblichen Faktoren sowie vom Management abhängt.[2]

Das zeigt, wie weit der Weg zur postfossilen Landwirtschaft in Deutschland noch ist. Eine politische Strategie zur sozial-ökologischen Transformation steht angesichts der hohen Arbeitsteiligkeit, der Konzentration in der Tierhaltung und des erreichten Grads an Automatisierung vor besonderen Herausforderungen. Das Agrarsystem in Deutschland ist im großen Ganzen ein industriell organisiertes System aus vielen kleineren und mittleren Unternehmen, mit vielfältigen Lobbygruppen ausgestattet, die viel dafür tun, den Status quo zu erhalten.

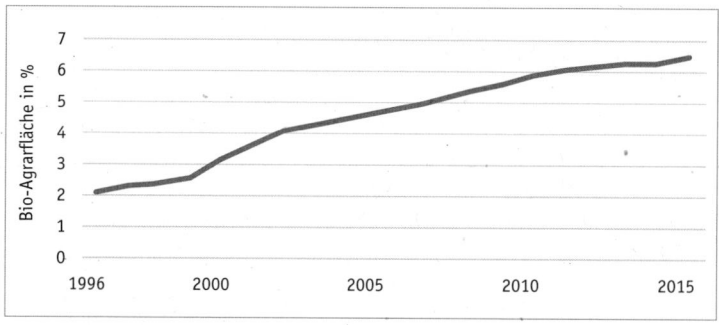

Abbildung 2 Anteil der Biolandwirtschaft an der Agrarfläche in Deutschland immer noch gering; *angegeben ist der Prozentanteil der Agrarfläche in Deutschland* Quelle: Statistischen Bundesamt 2016, zitiert nach oekolandbau.de

Dieses System verursacht ökologische und soziale Schäden. Nimmt man Indikatoren wie den Nitrateintrag in die Gewässer, den Artenrückgang, verarmte Fruchtfolgen und Rückstandsprobleme aus Pestizid- und Antibiotikaeinsatz, dann wird deutlich, wie groß die Herausforderungen für einen Umbau der Landwirtschaft sind.

Auf dem Weg dorthin wird schon jetzt an der Verbesserung der Produktivität und der Effizienz der eingesetzten Stickstoffdüngung gearbeitet, von der die Lachgasemissionen besonders abhängen. So wird seitens der Bundesregierung die Reform der Düngerverordnung vorangebracht. Auch wird für die gute fachliche Praxis geworben, verstärkt organischen Wirtschaftsdünger aus der Tierhaltung wie Gülle und Mist in Biogasanlagen zu nutzen und erst dann zur Düngung zu verwenden. Ferner wird über Pflugtechnik zur Bodenbearbeitung diskutiert und beispielsweise die Direktsaattechnik ohne Umbruch der Scholle (»zero tillage«) erprobt. Die sogenannte Direktsaat verzichtet auf das energieaufwendige Pflügen, bei dem außerdem besonders viele klimarelevante Emissionen entstehen.

	Konventionell	Konservierend mit Mulchsaat	Direktsaat
Bedeckungsgrad [%]	1	30	70
Humusgehalt [%]	2,0	2,6	2,5
Aggregatstabilität [%]	30,1	43,1	48,7
Infiltrationsrate [%]	49,4	70,9	92,4
Abfluss [l/m²]	21,2	12,2	3,2
Bodenabtrag [g/m²]	317,6	137,5	33,7

Tabelle 1 Einfluss unterschiedlicher Bearbeitungsverfahren auf wichtige Boden-
faktoren (Zeitraum: 8 Jahre)
Quelle: Schmidt, W., Zimmerling, B., Nitzsche, O., Krück, St. 2001. Conservation
tillage – A new strategy in flood control. 287-293. In: J. Marsalek et al. (Hrsg.):
Advances in urban stormwater and agricultural runoff source controls. NATO
Science series 74.

Nachhaltigkeit bedeutet in der Landwirtschaft aber auch, keinen Abfall zu erzeugen (»zero waste«). Hier steht die Grünlandwirtschaft
(ca. 13 Prozent der Gesamtfläche in Deutschland) gut da. Bei Acker-
land und Dauerkulturen wie Rebland, Obstanlagen und Baumschu-
len (zusammen ca. 34 Prozent der Flächen in Deutschland), könnte
es vereinzelt Verbesserungen geben. Da organisch wiederverwen-
detes Material erzeugt wird, kann dies thermisch verwertet werden,
aber auch zum Mulchen oder Komposten.

Es kommt auf die Tierhaltung an

In Deutschland gibt es einen besonderen Ansatzpunkt für die öko-
logisch-soziale Transformation der Landwirtschaft. Dies ist die Tierhaltung. Seit mehr als fünf Jahrzehnten wird die Produktion von Erzeugnissen tierischen Ursprungs nahezu jährlich gesteigert. 2016
standen in deutschen Ställen 12 Millionen Rinder, 27 Millionen
Schweine, 1,5 Millionen Schafe, fast 40 Millionen Legehennen. Sie
führten zu einer Schlachtmenge von 8,2 Millionen Tonnen Rohware
sowie zur Produktion von fast 12 Milliarden Eiern.

Voraussetzungen für dieses Wachstum ist eine Intensivierung der
Erzeugung mit veränderter Tiergenetik, die auf jährliche Hochleis-
tung abzielt (und nicht auf Lebensleistung), sowie eine meist kon-

zentrierte Haltung der Tiere in industriellen Stallanlagen, höchste Automatisierung sowie Futtermittelmischungen oder Futterergänzungen, die für raschen Fleischansatz, schnelle Gewichtszunahme, reichliche Milch- und Eierleistung sorgen.

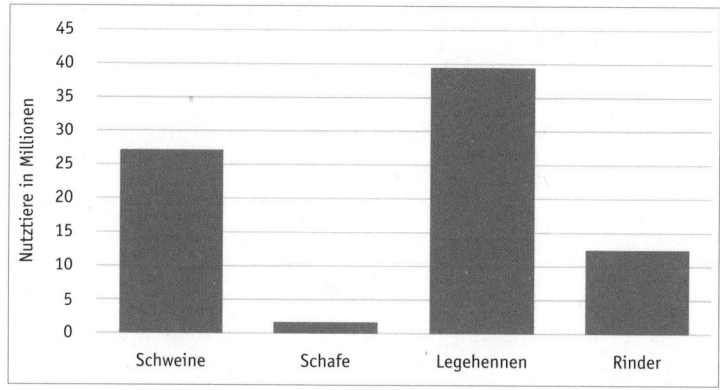

Abbildung 3 81 Millionen Tiere – Nutztierbestand in Deutschland (2016)
Quelle: Statistisches Bundesamt 2016

Eine Transformation dieses wichtigsten agrarischen Wirtschaftssektors hat schon 2003 das Kirchenamt der Evangelischen Kirche in Deutschland (EKD) zusammen mit dem Sekretariat der Katholischen Deutschen Bischofskonferenz angemahnt. Sie empfahlen eine Neuordnung und den Aufbau einer nachhaltigen Landwirtschaft: »Das gesamte System von Züchtung, Haltung, Fütterung, Transport, Vertrieb und Verzehr von Tieren ist zu hinterfragen. Dabei muss die problematische Gesamtentwicklung der kommerziellen Nutzung von Tieren für den massenhaften menschlichen Konsum insgesamt in den Blick genommen werden. Dies kommt meist zu kurz bei den öffentlich diskutierten Einzelaspekten wie Artgerechtheit der Haltung, Einsatz verbotener Futtermittel und Tiermedikamente, Tiertransport über weite Strecken, massenhafte Vernichtung männlicher Küken gleich nach der Geburt, Verfütterung von Tiermehl aus Kadavern oder der hohe prophylaktische Medikamentenschutz, vor allem in modernen Großställen.«[3]

Weiter führten die Kirchen aus: »Die gesamte landwirtschaftliche Tierhaltung ist einem extremen ökonomischen Verwertungsdruck ausgesetzt, der bereits globalisiert ist. Die problematischen Methoden sind Teil einer Intensivnutzung, bei der das einzelne Tier unter dem Gesichtspunkt der Erzielung maximaler Leistungen in immer kürzerer Zeit betrachtet wird. Auf dieses einseitige Ziel hin wurden mit wissenschaftlicher Akribie die Züchtung der Hochleistungsrassen betrieben, die Fütterungsmethoden entwickelt, die Stalltechnologie erprobt und die Verarbeitungs- und Vertriebswege konzipiert. Die Kehrseite eines so hohen Leistungspotenzials liegt in einer höheren Krankheitsanfälligkeit der Tiere und Bestände. Insgesamt dient die Intensivtiernutzung einem extrem hohen Pro-Kopf-Verbrauch tierischer Produkte, der auch aus gesundheitlichen Gründen zu hinterfragen ist.«[4]

Mit dieser Auffassung und den entsprechenden Impulsen für eine praktische Transformation stehen die Großkirchen nicht allein da. Ein breites Bündnis aus Naturschutz, Tierschutz, Verbraucherschutz, alternativen Food-Bewegungen wie den Veganern oder Slow Food Deutschland sowie der Arbeitsgemeinschaft bäuerlicher Landwirtschaft, Entwicklungsorganisationen, Fair-Trade-Organisationen und Stiftungen – also aus weiten Teilen der Zivilgesellschaft – steht hinter dieser zunehmend lauter werdenden Forderung nach einer radikalen Wende der Tierhaltung in Deutschland. Egal, aus welcher Sicht die jeweilige Gruppe ihre Argumente für eine Agrarwende aufbaut – archimedischer Punkt ist jeweils die landwirtschaftliche Nutzung der Tiere.

Bündelt man die Argumente politisch,[5] so scheint es naheliegend zu sein, das »Produktionssystem Tier« zu einer ökologischen Transformation zu zwingen. Dieses Umdenken in der Landwirtschaft funktioniert aber nur, wenn gleichzeitig eine Ernährungswende einsetzt. Deren Ziel könnte es beispielsweise sein, den Konsum von Produkten tierischen Ursprungs zu senken und in Richtung einer mediterranen Diät mit nur 16 bis 20 Prozent tierischer Erzeugnisse zu lenken.

Das ist – nebenbei bemerkt – auch eine Forderung, die schon seit vielen Jahren von der etablierten, universitären Ernährungswissenschaft erhoben wird.[6] Gerade Ernährungsexperten raten dabei aus gesundheitlichen Gründen dringend zu einer Reduktion insbesondere des Fleisch- und Wurstverbrauchs.

Angesichts der Tatsache, dass immer noch fast 200.000 landwirtschaftliche Betriebe in Deutschland Tiere halten (Stand März 2013),[7] also 70 Prozent aller Betriebe in Deutschland ihr Einkommen durch Tiere (mit-)erzielen, ist es eine gewaltige Herausforderung, eine Veränderung einzuleiten. Zwar ist das Leitbild des ökologischen Landbaus mit seinen Bestandsobergrenzen und erfolgreichen Geschäftsmodellen (wie dem der Herrmannsdorfer Landwerkstätten bei München)[8] schnell zur Hand, um eine Richtung anzuzeigen, in die die sozial-ökologische Umsteuerung agrarkulturell, politisch und ökonomisch gelenkt werden kann: Um den Stickstoffeintrag der Tierhaltung zu begrenzen, darf die Gesamtbesatzdichte den Grenzwert von 170 kg Stickstoff pro Jahr und Hektar landwirtschaftlicher Nutzfläche nicht übersteigen; somit ist die Zahl der Tiere flächengebunden; es dürfen beispielsweise nur 2 Milchkühe oder 14 Mastschweine oder 230 Legehennen pro Hektar Betriebsfläche gehalten werden. Auch sind die Haltungsformen darauf eingerichtet, die arteigenen Bedürfnisse der Tiere zu kennen und ihre Verhaltensweisen möglichst uneingeschränkt ausleben zu lassen. Aber man muss berücksichtigen, dass rund um die konventionelle Tierhaltung ein hoch arbeitsteiliges Zulieferer- und Dienstleistersystem entstanden ist, das vom (Melk-)Maschinenbau über Stallbau, Futtermittelherstellung und -handel, Zuchtgutindustrie, Transport- und Logistikunternehmen bis hin zur Finanz- und Versicherungsindustrie reicht. Ganz zu schweigen von den vielen nachgeschalteten Systemen, also der Schlacht- und Verarbeitungswirtschaft, den Molkereien, dem Lebensmittelhandel, der Gastronomie, Hotellerie und allen Bereichen der Außer Haus-Verpflegung, die alle bei der Produktion auf Feld und im Stall mittelbar mitsprechen.

Angesichts dieser hoch vernetzten Tierwirtschaft und der Abhängigkeit vieler anderer Wirtschaftszweige von diesem höchst produktiven, effizienten »Welt-Spitzen-System-Tier« (O-Ton Deutscher Bauernverband) kann eine Agrarwende-Politik nicht auf kleinen

Vorzeigeprojekten zur Umstellung auf tiergemäßere Haltung beruhen, wie dem Neuland-Programm für Qualitätsfleisch aus besonders artgerechter und umweltschonender Tierhaltung. Es reicht auch nicht, auf die Standards und Praxen ökologischer Tierhaltung zu verweisen, da diese selbst noch viel Entwicklungspotenzial haben. Am erst 2013 veröffentlichten »Leitfaden Tierwohl«, der von den Ton angebenden Anbauverbänden Bioland, Biokreis, Demeter und Naturland gemeinsam erstellt wurde und in seinen Leitplanken über die EU-Bio-Richtlinien zur Tierhaltung hinausgeht, sieht man, dass es zum Beispiel dringenden Bedarf an öko-eigenen Zuchtbemühungen gibt, damit Tiere mit dem erwünschten Mehrnutzungspotenzial für die Biolandwirte zur Verfügung stehen und sie nicht länger auf Tiere aus konventioneller Zucht zurückgreifen müssen.[9]

Auch Experimente der Bundesregierung und des Lebensmittelhandels helfen kaum weiter:[10] Die moralische Aufladung von tierischen Produkten wie etwa durch die Tierwohlinitiative (www.initiative-tierwohl.de) oder die Arbeit des Deutschen Tierschutzbundes (http://www.tierschutzbund.de/tierschutzlabel.html) für eine bessere Tierhaltung nach einem oder zwei Sternen[11] sind Bekundungen guten Willens. Sie ändern aber das System nicht.

Die Wende muss von der Tierhaltung ausgehen

Eine AgrarWENDEpolitik muss sich auf das Nutztier konzentrieren. Sie muss die Rahmenbedingungen für die beteiligten Unternehmen ändern und alle einbeziehen, die heute preisgünstig und wettbewerbsfähig mit Erzeugnissen tierischen Ursprungs wirtschaften müssen.

Wie sehen die Eckpunkte einer sozial-ökologischen Transformation des tierwirtschaftlichen Kerns der deutschen Agrarwirtschaft und ihrer exportorientierten Veredelungsbetriebe aus? Die folgenden Punkte stellen zum Teil Etappenziele dar und sprechen oft scheinbar kleinteilige Maßnahmen an, die aber am langen Ende zur Systemwende in der Nutztierhaltung- und -verarbeitung beitragen können.

Neue Zuchtziele: Ein wesentlicher Punkt ist die politisch gewollte und mit einem Anreizsystem in Forschung und Praxis zu hinterlegende Veränderung der Zuchtziele. Dazu gehören Robustheit, Gesundheit, Genügsamkeit, Langlebigkeit, Stressresistenz, gute Muttereigenschaften, gute Fleischqualität, lange Nutzungsdauer und mittlere Leistung. Bei den Verbänden der Biolandschaft sind das zwar vertraute Ziele. In der Praxis werden sie aber bei weitem nicht umgesetzt. Besonders auffällig ist das etwa in der Produktion des begehrten Putenfleisches: In den Putenställen stehen dieselben Zuchtrassen wie in der konventionellen Landwirtschaft. Sie heißen »Big6« oder »KellyBronzePremium« und wurden von den Biobauern aus der konventionellen Landwirtschaft übernommen: Die Hochleistungs-Fleischerzeuger brauchen konventionelles Kraftfutter, sonst können sie gar nicht überleben.[12] Damit Puten überhaupt mit einem der Biolabel angeboten werden können, haben die Verbände entsprechende Ausnahmen beim Futter gemacht.

Der Markt für Zuchtgut: Ein Hemmnis für die Veränderung der Zuchtziele ist die Zentralisierung und Monopolisierung des Marktes für Zuchtgut. Sie ist für die Artenvielfalt unserer landwirtschaftlich genutzten Tiere verheerend. Insbesondere in marginalisierten ländlichen Räumen, aber auch in den Entwicklungsländern ist man auf lokal angepasste, robuste Rassen angewiesen, die durch Zucht seitens der Landwirte weiterentwickelt werden. Hier muss eindeutig für mehr bäuerliche Selbstbestimmung und mehr Schutz der Agrobiodiversität in der Tiergenetik (aber auch in der Pflanzengenetik) politisch umgesteuert werden.

Handlungsbedarf gibt es insbesondere bei der Berücksichtigung von Gesundheit und Langlebigkeit sowie bei der Auswahl der Leistungsmerkmale; physiologische und verhaltensbezogene Merkmale sollten (jenseits der Leistungsbeurteilung!) ebenfalls zwingend Beachtung finden. Daneben sollten die alten Haustierrassen bzw. Mehrnutzungsaspekte stärkere Berücksichtigung finden. In diesem Zusammenhang wäre es hilfreich, möglicherweise EU- bzw. weltweit an einem Verbot der Patentierung von Lebewesen zu arbeiten.

Dies stellt ein besonders dickes Brett dar, dass es zu bohren gilt, da der Zuchtbereich zu den am weitesten industrialisierten Sektoren der Agrarwirtschaft gehört. Er ist gleichermaßen wissens- und kapitalintensiv und bedarf deshalb einer besonderen Aufmerksamkeit.

Tierquälerische Tierhaltung: Ein weiterer Veränderungstreiber betrifft die Haltung der Tiere. Die herrschenden Probleme sind: Platzmangel, zu hohe Besatzdichten, kontrollierte, reizarme Umgebung, Langeweile, homogene Gruppen, keine Möglichkeit zur Ausübung arteigener, notwendiger Verhaltensweisen (Sandbaden beim Huhn, Scharren, Graben, Wühlen beim Schwein, Futtersuche, Nestbauverhalten, soziale Interaktionen, Auslauf und Beschäftigungsmöglichkeiten, Rückzug). Aus Kostengründen werden etwa Schweine auf Spaltenböden aus Beton gehalten. Das aufsteigende Ammoniak aus den angesammelten Fäkalien greift die Lunge der Tiere an, das Laufen führt zu Klauen- und Gelenkserkrankungen. Der Anteil an Schweinen, die aufgrund von Verletzungen oder Krankheiten noch nicht einmal die sechs Monate bis zur Schlachtung überleben, liegt bei rund 10 Prozent. Diese Schweine landen im Müll.

In Kombination mit den Zuchtzielen führen die nicht tiergerechten Haltungsbedingungen zu gravierenden Verhaltensstörungen, verbunden mit Leid und Schmerz für die betroffenen Tiere (stereotypes Verhalten, Aggression, Schwanz- und Ohrbeißen beim Schwein; Federpicken, Kannibalismus beim Geflügel). Um dies zu verhindern, werden bislang nicht etwa die Haltungsbedingungen verbessert, sondern die Schwänze/Ohren/Schnäbel vorsorglich gekürzt. Dies geschieht in den ersten Lebenstagen – und wie die Kastration der Ferkel – ohne Betäubung. Jedoch wird teilweise gesetzlich mittlerweile gegengesteuert.

Der Blick auf die Rinderhaltung in Deutschland zeigt: Es gibt rund 1,4 Millionen reine Fleischnutzungsrinder und 4,9 Millionen Doppelnutzungsrinder (2013).[13] Außer für die Haltung von Kälbern fehlen detaillierte gesetzliche Regelungen für die Mastrinderhaltung. 18 Prozent der Mastrinder leben in Anbindehaltung, 75 Prozent in Laufstallsystemen. Die Mastzeit dauert bis zu 400 Tage; einem

Tier stehen nur etwa 2,7 bis 4 Quadratmeter zur Verfügung. Besonders bedenklich mit Blick auf das Tierwohl ist die Haltung von Mastrindern in Einraumlaufställen mit Vollspaltenböden. Aufgrund des Körpergewichts und der Enge haben die Bullen auf den rutschigen Böden Probleme beim Aufstehen und Ablegen. Weiterhin besteht hier die Gefahr von schmerzhaften Gelenk- und Klauenverletzungen.

Die Haltung betreffende politische Maßnahmen lassen sich in folgenden Forderungen zusammenfassen:

- Die Haltungsbedingungen für die Nutztiere sollten sich stärker an Tierwohl und Tierschutz orientieren.
- Bei der Nutztierhaltung sollte es tiergerecht zugehen; dabei kann ein Stallbau-TÜV helfen. Zertifizierte Systeme, die nachweislich das Tierwohl fördern und angesprochene Gesundheits- und Verhaltensprobleme lösen können sowie Managementpraktiken wie das Zähneabkneifen, Schnabel- und Schwanzkürzen überflüssig machen, sollten gefördert werden.
- Es braucht Beschäftigungsmöglichkeiten und Enrichment für die Nutztiere, damit sie ihr artgemäßes Verhalten ausleben können.
- Praktikable, rentable und tierschutzgerechte Technologien für die Fütterung und Leistungskontrolle der Tiere könnten verpflichtend eingeführt werden.
- Objektive Monitoring- und Bewertungsmöglichkeiten sollten erforscht und erprobt werden.
- Die Minimierung des Einsatzes von Antibiotika ist nötig. Die Überwachungsbehörden müssen personell und technisch so ausgerüstet werden, dass sie die Vorgaben überprüfen und auch weiter vorantreiben können. Das Gutachten des Bayerischen Obersten Rechnungshofs zur Struktur und Organisation des amtlichen Veterinärwesens und der Lebensmittelüberwachung vom Februar 2016 zeigt beispielhaft die Mängel in diesem Bereich auf, die wahrscheinlich auch andernorts ähnlich sind.[14]
- Schließlich wäre es hilfreich, die Endprodukte auf der Grundlage tier- und umweltschutzrelevanter Merkmale zur Förderung eines nachhaltigen Konsums zu kennzeichnen.

Sachkunde: Ein Sachkundenachweis für Züchter, Tierhalter, Schlachter und Hilfskräfte, die mit Tieren arbeiten, müsste bundesweit durchgesetzt und überprüft sowie eine Fortbildung mit Schwerpunkt Tierwohl verpflichtend gemacht werden.

Futtermittel: Ein weiterer großer Hebel für die Veränderung setzt bei den Futtermitteln an. Fast 60 Prozent der europäischen Getreideernte geht in die Tierfütterung – lediglich 22 Prozent werden für die direkte Herstellung von Nahrungsmitteln aufgewendet. 78 Prozent der Eiweißfuttermittel für die europäische Intensivtierhaltung stammen aus Importen. Ein Großteil der Importware ist gentechnisch verändertes Soja bzw. Sojaschrot. Etwa 22 Millionen Tonnen Sojaschrot und 13 Millionen Tonnen Sojabohnen importiert die EU jedes Jahr. Hauptlieferanten sind Argentinien und Brasilien. Auch wenn in Deutschland zunehmend weniger Importfutter eingesetzt wird, gilt, dass in der Rinder- und Schweinemast sowie in der Milchviehhaltung auch hier Futtermittel aus gentechnisch veränderten Futterpflanzen eingesetzt werden.

Erste Initiativen des Lebensmitteleinzelhandels für Milchprodukte und für Eier aus Gentechnik-freiem Futter zeigen,[15] dass am ökologischen Umsteuern aus Marktsicht Interesse besteht. In der Politik werden Steuern auf Futtermittelimporte oder die Bindung von Tierhaltung an betriebseigene Futtermittel diskutiert.[16] Beides sind Maßnahmen, die zu einer Systemumsteuerung beitrügen.

Soziale Kosten: Schließlich gilt es, die sozialen Kosten der konventionellen Nutztierhaltung in den Blick zu nehmen – denn sie sind verheerend. Viele gesundheitliche Probleme entstehen bei Verbrauchern durch (übermäßigen) Konsum. Wer täglich verarbeitete Wurstwaren isst, schadet seinem Herz-Kreislauf-System. Räuchern, Salzen, Pökeln und chemikalienbehandelte Produkte werden außerdem mit der Entstehung von Krebserkrankungen in Zusammenhang gebracht. Rotes Fleisch soll Studien zufolge ebenfalls die Entstehung von Herz-Kreislauf-Erkrankungen sowie Krebs begünstigen. Eine aktuelle WHO-Studie (Oktober 2015) stuft verarbeitete Wurstwaren als krebserregend und rotes Fleisch als wahrscheinlich krebserregend ein.[17]

Auch birgt die Tierproduktion Gesundheitsgefahren für Landwirte, Anwohner von Stallanlagen und Konsumenten. Bereits heute leben in Vechta und Cloppenburg (Niedersachsen) mehr Schweine als Menschen. Tierseuchen wie BSE und Vogelgrippe können auch die Folgen von leistungs- und profitorientierten Managementpraktiken sein. In der Geflügel- und Schweinemast wachsen die Besatzdichten immer weiter an. Durch diese Konzentration drohen den Menschen in den betroffenen Regionen ernsthafte gesundheitliche Risiken. Böden, Oberflächengewässer und Grundwasser werden durch Schwermetalle, pharmazeutische Rückstände sowie Nitrat- und Stickstoffbelastungen verseucht. Pilze, Bakterien und Viren sowie Ammoniak, Methan und andere Schadgase gelangen in die Luft und können die Entstehung von Atemwegserkrankungen, wie etwa Asthma, begünstigen. An der Spitze der angezeigten Berufskrankheiten bei Landwirten stehen Atemwegserkrankungen, von Tieren auf den Menschen übertragbare Erkrankungen, Erkrankungen der Lendenwirbelsäule, Schwerhörigkeit und Hauterkrankungen.[18]

Antibiotika: Ein weiteres Problem sind die großen Mengen an Antibiotika, die in der Tiermast eingesetzt werden, derzeit 40-mal so viel wie in den deutschen Kliniken. So wurden in Nordrhein-Westfalen während der Mast 97 Prozent der Puten und knapp 92 Prozent der Masthühner mit Antibiotika behandelt. In Niedersachsen erhielten 68 Prozent der Schweine, 76 Prozent der Masthühner und 100 Prozent der Kälber antibiotische Behandlung während der Mastperiode. In beiden Bundesländern wird daran gearbeitet.[19] In vielen Ländern der EU kämpft man bereits heute mit den schwerwiegenden Folgen für die menschliche Gesundheit: Aggressive Keime, die gegen sämtliche herkömmliche Antibiotika resistent sind, breiten sich zunehmend aus. Nach einer aktuellen Studie sind mittlerweile 4 bis 8 Prozent der Bevölkerung, also bis zu 6,4 Millionen Deutsche, Träger von sogenannten ESBL-Keimen (Extended Spectrum Beta Laktalasen). Diese Keime tragen Resistenzgene, die andere Bakterien gegen eine Vielzahl von antibiotischen Wirkstoffen resistent machen.[20] Auch gibt es Studienergebnisse, die darauf hinweisen, dass Infektionen mit multiresistenten Keimen, wie etwa dem hochgefährlichen Methicillin-resistenten *Staphylococcus aureaus* (LA-MRSA), bei Menschen in der Umgebung von Intensivtierhaltungsbetrieben mit hohen Bestandszahlen gehäuft auftreten – selbst dann, wenn sie überhaupt keinen Kontakt zu den Tieren haben.[21]

Diagnose steht – Therapie fehlt

Die Industrialisierung der Land- und Viehwirtschaft hat in den vergangenen Jahrzehnten unzählige Arbeitsplätze gekostet. Konventionelle Betriebe werden immer weniger, aber dafür immer größer. Für einen Mastbetrieb der neuen Generation mit 60.000 Schweinen und mehr benötigt man wenig menschliche Arbeitskraft. In den modernen Tierhaltungsbetrieben ist die gesamte Versorgung automatisiert, von der Fütterung über die Lüftung bis hin zum Abtransport. Arbeitsplätze mit landwirtschaftlicher Urproduktion zu schaffen, entspricht leider nicht der Realität. Wie es anders sein könnte, müsste erforscht werden. Weder Politik noch Agrarexperten können bisher einen gangbaren Weg aufzeichnen, wie das Agrarsystem bis 2050 (oder bis zu einem anderen Punkt in der Zukunft) nachhaltig umgebaut werden kann.

Die Grundzüge sind dagegen klar: Wollte man politisch gegensteuern, ginge dies zum einen mit gesundheitsrelevanter Verbesserung in der Haltung, zum anderen mit allen Maßnahmen, die zu einer De-Intensivierung führen würden – also am Ende zu weniger Tieren in den Ställen und auf deutschen Weiden.

Statt Preisführerschaft, auf die die deutsche Landwirtschaft auch als Exporteur stolz ist, könnte eine umfassende Neuausrichtung auf Qualitätsführerschaft und klimagerechte Produktion zu einem neuen Leitbild führen, ohne das am langen Ende weniger verdient werden müsste. Gerade im Export wäre es leicht, verstärkt auf deutsche Wertarbeit zu setzen und zu zeigen, wie in Deutschland Wissen und Technik für eine nachhaltige Landwirtschaft eingesetzt werden.

Gelegentlich fällt in diesem Zusammenhang das Stichwort der »regenerativen Landwirtschaft«. Um Bodendegradation zu verringern, zu vermeiden oder gar rückgängig zu machen, um gleichzeitig Gewässer zu schonen und den ökologischen Fußabdruck des Wirtschaftens auf und mit dem Lande zu verkleinern, würde in dieser regenerativen Landwirtschaft der Humusaufbau, der Erhalt guter Böden im Mittelpunkt stehen. Dies könnte wahrscheinlich durch die weitere Entwicklung des ökologischen Landbaus am besten nach vorne gebracht werden.

Aber auch die High-Tech-Landwirtschaft zielt in diese Richtung. Mit dem Wissen und den Techniken des »precision-farming« und damit der deutschen Ingenieurskunst wird versprochen, die Böden so punktgenau zu bewirtschaften,[22] dass sie sich optimal erhalten können. Diese Herangehensweise soll mit weiteren Innovationen und Technik verknüpft werden, also mit modernen Verfahren der Molekularbiologie und Züchtungstechnik genauso wie mit Mitteln der Digitalisierung. Eine Landwirtschaft 4.0, die zu weiterer Intensivierung, was Kapital und Wissen angeht, führt, wird derzeit vorgedacht. Diese wird stärker noch als in der ersten grünen Revolution zu Strukturveränderungen in den ländlichen Räumen führen.

Immerhin: Ansätze eines Leitbilds

Alles zusammen könnte zur sozial-ökologischen Transformation der Agrarwirtschaft beitragen und wird in Teilen auch vom wissenschaftlichen Beirat beim Bundesminister für Ernährung und Landwirtschaft im jüngst veröffentlichten Klimaschutzgutachten genannt.[23] Dort werden auch die Zusammenhänge zwischen Agrar-, Ernährungs- und Klimawende behandelt. In diesem Dreiklang muss sich die Agrarwende synergetisch positionieren, ein nicht zuletzt kommunikativ schwieriges Thema.

Und selbst bei einem breiten gesellschaftlich kulturellen Konsens auf ein agrikulturelles Umsteuern bleibt die Frage ungelöst, wer für diese Wende zahlen soll. Auch bleibt derzeit noch völlig offen, wie sich eine dezentralisierte, vernetzte sozial-ökologische Landwirtschaft bundesweit strukturell, also landesplanerisch oder im Sinne der Entwicklung des ländlichen Raums klug begleiten ließe. Die Zahlungsbereitschaft der Endkonsumenten ist definitiv begrenzt (siehe Gutachten des wissenschaftlichen Beirats für Agrarpolitik »Wege zu einer gesellschaftlich akzeptierten Nutztierhaltung« 2015).[24] Dort heißt es, dass eine Erhöhung der Verbraucherpreise um 3 bis 6 Prozent für das Tierwohl von erheblichen Teilen der deutschen Bevölkerung mitgetragen würde.

Die Kosten einer Agrarwende werden dadurch aber nicht gedeckt und sie sind angesichts der Komplexität der betroffenen Branchen auch jenseits der Landwirtschaft hoch.[25] Selbst wenn sie gesamtgesellschaftlich getragen werden könnten, bräuchte es eine gesellschaftliche Meinungs- und Willensbildung, die nicht zuletzt mit genügend Mitteln für Kommunikationskampagnen und andere Anstöße zur Verhaltensänderung in der Ernährung mit Produkten tierischen, aber auch pflanzlichen Ursprungs hinterlegt sein müsste.

Ausweg Kunstfleisch?

Da nimmt es nicht Wunder, wenn in den USA, China, den Niederlanden oder Israel an gänzlich anderen Strategien zur Proteinversorgung der Bevölkerung gearbeitet wird: dem Eiweiß aus dem Labor. Zum Beispiel hat das israelische Start-up Super Meat angekündigt, eine neue Methode für die künstliche Züchtung von Hühnerfleisch zu entwickeln. Im Vergleich zu den bislang bekannten Verfahren soll dieses laut Firmenchef Yaakov Nahmias mit einem schnelleren Wachstum punkten. Zudem würden weniger Nährstoffe in Anspruch genommen. Das Ziel sei die lokale Herstellung durch kleine Unternehmen oder Endverbraucher unter Zuhilfenahme von Bioreaktoren. Die Forschung konzentriere sich derzeit auf Leber und Brustfleisch, womit später Produkte wie Hähnchenbruststreifen oder Burger hergestellt werden könnten.[26]

Fazit: Das Umdenken setzt langsam ein

Diese wissenschaftlich-technische Entwicklung hat unstrittig ein hohes Veränderungspotenzial für die deutsche Agrarwirtschaft und alle mit ihr zusammenhängenden Branchen. Sie hat den – allerdings erst noch einzulösenden – Anspruch, der wirkliche High-Tech-Ansatz zum Klima- und Ressourcenschutz zu sein. Eine agrarpolitische Auseinandersetzung mit den Folgen dieser und weiterer biotechnologischer Entwicklungen (Stichwort: »synthetische Biologie«) für die agrarwirtschaftlichen Strukturen in Deutschland fehlt allerdings und wäre zeitnah geboten. Sind doch Veränderungen in der Fläche und bei den derzeit in Deutschland tierwirtschaftlich ökonomisch und sozial ausgereizten bis überlasteten Betrieben historisch gesehen immer recht langsam oder mit hohen Folgekosten verbunden. Kosten, die bislang immer von allen Steuerzahlern und Steuerzahlerinnen via Agrarfördermaßnahmen oder Subventionen getragen werden mussten.

Anmerkungen

1 Agrarpolitischer Bericht der Bundesregierung. http://www.bmel-statistik.de/service/archiv/agrarberichte-der-bundesregierung/. Zuletzt abgerufen am 21.10.2016.

2 Wissenschaftlicher Beirat für Agrarpolitik, Ernährung und gesundheitlichen Verbraucherschutz sowie Wissenschaftlicher Beirat für Waldpolitik beim Bundesministerium für Ernährung und Landwirtschaft (2016): Klimaschutz in der Land- und Forstwirtschaft sowie den nachgelagerten Bereichen Ernährung und Holzverwendung. Gutachten. Juli 2016. http://www.bmel.de/SharedDocs/Downloads/Ministerium/Beiraete/Agrarpolitik/Klimaschutzgutachten_2016.pdf?__blob=publicationFile. Zuletzt abgerufen am 19.10.2016.

3 Evangelische Kirche in Deutschland EKD (2003): Ein Diskussionsbeitrag zur Lage der Landwirtschaft, Gemeinsame Texte 18, S. 23. http://www.ekd.de/EKD-Texte/neuorientierung_landwirtschaft5.html. Zuletzt abgerufen am 18.10.2016.

4 Ebd., S. 23.

5 Hofreiter, Anton (2016): Fleischfabrik Deutschland. Wie die Massentierhaltung unser Leben zerstört und was wir dagegen tun können, München.

6 https://www.dge.de/ernaehrungspraxis/vollwertige-ernaehrung/10-regeln-der-dge/. Zuletzt abgerufen am 18.10.2016.

7 Agrarpolitischer Bericht der Bundesregierung. http://www.bmel-statistik.de/service/archiv/agrarberichte-der-bundesregierung/. Zuletzt abgerufen am 21.10.2016.

8 www.herrmannsdorfer.de. Zuletzt abgerufen am 18.10.2016.

9 http://www.bioland.de/ueber-uns/landesverbaende/nordrhein-westfalen/nrw-detail/article/leitfaden-tierwohl-vorgestellt.html und http://www.oeko-landbau.nrw.de/pdf/Tierhaltung/projekt_tierwohl_2013/LFTierwohl_Neu.pdf. Zuletzt abgerufen am 18.10.2016.

10 http://www.bmel.de/DE/Tier/Tierwohl/tierwohl_node.html. Zuletzt abgerufen am 18.10.2016.

11 initiative-tierwohl.de. Zuletzt abgerufen am 18.10.2016.

12 Schön dargestellt in der TAZ: Gersmann, Hanna (2016): Hochgepäppelt und hochsensibel, zeozwei 4/2016. http://www.taz.de/!5168315/. Zuletzt abgerufen am 16.9.2016.

13 Agrarpolitischer Bericht der Bundesregierung. http://www.bmel-statistik.de/service/archiv/agrarberichte-der-bundesregierung/. Zuletzt abgerufen am 21.10.2016

14 http://www.stmuv.bayern.de/themen/lebensmittel/index.htm. Zuletzt abgerufen am 21.10.2016.

15 Strätling, Gerrit-Milena (2015): Rewe & Co. setzen auf GVO-freies Futter, in: Lebensmittelzeitung. http://www.lebensmittelzeitung.net/industrie/Rewe--Co.-setzen-auf-GVO-freies-Futter-110820. Zuletzt abgerufen am 21.10.2016.

16 https://www.greenpeace.de/sites/www.greenpeace.de/files/publications/20130530-fs-subventionen-fuer-billigfleisch-abschaffen.pdf. Zuletzt abgerufen am 21.10.2016.

17 http://www.iarc.fr/en/media-centre/pr/2015/pdfs/pr240_E.pdf. Zuletzt abgerufen am 21.10.2016.
18 Gottwald, Franz-Theo/Nowak, Dennis (Hrsg., 2007): Nutztierhaltung und Gesundheit – Neue Chancen für die Landwirtschaft, Kassel.
19 http://www.ndr.de/der_ndr/presse/mitteilungen/pressemeldungndr12725.html. Zuletzt abgerufen am 21.10.2016.
20 Spelsberg, Angela (2013): Folgen des massenhaften Einsatzes von Antibiotika in Human- und Veterinärmedizin. Gutachten im Auftrag der Bundestagsfraktion Bündnis 90/Die Grünen. https://www.gruene-bundestag.de/fileadmin/media/gruenebundestag_de/themen_az/gesundheit/Gutachten_Antibiotikaresistenz.pdf. Zuletzt abgerufen am 18.10.2016.
21 Kuehn, Bridget (2012): MRSA may move from livestock to humans. http://jamanetwork.com/journals/jama/article-abstract/1389609. Zuletzt abgerufen am 18.10.2016.
22 Gottwald, Franz-Theo/Krätzer, Anita (2014): Irrweg Bioökonomie. Kritik an einem totalitären Ansatz, Berlin.
23 Klimaschutz in der Land- und Forstwirtschaft sowie den nachgelagerten Bereichen Ernährung und Holzverwendung. Gutachten. Juli 2016, siehe Fußnote 2.
24 Wissenschaftlicher Beirat für Agrarpolitik beim Bundesministerium für Ernährung und Landwirtschaft (2015): Wege zu einer gesellschaftlich akzeptierten Nutztierhaltung. http://www.bmel.de/SharedDocs/Downloads/Ministerium/Beiraete/Agrarpolitik/GutachtenNutztierhaltung-Kurzfassung.pdf?__blob=publicationFile. Zuletzt abgerufen am 21.10.2016.
25 Klimaschutz in der Land- und Forstwirtschaft sowie den nachgelagerten Bereichen Ernährung und Holzverwendung. Gutachten. Juli 2016, siehe Fußnote 2.
26 Hühnchenfleisch aus dem Labor (2016), in: Lebensmittel-Zeitung, lz 30-16, S. 18.

Foto: Kevin McCarthy

Software, Internet, Computer – noch lange nicht »green«

Von Ralph Hintemann

Computer, Handys und Internet haben ein enormes Potenzial, unser Leben intelligenter zu steuern und »grüner« zu machen. Aber das ist kein Selbstläufer. Klare staatliche Vorgaben sind nötig, damit durch Effizienzgewinne Ressourcen gespart und der Ausstoß von Klimagasen reduziert wird.

Auf den ersten Blick scheint der Zusammenhang logisch. Je digitaler unsere Lebens- und Arbeitswelt wird, desto immaterieller leben wir. Die Folge: Der Ressourcenbedarf sinkt. Eine E-Mail ersetzt einen Brief, eine Videokonferenz macht eine Geschäftsreise unnötig. Mit intelligenter Verkehrssteuerung werden Umwege vermieden und der Verkehr wird flüssiger. Und auch die modernen digitalen Geräte werden immer »smarter«, kleiner und verbrauchen kaum noch Energie. Haben wir vor zehn Jahren noch an einem PC gesessen, der mehr Energie verbrauchte als ein moderner Kühlschrank, nutzen wir heute sehr effiziente Smartphones, Tablets oder Notebooks, deren Verbrauch unter dem einer Energiesparlampe liegt.

Dieser Eindruck ist allerdings trügerisch. Die Digitalisierung bietet zwar große Potenziale für die ökologische Transformation, sie führt aber keineswegs automatisch zu einer Welt mit einem geringeren Ressourcenbedarf. In einigen Bereichen gibt es durchaus ökologische Erfolge, aber gleichzeitig ist in vielen Feldern der Ressourcenbedarf durch die Nutzung von Informations- und Kommunikationstechnologien (IKT) in der Vergangenheit weiter angestiegen. IKT-Geräte und insbesondere das Internet bestimmen immer mehr unser Leben. Wir hören online Musik, schauen Filme, tauschen Fotos aus. Beispiel Fotos: Täglich werden über Facebook, WhatsApp, Snapchat und Co. mehr als 3 Milliarden Fotos getauscht – in den letzten fünf Jahren hat sich diese Anzahl mehr als verzehnfacht. In Zukunft wird ein Großteil der industriellen Produktion über das Internet gesteuert, unsere Autos fahren selbstständig mit IKT-Unterstützung und wir bewegen uns beispielsweise über 3D-Brillen in Spielen und im Beruf immer mehr in virtuellen Welten. Das alles braucht Energie und Ressourcen.

Eine differenzierte Betrachtung der ökologischen Auswirkungen der IKT-Branche ist daher notwendig. Zunächst einmal kann danach unterschieden werden, wie hoch der Ressourcenbedarf der IKT-Produkte selbst ist und wie IKT-Produkte den Ressourcenbedarf in anderen Branchen beeinflussen. Wird der Ressourcenbedarf der IKT-Produkte reduziert, so spricht man von »Green in der IT«. Der Ressourcenbedarf im IKT-Bereich wird zweckmäßigerweise weiter unterteilt in die Bereiche Endgeräte, Netze und Rechenzentren. Der Endgerätebereich umfasst alle Produkte, die private Konsumenten und Arbeitnehmer direkt nutzen, wie PC, Laptops, Tablets, Smartphones. Auch Router, Monitore und Fernsehgeräte werden meist zu diesem Bereich gezählt. Mit Netzen sind die Datenübertragungsnetze gemeint, also die Mobilfunk- und Festnetze (DSL, Glasfaser, Fernsehkabel).

Besteht die Möglichkeit, durch IKT-Produkte den Ressourcenbedarf in anderen Branchen zu reduzieren, so wird dies »Green durch IT« genannt. Große Potenziale zur Reduktion der CO_2-Emissionen durch den Einsatz von Informations- und Kommunikationstechnologien werden insbesondere in den Bereichen Energie, Transport, Produktion, Landwirtschaft, Gebäude und in Dienstleistungen gesehen.

Die CO_2-Emissionen der digitalen Welt

Beim Ressourcenbedarf der Informations- und Kommunikationstechnologien stehen meist der Energiebedarf der Geräte bei ihrer Nutzung und die dabei verursachten CO_2-Emissionen im Mittelpunkt. Auf diesem Gebiet sind tatsächlich – vor allem in den letzten Jahren – deutliche Reduktionen erreicht worden. Wie Abbildung 1 zeigt, sind die CO_2-Emissionen in der Nutzung der IKT-Produkte in Deutschland zwischen 2007 und 2015 um 25 Prozent gesunken. Der Rückgang hat vor allem zwei Gründe. Zum einen sind die CO_2-Emissionen bei der Stromerzeugung zwischen 2007 und 2015 um 14 Prozent gesunken. Dieser Verdienst ist aber kaum der IKT-Branche zuzuschreiben. Zum anderen ging der Energiebedarf der IT-Geräte in den privaten Haushalten deutlich zurück – und das trotz steigender Gerätezahlen. Ein wesentlicher Grund hierfür ist der geringere Stromverbrauch im Standby-Betrieb. Hier war die europäische Regulierung erfolgreich. Mit der Europäischen Ökodesign-Richtlinie wurden ein Energiemanagement und ein sehr geringer Standby-Wert von einem Watt und weniger für fast alle Endgeräte verpflichtend. Zusätzlich gibt es für Fernsehgeräte eine europäisch vorgeschriebene Energiekennzeichnung, die mit dafür verantwortlich ist, dass sich der Energiebedarf eines durchschnittlichen Apparats im Betrieb zwischen 2010 und 2015 halbiert hat.

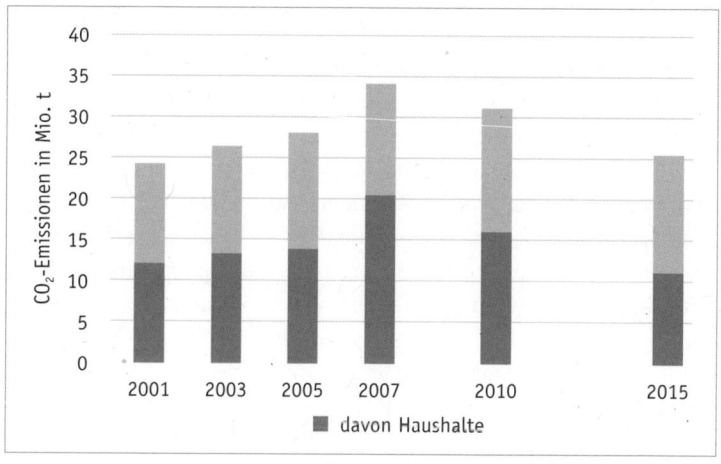

Abbildung 1 CO$_2$-Emissionen bei der Nutzung von IT gehen zurück
Quelle: Berechnungen Borderstep auf Basis von Icha 2016, Stobbe et al. 2015

Die Reduktion der CO$_2$-Emissionen bei der Nutzung der Geräte ist aber nur eine Seite der Medaille. Bei IKT-Endgeräten spielt die Nutzungsphase für die Treibhausgasemissionen nur noch eine untergeordnete Rolle. Entscheidend sind die CO$_2$-Emissionen, die bei der Herstellung der Geräte verursacht werden. Bei einem modernen

Smartphone liegt der Anteil der Nutzungsphase an den CO_2-Emissionen bei weniger als 20 Prozent, bei aktuellen Tablets und Notebooks sogar nur im Bereich von 10 Prozent. Selbst bei der intensiven beruflichen Nutzung von Notebooks und PCs liegt der Anteil der Nutzungsphase am gesamten Treibhausgaspotenzial nur zwischen 14 und 32 Prozent.[1] Da die Zahl der Computerendgeräte deutlich zunimmt, ist davon auszugehen, dass bei einer Gesamtbetrachtung der durch alle IKT-Geräte verursachten CO_2-Emissionen kein Rückgang festzustellen ist. Zwar unterstellt der Bericht Smarter2020 einen Rückgang der durch Endgeräte verursachten CO_2-Emissionen – jedoch geht er dabei auch von einem Rückgang der CO_2-Emissionen bei der Herstellung der Geräte aus. Vergleicht man allerdings die verfügbaren Analysen von aktuellen Geräten, so ist in den letzten Jahren vielfach ein Anstieg der CO_2-Emissionen bei der Herstellung der Produkte festzustellen.

Eine weitere bemerkenswerte Entwicklung beim Ressourcenbedarf der IKT-Nutzung ist eine Verschiebung vom Endgerät in die Netze und Rechenzentren. Ein Tablet benötigt heute schon fünfmal so viel Energie in Rechenzentren als am Gerät selbst (Hintemann und Fichter 2015). Für die Datenübertragung über WLAN, Mobilfunk und Festnetz wird noch einmal so viel Energie benötigt wie im Rechenzentrum. Das heißt, das Gerät selbst ist nur noch für ca. 10 Prozent des insgesamt durch die Nutzung verursachten Strombedarfs verantwortlich. Der Rest des Stroms wird für den Nutzer unsichtbar in den Netzen und Rechenzentren verbraucht. So ist der Energiebedarf der Netze und Rechenzentren in Deutschland zwischen 2007 und 2015 bereits um 16 Prozent angestiegen, bis 2025 wird ein weiterer Anstieg um 40 Prozent erwartet.[2]

Elektroschrott – eine ökologische Herausforderung

Eine wesentliche ökologische Herausforderung stellen auch die in IKT-Geräten enthaltenen Materialien dar. Elektronikkomponenten beinhalten viele wertvolle Rohstoffe – Gold, Silber, Platin, Palladium und Ruthenium –, aber auch giftige Substanzen wie Cadmium, Quecksilber oder Blei. Unsachgemäße Entsorgung, geringe Recyclingquoten und illegaler Export von Elektroschrott in Entwicklungsländer verursachen hohe Umweltbelastungen. Um diese zu verringern, sind ein möglichst sparsamer Umgang mit den eingesetzten Materialien und ein möglichst vollständiges und umweltgerechtes Recycling notwendig. Leider sind wir in dieser Beziehung noch weit vom Optimum entfernt. IKT-Produkte werden meist nur für kurze Zeit genutzt, Smartphones für zwei Jahre, Notebooks und Tablets für drei Jahre. Dann muss ein neues Gerät her. Der Grund: IKT-Geräte sind kurz getakteten Produktzyklen unterworfen – neue Produkte sind schneller, schicker, leichter und trendiger. Immerhin: Es mehren sich die Anzeichen, dass eine längere Nutzung der Geräte möglich wird. Früher war es notwendig, immer leistungsfähigere Geräte zu kaufen, damit die neuen Betriebssysteme und andere Softwareprodukte überhaupt liefen. Heute gilt dies nur noch bei Computerspielen und professioneller Software mit hohen Leistungsanforderungen. Für normale Anwendungen im Büro können oft auch ältere Geräte genutzt werden. So läuft das Betriebssystem Windows 10 in der Regel auch auf Computern, die mit Windows 7 ausgeliefert wurden. Auch bei hochwertigen Smartphones zeichnet sich ein Trend zur längeren Nutzung ab. Teure Geräte werden nach Ablauf der Vertragsdauer in der Familie oder im Bekanntenkreis weitergegeben oder als Gebrauchtgeräte über Plattformen wie eBay verkauft. Hier erzielen gute Gebrauchtprodukte durchaus Preise von 300 Euro und mehr.

Mehr Geräte, weniger Material

Informationstechnik wird immer kleiner und leichter. Moderne Prozessoren haben bereits Strukturen, die in der Größenordnung von Atomen liegen. Diese Miniaturisierung hat aus Materialsicht Vor- und Nachteile. Ein Vorteil liegt darin, dass trotz starkem Anstieg der Leistung weniger Material benötigt wird. IKT-Geräte werden im Durchschnitt immer kleiner und leichter. Die Gesamtmasse der in Deutschland in Verkehr gebrachten IKT-Geräte ist zwischen

2008 und 2013 um mehr als 25 Prozent von ca. 320.000 Tonnen auf 230.000 gesunken. Und das, obwohl die Anzahl der Geräte kontinuierlich steigt.

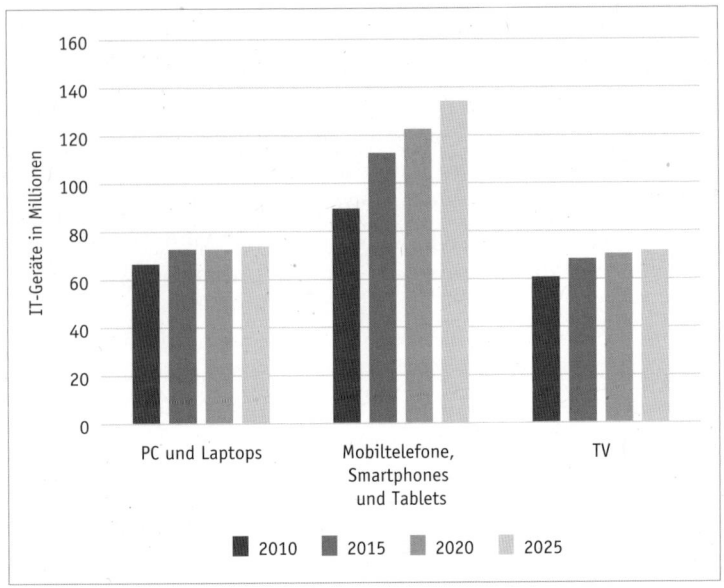

Abbildung 2 Immer mehr IT-Geräte in Deutschland
Quelle: Stobbe et al. 2015, eigene Darstellung

Mit der Miniaturisierung geht allerdings auch das Problem einher, dass es immer schwieriger wird, die eingesetzten Rohstoffe zurückzugewinnen, die notwendigen Recyclingprozesse sind aufwendig und – wenn überhaupt – kaum wirtschaftlich.

Hinzu kommt, dass kleine Geräte gerne mal in der Schublade liegenbleiben oder – was weitaus schlimmer ist – einfach im Hausmüll landen. So kommt es, dass große Mengen an Elektromaterial aus IKT-Geräten in Deutschland trotz der vorhandenen Sammelsysteme nicht verwertet werden können. Bezogen auf das Gewicht werden etwa 40 Prozent der Geräte aktuell nicht wieder eingesammelt.

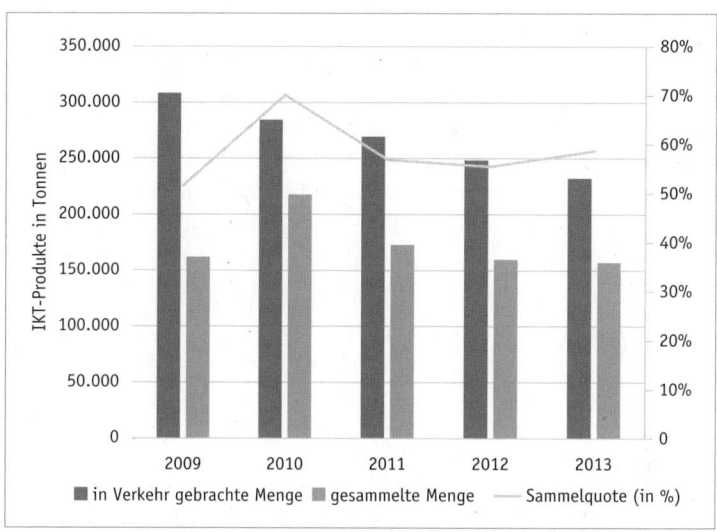

Abbildung 3 Quote könnte höher sein: Viele Geräte werden nicht wieder einge-sammelt
Quelle: Umweltbundesamt, eigene Darstellung

Rasante Effizienzsteigerung – ein Garant für sinkende Umweltbelastungen?

Betrachtet man die bisherigen Entwicklungen in der IKT-Branche, so kann davon ausgegangen werden, dass der Energie- und Ressourcenbedarf in Zukunft zumindest gleichbleibend sein wird, in einigen Bereichen ist sogar eine deutliche Zunahme zu erwarten. Wie passt das zu den enormen Effizienzgewinnen in der Branche, die unbestreitbar existieren, ist die IT-Branche doch das Musterbeispiel für rasante Effizienzsteigerungen? Anschaulich drückt dies ein Zitat aus, das fälschlicherweise dem Microsoft-Gründer Bill Gates zugeschrieben wird, von diesem aber in dieser Form nie gesagt wurde: »Wenn die Autoindustrie mit der Technologie so mitgehalten hätte wie die Computerindustrie, dann hätten wir heute alle 25-Dollar-Autos, die 1.000 Meilen pro Gallone Sprit fahren würden.«

Die ersten Computer waren oft groß wie ein Einfamilienhaus und brauchten mehr Strom als 500 Haushalte. Dabei hatten sie eine Rechenleistung, die heute von jedem einfachen Taschenrechner vielfach übertroffen wird. Ein aktuelles Handy ist mehrere tausendmal leistungsfähiger als der Computer, mit dem Apollo 11 zum Mond geflogen ist. Für diese Effizienzsteigerungen in der IT hat der amerikanische Wissenschaftler Jonathan Koomey eine Gesetzmäßigkeit formuliert. Danach verdoppelte sich die Anzahl der Rechenschritte pro Kilowattstunde Strom in der Vergangenheit ungefähr alle 1,5 Jahre.[3] In Abbildung 4 ist dieser Zusammenhang dargestellt. Zwischen 1945 und 2010 hat sich die Effizienz der Computer danach um den Faktor »fünf Billionen« erhöht. Trotz dieser enormen Effizienzgewinne ist der Energiebedarf der Informations- und Kommunikationstechnologien in der Vergangenheit kontinuierlich gestiegen und er stabilisiert sich erst seit einigen Jahren. Dies liegt daran, dass wir immer mehr Informations- und Kommunikationstechnologien nutzen, privat, in Unternehmen und Behörden. Und der Anstieg in der Nutzung hat in der Vergangenheit die Effizienzgewinne der Informations- und Kommunikationstechnologien mehr als ausgeglichen.

Das Phänomen, dass eine Effizienzsteigerung nicht oder nur teilweise zu einer Reduktion des Ressourceneinsatzes führt, weil sie gleichzeitig zu einer Erhöhung der Nutzung anregt, wird in der Wissenschaft als Rebound-Effekt bezeichnet. Die Berechnung von Rebound-Effekten gestaltet sich in der Praxis sehr schwierig. Insbesondere die Abgrenzung von gewollten Wachstumseffekten ist meist kaum durchzuführen. Die Hersteller von Informations- und Kommunikationstechnologien haben ja durchaus zum Ziel, die Nutzung der Geräte attraktiver zu machen und damit mehr Geräte abzusetzen. Auch führt die vermehrte IKT-Nutzung oft zu erwünschten wirtschaftlichen Vorteilen bei den Anwendern. Trotz dieser Abgrenzungsprobleme bleibt die Tatsache, dass eine immer effizientere und leistungsfähigere Informations- und Kommunikationstechnologie auch stärker genutzt wird. Die Effizienzgewinne wurden so in der Vergangenheit immer ausgeglichen – und der Ressourcenbedarf der IKT ist sogar angestiegen.

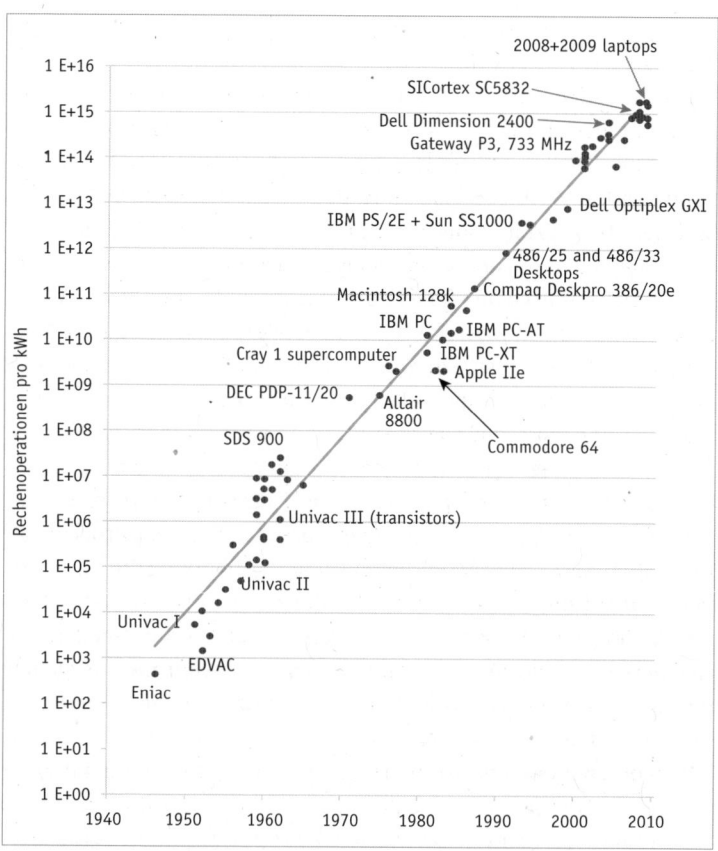

Abbildung 4 Entwicklung der Energieeffizienz von Computern: billionenfach mehr Rechenleistung pro Watt als 1945
Quelle: Koomey et al. 2011

So lässt sich feststellen, dass hinsichtlich der Entwicklung des Ressourcenbedarfs der Informations- und Kommunikationstechnologien selbst – trotz einiger Erfolge in den letzten Jahren – noch nicht von einer ökologischen Transformation gesprochen werden kann. Hier sind weitere Anstrengungen notwendig, um die Chancen, die die Technologien durchaus bieten, auch zu nutzen.

Software, Internet, Computer – noch lange nicht »green« **45**

Chancen durch IKT in anderen Branchen

Im Vergleich zum Ressourcenbedarf der Informations- und Kommunikationstechnologien selbst sind die Einsparpotenziale, die sie in anderen Branchen bieten, weitaus größer. Die Global eSustainability Initiative (GeSI) hat unter den Titeln »Smart 2020«, »GeSi Smarter 2020« und »#Smarter 2030« mehrere Studien[4] zu den Einsparpotenzialen in Auftrag gegeben und veröffentlicht. GeSI ist der Zusammenschluss von großen Unternehmen aus dem IKT-Sektor, die naturgemäß ein Interesse daran haben, die Vorteile des Einsatzes ihrer Produkte darzustellen. In der aktuellen GeSI-Studie »#Smarter 2030« wird errechnet, dass das CO_2-Einsparpotenzial durch Informations- und Kommunikationstechnologien fast zehnmal höher ist als der CO_2-Fußabdruck der Informations- und Kommunikationstechnologien selbst. Informations- und Kommunikationstechnologien bieten danach die Möglichkeit, bis 2030 rund 20 Prozent der weltweiten CO_2-Emissionen einzusparen (Abbildung 5). Informations- und Kommunikationstechnologien können Geschäftsreisen unnötig machen, die Effizienz der industriellen Produktion deutlich erhöhen, unser Stromversorgungssystem intelligent und effizienter machen, den Verkehr verflüssigen und den Ernteertrag in der Landwirtschaft deutlich steigern. Insgesamt sind die durch IKT-Technologien möglichen Einsparpotenziale so hoch, dass es allein durch sie gelingen kann, den vom Weltklimarat (IPCC) bis zum Jahre 2030 prognostizierten Anstieg der weltweiten CO_2-Emissionen auszugleichen und damit die CO_2-Emissionen auf dem Niveau von 2015 zu stabilisieren.

Wohlgemerkt: Hier wird von Möglichkeiten gesprochen – bislang steigen die weltweiten CO_2-Emissionen Jahr für Jahr weiter an. Die in den Studien dargestellten Einsparpotenziale konnten bis heute kaum in der Form realisiert werden, dass sie sich messbar auswirken. Woran liegt das? Warum lassen sich die berechneten Reduktionspotenziale bislang nur schwer realisieren? Wie hoch sind die Chancen, dass sich durch Informations- und Kommunikationstechnologien der weltweite Bedarf an Energie und Ressourcen in allen Branchen merklich reduzieren lässt? Schaut man auf Beispiele in der Vergangenheit, so stimmen diese wenig optimistisch. Mit der Einführung des Computers war vielfach die Idee vom papierlosen Büro verbunden. Tatsächlich ist der Papierverbrauch pro Kopf in Deutschland zwischen 1980 und heute um 60 Prozent angestiegen. Erst in den letzten Jahren scheint sich der Verbrauch langsam auf hohem Niveau zu stabilisieren. Die Einführung der E-Mail war mit der Hoffnung verbunden, dass der Briefverkehr dadurch deutlich reduziert werden kann. Tatsächlich wurden 2015 sogar etwas mehr Briefe verschickt als im Jahr 1998.

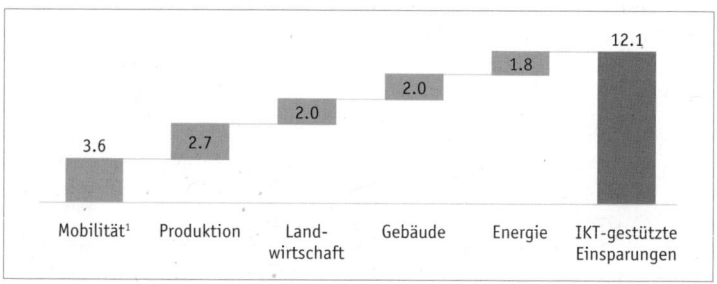

Abbildung 5 IKT kann CO_2-Emissionen deutlich reduzieren: Potenziale in verschiedenen Bereichen (in Giga-Tonnen)
Quelle: Global e-Sustainability Initiative/Accenture Strategy 2015

Ein wesentlicher Grund dafür, dass Einsparpotenziale nicht realisiert werden, liegt darin, dass neue IKT-Lösungen die vorhandenen Systeme zwar oft ergänzen, aber nicht vollständig ersetzen. Am Beispiel von Telefon- und Videokonferenzen sei dies erläutert: Wissenschaftliche Untersuchungen zeigen, dass die erwünschte Reduktion von Geschäftsreisen durch Informations- und Kommunikationstechnologien nicht eintritt.[5] Zwar ist in den vergangenen Jahren eine deutliche Zunahme in der Nutzung von elektronischen Konferenzen festzustellen – fast die Hälfte der deutschen Unternehmen setzt aktuell häufig Telefon- oder Videokonferenzen ein (BITKOM 2015); dennoch ist die Zahl der Geschäftsreisen nicht gesunken. Im Gegenteil, zwischen 2005 und 2015 ist die Zahl der Geschäftsreisen in Deutschland nach Angaben des Verbandes Deutsches Reisemanagement um über 20 Prozent gestiegen (Abbildung 6). Die Annahme, dass durch Informations- und Kommunikationstechnologien Geschäftsreisen ersetzt werden, trifft also in der Praxis nicht zu. Telefonkonferenzen ersetzen oft einzelne Telefongespräche, die sonst hintereinander geführt worden wären. Videokonferenzen ersetzen oft Telefonkonferenzen. Damit werden zwar die Qualität und Effizienz der Zusammenarbeit verbessert, aber zunächst einmal wird keine Reise eingespart. Stattdessen steigt durch die bessere Effizienz und durch mögliche zusätzliche Kontakte, die über elektronische Konferenzen erfolgen, die Arbeitsleistung und damit teilweise auch die Notwendigkeit, weitere Dienstreisen durchzuführen.

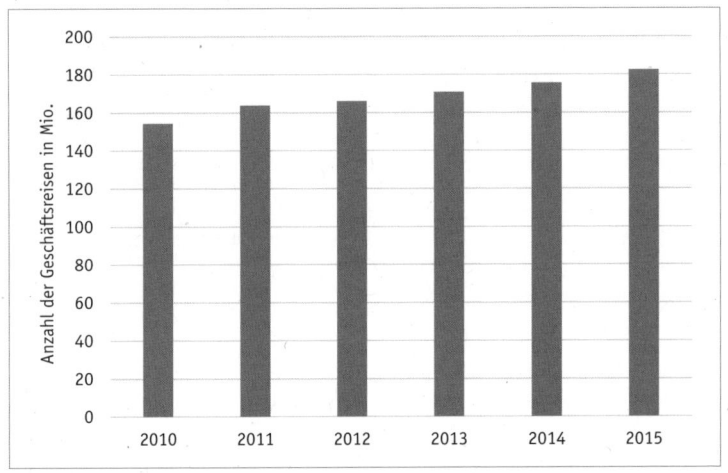

Abbildung 6 Zahl der Geschäftsreisen hierzulande steigt – trotz immer mehr Videokonferenzen
Quelle: Verband deutsches Reisemanagement, eigene Darstellung

Vielfach lassen sich persönliche Meetings auch nicht gleichwertig durch elektronische Treffen ersetzen, weil die sozialen Kontakte besonders wichtig sind. Die Möglichkeit, über IKT-Produkte auch unterwegs zu arbeiten, macht Dienstreisen oft sogar attraktiver. Selbst in dem Fall, dass eine elektronische Konferenz statt eines realen Treffens durchgeführt wird, ist die Wahrscheinlichkeit also gering, dass dadurch wirklich Dienstreisen gespart werden. Denn der deutlich niedrigere Zeit- und Mittelaufwand für die elektronische Konferenz führt dazu, dass die frei gewordenen Ressourcen für zusätzliche Dienstreisen verwendet werden. Ein Vertriebsmitarbeiter, der eine Reise zum Kunden einspart und dadurch Zeit gewinnt, wird diese voraussichtlich nutzen, um andere Kunden oder potenzielle Neukunden zu besuchen. Hier liegen also deutliche Rebound- und Wachstumseffekte vor.

Die Wahrscheinlichkeit, dass Rebound- und Wachstumseffekte auftreten, ist im Bereich der Green-durch-IT-Lösungen hoch. Ein flüssigerer Verkehr wird zusätzlichen Verkehr attraktiv machen, eine effizientere und kostengünstigere Produktion wird die Produkte besser und günstiger machen, sodass mehr davon abgesetzt werden können. Auch die »Smart«-Studien der GeSI räumen Rebound-Effekte ein. In der aktuellen #Smarter2030-Studie ist sogar der Versuch unternommen worden, die Effekte zu quantifizieren. In Summe wurde geschätzt, dass die durch Rebound-Effekte zu erwartenden Mehr-Emissionen das Reduktionspotenzial nur um rund 11 Prozent verringern. Diese Annahmen erscheinen unter Berücksichtigung der bisherigen Entwicklung allerdings sehr optimistisch. Hinzu kommt – und das betont auch GeSI –, dass die berechneten CO_2-Einsparpotenziale nur realisiert werden können, wenn der Staat entsprechend eingreift und diese Entwicklung fördert. Ohne unterstützende Maßnahmen wird nur ein geringer Anteil des Reduktionspotenzials realisiert werden.

Ökologische Vorreiter in der IKT-Branche

Die schnelllebige IKT-Branche bietet trotzdem auch viele Chancen, zur ökologischen Transformation beizutragen. Denn neue Ideen und Lösungen können sich sehr schnell am Markt durchsetzen. Es gibt Beispiele für bemerkenswerte Erfolge und beeindruckende Pioniere, die Anlass zur Hoffnung geben, dass die ökologischen Herausforderungen in der Branche gemeistert werden.

Fairphone: Moderne Smartphones werden in Milliarden-Stückzahlen produziert. Die hierbei verwendeten Rohstoffe werden meist unter Bedingungen gewonnen, die aus ökologischer und sozialer Sicht als äußerst kritisch zu bewerten sind. Auch die niedrigen Löhne und die Arbeitsbedingungen bei der Produktion der Smartphones werden vielfach kritisiert. Eine weitere ökologische Herausforderung stellt die Tatsache dar, dass die Reparatur von Smartphones immer schwieriger wird – in vielen Geräten kann der Nutzer nicht einmal den Akku selbstständig wechseln. Um diese Probleme anzusprechen und zu zeigen, dass es auch anders geht, wurde die Fairphone B. V. Amsterdam gegründet. Das Unternehmen unter der Leitung von Bas van Abel ist ein Projekt der gemeinnützigen Waag Society, einem Forschungsinstitut in Amsterdam. Bis heute wurden zwei Smartphones entwickelt. Diese zeichnen sich dadurch aus, dass sie unter möglichst fairen Bedingungen hergestellt und zumindest einige der verwendeten Rohstoffe aus Minen bezogen werden, die nicht in die Finanzierung von Bürgerkriegen verwickelt sind. Die Fairphones sind modular aufgebaut, sodass sie sich einfach reparieren lassen und auch Upgrades einzelner Komponenten möglich sind.

Finanziert wurde die Produktion der beiden Fairphones über Crowd-Funding. Wer ein Fairphone bekommen wollte, konnte es bindend vorbestellen. So wurde die jeweils notwendige Produktionsmenge erreicht. Mittlerweile wurden insgesamt mehr als 100.000 Geräte ausgeliefert. Mit Blick auf die Gesamtmenge an Smartphones, die weltweit bei über drei Milliarden liegt, erscheint dies wenig. Die Gründer von Fairphone wollten nach eigenen Angaben aber auch gar keine hohen Marktanteile erreichen. Ziel war es vielmehr, die Machbarkeit eines solchen Geräts zu beweisen und damit Impulse für die gesamte Branche zu setzen. Dieses Ziel wurde eindeutig erreicht.

Greenpeace: Im Jahr 2012 legte Greenpeace mit seinem Bericht »How clean is your cloud?«[6] eine ökologische Bewertung der weltweit größten Internetunternehmen vor. Betrachtet wurden insbesondere die Transparenz der Umweltberichterstattung und aus welchen Quellen der Strom stammt, der in den Rechenzentren der

Unternehmen eingesetzt wird. In dem Bericht wurden viele der Unternehmen kritisch bewertet, insbesondere Apple lag auf einem der letzten Plätze. Der Bericht war ein wesentlicher Impuls für die Unternehmen der Branche, die Transparenz ihrer Umweltberichterstattung zu erhöhen und vermehrt auf eine regenerative Energieerzeugung beim Betrieb von Rechenzentren zu setzen. So haben sich etwa Apple, Google, Facebook und Amazon das Ziel gesetzt, ihre Rechenzentren künftig zu 100 Prozent mit regenerativ erzeugtem Strom zu betreiben. Apple ist in seinen Bemühungen in den letzten Jahren so weit vorangeschritten, dass Greenpeace in seinem aktuellen Bericht davon ausgeht, dass dieses Ziel bereits erreicht ist.[7] Auch in Sachen Transparenz ist Apple Vorreiter der Branche. So kann jeder Nutzer auf den Apple-Webseiten Informationen zu den ökologischen Auswirkungen von Apple-Produkten erhalten, insbesondere die Darstellung der CO_2-Emissionen bei der Herstellung, in der Nutzung, beim Transport und beim Recycling.

Das Greenpeace-Beispiel zeigt deutlich, dass öffentlicher Druck handlungsleitende Impulse setzen kann. Dies gilt insbesondere bei Unternehmen, die Produkte für Endkonsumenten anbieten und deren Kunden bekanntermaßen eine hohe Sensibilität für Umweltfragen haben.

Windcloud GmbH: Das Konzept ist bestechend. Warum mit großem Aufwand den Strom über neu zu verlegende Stromtrassen von Windkraftanlagen in Norddeutschland in die Rechenzentren transportieren, wenn die Rechenzentren auch direkt an den Windkraftanlagen gebaut werden können und dann nur noch Daten über vorhandene Glasfasernetze verteilt werden müssen? Das Unternehmen Windcloud GmbH verfolgt genau diese Idee. Windcloud ist ein deutsches Start-up aus dem Kreis Nordfriesland. Angeregt durch die große Konzentration von Windkraftanlagen in der Region werden bei Windcloud neue Rechenzentrumslösungen entwickelt, die mit 100 Prozent erneuerbarer lokaler Energie arbeiten. Um die Energieversorgung auch aufrechtzuhalten, wenn kein Wind weht, arbeitet das System mit weiteren Energiequellen, die vor Ort vorhanden sind.

Dies sind große Batterien oder auch Biogasanlagen. So wird eine redundante Stromversorgung realisiert, die den ausfallsicheren Betrieb der Server gewährleistet.

Fazit: Große Chancen – große Herausforderungen

Die IKT-Branche bietet viele Chancen und Potenziale zur Ressourcenschonung. Gelingt es, diese Potenziale zu realisieren, kann die Informations- und Kommunikationstechnologie ein wesentlicher Treiber der grünen Transformation sein. Das hohe Innovationstempo der Branche ist dabei ein Glücksfall und eine Herausforderung zugleich. Innerhalb kürzester Zeit können sich neue effiziente Produkte und Lösungen durchsetzen und alte ineffiziente Lösungen komplett ersetzen. Die schnelle Reduktion des Standby-Energieverbrauchs oder die Halbierung des Stromverbrauchs bei Fernsehern trotz immer größer werdender Bildschirme sind nur zwei Beispiele hierfür. Das Innovationstempo bietet auch die Chance, innerhalb weniger Jahre die sehr hohen Ressourceneinsparpotenziale im Bereich Green-durch-IT zu realisieren.

Allerdings ist eine solche Entwicklung in eine durch Informations- und Kommunikationstechnologien grünere Zukunft nicht selbstverständlich und ohne Aufwand zu erreichen. Die schnellen Technologiewechsel führen auch dazu, dass IKT-Geräte meist nur kurz genutzt werden. Damit rücken Themen wie Materialeffizienz und die Optimierung der Produktions- und Recyclingprozesse mehr in den Fokus. Lösungen, den Ressourcenbedarf über den gesamten Lebenszyklus der Geräte zu reduzieren, sind in Zukunft mehr und mehr gefragt.

Um die Potenziale der Informations- und Kommunikationstechnologien zur ökologischen Transformation zu nutzen, müssen auch die Rahmenbedingungen neu gestaltet werden. Wo möglich, sollten unerwünschte Rebound-Effekte verhindert werden, die umweltfreundliche Nutzung von Informations- und Kommunikationstechnologien gefördert und alternatives, ressourcenschädigendes Verhalten möglichst unattraktiv gemacht werden. Im Einzelnen bedarf es der folgenden Maßnahmen:

- Um die Entwicklung des Ressourcenbedarfs der Informations- und Kommunikationstechnologien überhaupt kontinuierlich erfassen und bewerten zu können, muss ein nationales GreenIT-Monitoring aufgebaut werden.
- Es bedarf konkreter und messbarer Ziele zur Reduktion der Umweltbelastungen der IKT-Produkte selbst und der Ressourceneinsparung durch den Einsatz von IKT-Produkten.
- Die Forschungen zum Auftreten und zu den Möglichkeiten der Vermeidung von Rebound-Effekten in den Informations- und Kommunikationstechnologien müssen verstärkt werden. Technologien, bei denen die Gefahr von Rebound-Effekten gering ist, sollten vorrangig gefördert werden.
- Es sollten konkrete Initiativen zur Absenkung der Umweltauswirkungen durch Informations- und Kommunikationstechnologien gestartet werden, z. B. eine Initiative Klimaneutrale Rechenzentren in Deutschland oder eine Initiative Vermeidung von Geschäftsreisen durch Informations- und Kommunikationstechnologien.
- Wo möglich und sinnvoll, sollten gesetzliche Anforderungen zur Erhöhung der Transparenz und zur Verringerung der Umweltbelastungen durch IKT festgelegt werden.

Nur wenn die Anreize richtig gesetzt werden, kann es gelingen, dass eine Verflüssigung des Verkehrs nicht zu einem Mehr an Ressourcenverbrauch führt oder dass Dienstreisen wirklich durch elektronische Konferenzen ersetzt werden. Die IKT-Branche alleine wird das nicht schaffen. Ein umsichtig und vorausschauend handelnder Staat ist notwendig. Aufgrund seiner starken technologischen Position insbesondere in der Anwendung von IKT-Lösungen ist Deutschland in der Lage, eine Vorreiterrolle auf diesem Wege einzunehmen und Impulse für die europäische Politik zu geben. In bestimmten Fällen können gesetzliche Vorgaben sehr erfolgreich sein, wie die Erfolgsbeispiele der europäischen Standby-Verordnung oder der Produktkennzeichnung bei Fernsehgeräten zeigen. Oder es wird mit Hilfe der Kunden ein positiver Marktdruck erzeugt, wie das Beispiel der Greenpeace-Berichte zu Rechenzentren zeigt.

Anmerkungen

1 Prakash, S./Antony, F./Köhler, A./Liu, R. (2016): Ökologische und ökonomische Aspekte beim Vergleich von Arbeitsplatzcomputern für den Einsatz in Behörden unter Einbeziehung des Nutzerverhaltens (Öko-APC) (No. Texte | 66/2016). Umweltbundesamt. https://www.umweltbundesamt.de/publikationen/oekologische-oekonomische-aspekte-beim-vergleich. Zuletzt abgerufen am 30.9.2016.

2 Stobbe, L./Hintemann, R./Proske, M./Clausen, J./Zedel, H./Beucker, S. (2015): Entwicklung des IKT-bedingten Strombedarfs in Deutschland – Studie im Auftrag des Bundesministeriums für Wirtschaft und Energie. Berlin: Fraunhofer IZM und Borderstep Institut. http://www.bmwi.de/BMWi/Redaktion/PDF/E/entwicklung-des-ikt-bedingten-strombedarfs-in-deutschland-abschlussbericht,property=pdf,bereich=bmwi2012,sprache=de,rwb=true.pdf.

3 Koomey, J. G./Berard, S./Sanchez, M./Wong, H. (2011): Implications of historical trends in the electrical efficiency of computing. Annals of the History of Computing, IEEE, 33 (3), S. 46–54.

4 Climate Group 2008; GeSI und Boston Consulting Group 2009; Global e-Sustainability Initiative & Accenture Strategy 2015; Global e-Sustainability Initiative und The Boston Consulting Group 2012.

5 Hintemann, R./Clausen, J. (2016): Materialband 8: Internet und Cloud Computing. Umweltinnovationen und ihre Diffusion als Treiber der Green Economy. Berlin: Borderstep Institut. https://www.borderstep.de/wp-content/uploads/2016/09/8_UBA-Materialband-Internet-PUB_final.pdf. Zuletzt zugegriffen am 2.10.2016.; Mokhtarian, P. (2009): If telecommunication is such a good substitute for travel, why does congestion continue to get worse? Transportation Letters, 1 (1), S. 1–17.

6 Cook, G. (2012): How clean is your cloud. Washington, DC: Greenpeace Inc. http://www.greenpeace.org/international/Global/international/publications/climate/2012/iCoal/HowCleanisYourCloud.pdf. Zuletzt zugegriffen am 25.3.2013.

7 Cook, G./Pomerantz, D. (2015): Clicking clean: A guide to building the green internet. Washington, DC: Greenpeace Inc. http://www.greenpeace.org/usa/wp-content/uploads/legacy/Global/usa/planet3/PDFs/2015ClickingClean.pdf. Zuletzt zugegriffen am 22.8.2016.

Weitere Quellen

BITKOM (2015): Digitalisierung der Arbeitswelt. https://www.bitkom.org/Presse/Anhaenge-an-PIs/2015/02-Februar/150226-BITKOM-Charts-Digitalisierung-der-Arbeitswelt-26-02-20151.pdf.

Climate Group (2008): SMART 2020: Enabling the low carbon economy in the information age. Climate Group on behalf of the Global eSustainability Initiative (GeSI). https://www.greenbiz.com/sites/default/files/document/Smart-2020-Report.pdf. Zuletzt zugegriffen am 9.7.2014.

GeSI/Boston Consulting Group (2009): SMART 2020 Addendum Deutschland: Die IKT-Industrie als treibende Kraft auf dem Weg zu nachhaltigem Klimaschutz (Studie). Bonn: BCG - Boston Consulting Group. http://www.bcg.de/documents/file50237.pdf. Zuletzt zugegriffen am 24.6.2014.

Global e-Sustainability Initiative/Accenture Strategy (2015): #SMARTer 2030: ICT Solutions for the 21st Century Challenges. http://smarter2030.gesi.org/downloads/Full_report2.pdf. Zuletzt zugegriffen am 25.4.2016.

Global e-Sustainability Initiative/The Boston Consulting Group (2012): GeSI SMARTer 2020: The Role of ICT in Driving a Sustainable Future. GeSI & BCG.

Hintemann, R./Fichter, K. (2015): Energy demand of workplace computer solutions – A comprehensive assessment including both end-user devices and the power consumption they induce in data centers. EnviroInfo & ICT4S, Conference Proceedings (Part 1). S. 165–171. Vortrag, gehalten auf der Third International Conference on ICT for Sustainability (ICT4S 2015), Copenhagen.

Icha, P. (2016): Entwicklung der spezifischen Kohlendioxid-Emissionen des deutschen Strommix in den Jahren 1990 bis 2015 (No. Climate Change 26/2016). Dessau-Roßlau: Umweltbundesamt. https://www.umweltbundesamt.de/sites/default/files/medien/378/publikationen/climate_change_26_2016_entwicklung_der_spezifischen_kohlendioxid-emissionen_des_deutschen_strommix.pdf. Zuletzt zugegriffen am 29.9.2016.

Foto: Martin Abegglen

Chemische Industrie: Wie die Abkehr von fossilen Rohstoffen gelingen kann

Von Barbara Zeschmar-Lahl

Die Chemische Industrie ist sauber und effizient geworden – wenigstens in Mitteleuropa und im Vergleich zu den 1970er-Jahren. Heute steht sie vor anderen Herausforderungen: Die Branche muss sich von den fossilen Rohstoffen lösen, die gleichermaßen Basis der Produktionsenergie und ihrer Produkte sind. Allein schafft die Chemieindustrie das nicht; die Politik muss die Weichen stellen.

Chemie ist schon lange ein internationales Geschäft. In den letzten Jahren fand eine globale Verlagerung der industriellen Produktion, auch in der Chemieindustrie, nach Asien statt. Zum einen bauten Länder, die Erdöl, Erdgas oder Metalle fördern, ihre eigenen Produktionskapazitäten für die Weiterverarbeitung ihrer natürlichen Ressourcen aus. Zum anderen konnten Schwellen- und Entwicklungsländer, hier vor allem China, vom Transfer moderner Technologien und Know-how profitieren und dank vergleichsweise niedriger Rohstoff-, Energie- und Personalkosten die steigende Nachfrage nach Chemieprodukten zunehmend selbst decken.

In vielen Schwellenländern liegt die gestiegene Nachfrage vor allem am Bevölkerungswachstum und dem wachsenden Wohlstand breiter Bevölkerungsschichten, die sich in ihrem Konsumverhalten zunehmend am Standard der Industrieländer orientieren. In den Industrieländern hingegen steigt vor allem der Bedarf an innovativen Fein- und Spezialchemikalien, verstärkt durch die ansteigende »Chemieintensität« verschiedener Branchen.[1] So werden etwa für die Informations und Kommunikationstechnologie, für den Mobilitätssektor (Elektromobilität) oder für die Energiewirtschaft (chemische und elektrochemische Energiespeicher) vermehrt Spezialchemikalien benötigt. Daher wird – so die Prognose – die Spezialisierung innerhalb der deutschen Chemiebranche weiter zunehmen und es werden verstärkt höherwertige Chemikalien produziert, während Vorprodukte zunehmend importiert werden. Diesen Trend haben

Chemische Industrie: Wie die Abkehr von fossilen Rohstoffen gelingen kann **57**

auch die großen Chemieunternehmen erkannt und nicht nur in Deutschland, sondern weltweit damit begonnen, Spezialchemie-Anbieter zu übernehmen. Beispiele sind etwa BASF (Ciba, Cognis, Chemetall), Solvay (Rhodia, Ryton Polyphenylensulfid (PPS), Cytec), LANXESS (Clean and Disinfect-Geschäft vom US-amerikanischen Chemiekonzern Chemours), Altana (Rockwood, Addcomp), Evonik Industries (Sparte Performance Materials des US-Unternehmens Air Products and Chemicals, Silica-Geschäft des US-Unternehmens Huber) oder Merck KGaA (Sigma-Aldrich).

Chemie in Zahlen

Deutschland ist eines der wenigen Länder, die sowohl über eine starke Basischemie als auch über eine große Spezialchemie verfügen. Von den knapp 3.200 Unternehmen (2014) entfiel beinahe die Hälfte (46,4 Prozent) auf Kleinstunternehmen mit weniger als zehn Beschäftigten, während knapp 100 Unternehmen (3 Prozent) 500 Menschen und mehr beschäftigten. Im Jahr 2015 waren rund 332.000 Arbeitnehmerinnen und Arbeitnehmer in der Chemiebranche beschäftigt, weitere 114.000 in der Pharmaindustrie und weitere knapp 6,1 Millionen Beschäftigte im verarbeitenden Gewerbe.

Der Produktionswert der Chemieindustrie betrug im Jahr 2015 rund 112,6 Milliarden Euro. Den größten Anteil hieran hatten Fein- und Spezialchemikalien (32 Prozent), gefolgt von Polymeren (25 Prozent) und Petrochemikalien (21 Prozent). Zu Letzteren zählen die in großen Mengen hergestellten organischen Grundchemikalien (auch Massenchemikalien, »bulk chemicals«) wie Ethylen, Propylen, Ethylendichlorid und andere.[2]

Vom Produktionswert her am wichtigsten war auch 2015 der Sektor Fein- und Spezialchemikalien. Dabei handelt es sich um Stoffe und Zubereitungen mit spezifischen Eigenschaften für Abnehmer in den unterschiedlichsten Industriebranchen, wie etwa Farben und Pigmente, Textilhilfsmittel, Katalysatoren, Weichmacher, Stabilisatoren, Antioxidantien, Diagnostik- oder Laborreagenzien oder chemische Elemente für Elektronik usw. Fein- und Spezialchemikalien werden oft nur in relativ geringen Volumina, dafür aber in hoher Reinheit produziert, mitunter sogar nur für kundenspezifische Anwendungen. Gerade kleinere und mittlere Unternehmen, die in der deutschen Chemieindustrie mengenmäßig dominieren, führen häufig Lohnsynthesen im Auftrag anderer Unternehmen durch.

Die deutsche Chemie ist stark export- und importabhängig. Im Jahr 2015 betrug die Exportquote (Anteil der Exporte am Gesamtumsatz) für chemische Erzeugnisse rund 76 Prozent, die Importquote (Anteil der Importe an der Inlandsversorgung) lag bei 69 Prozent. Bei einzelnen Produkten (etwa azyklische Kohlenwasserstoffe, Ethylen-Polymere, Ammoniak) war die deutsche Chemieindustrie 2015 allerdings Netto-Importeur. Im Jahr 2015 war Deutschland hinter den USA (126 Milliarden Euro) mit 99,7 Milliarden Euro der weltweit zweitgrößte Exporteur für chemische Erzeugnisse, nur knapp vor China (96,7 Mrd. Euro). Zu den wichtigsten Abnehmern gehören derzeit ausschließlich europäische Länder. Allerdings wird prognostiziert, dass die Volksrepublik China bis 2030 zum zweitwichtigsten Abnehmer für deutsche Chemieprodukte außerhalb der EU aufsteigen wird (siehe Anm. 2).

Chemieindustrie in Verruf

Bei der Herstellung von Chemikalien, Vorprodukten und Erzeugnissen im industriellen Maßstab ist es in der Vergangenheit mehrfach zu verheerenden Störfällen aufgrund unkontrollierter chemischer Reaktionen, Explosionen oder Brände gekommen. Namen wie Seveso (1976), Bhopal (1984), Sandoz (1986), Tianjin (2015) stehen für zahlreiche Tote, Verletzte, Geschädigte, Fischsterben und andere, langfristige Umweltschäden. Aber auch die vom Gesetzgeber erlaubten oder nicht oder nicht streng genug reglementierten Emissionen oder Anwendungen ihrer Produkte (wie Biozide) haben die Chemieindustrie in Verruf gebracht. Nicht nur in Deutschland, auch in vielen anderen Staaten und Staatengemeinschaften wurden seither die Umweltgesetze mehrfach verschärft (zum Beispiel mit der Industrieemissionsrichtlinie der EU) und die Prüfung und die Zulassung von (neuen) Chemikalien reguliert. Zuletzt hat die EU durch REACH[3] eine umfassende »Verordnung zur Registrierung, Bewertung, Zulassung und Beschränkung chemischer Stoffe« erlassen. Allerdings besteht auch hier noch Nachholbedarf, was Umfang und Qualität der seitens der Industrie gelieferten Daten anbelangt.[4] Mit dem Globally Harmonized System of Classification, Labelling and Packaging of Chemicals (GHS) der Vereinten Nationen besteht ein *weltweit* einheitliches System zur Einstufung von Chemikalien sowie deren Kennzeichnung auf Verpackungen und in Sicherheitsdatenblättern. GHS wurde in der EU 2009[5] umgesetzt.

In vielen Schwellen- und Entwicklungsländern sind die Regelungen zur Zulassung, Einstufung und Kennzeichnung von Chemikalien mangelhaft oder nicht existent. So bestehen etwa bei der Implementierung von GHS insbesondere in Zentralasien und Afrika noch große Lücken[6,7]. Gleiches gilt für die Umsetzung von SAICM (Strategic Approach to International Chemicals Management), einem völkerrechtlich nicht bindenden politischen Rahmenwerk, mit dem bis 2020 insbesondere in den Schwellen- und Entwicklungsländern das Chemikalienmanagement sicherer werden sollte. Parallel ist die Chemieindustrie auch selbst angetreten, um mit freiwilligen Selbstverpflichtungen wie Responsible Care und Global Product Strategy (GPS) ihren Beitrag für ein sicheres und umweltschonendes Chemikalienmanagement zu leisten und (weiteren) staatlichen Regulierungen zuvorzukommen. Derzeit wird »Responsible Care®« in über 60 Ländern der Welt praktiziert, allerdings mit Lücken insbesondere in Zentralasien und Afrika.[8]

Produktionsstandorte folgen den niedrigen Standards

Der Trend der Verlagerung der chemischen Produktion in Schwellen- und Entwicklungsländer ist insbesondere dort problematisch, wo der gesetzliche Rahmen und das administrative Instrumentarium für ein sachgerechtes Chemikalienmanagement fehlen oder schwach sind. Eine der wichtigsten Grundvoraussetzungen nachhaltiger Chemie ist, dass *weltweit* ein hoher Standard bei der Zulassung von und dem Umgang mit Chemikalien (und gefährlichen Abfällen) verankert und umgesetzt ist. Denn die großen Gefahren für Mensch und Umwelt bestehen dort, wo Chemikalien nicht oder nicht streng genug reguliert, Arbeits- und Umweltschutzstandards niedrig und die Gewinnmargen hoch sind. Ein wichtiger Aspekt ist hier die Substitution gefährlicher durch weniger gefährliche Stoffe. Dieser Ansatz kann durch Stoffdatenbanken, Negativlisten, Positivlisten und Produktdatenbanken gestärkt werden. In der EU wird dies ein mittel- bis langfristiges Ergebnis von REACH sein. Bereits jetzt stehen verschiedene Tools[9] und Datenbanken in Europa zur Verfügung, wie der Leitfaden Nachhaltige Chemikalien[10], SubSelect[11], GreenScreen[12], TURI[13], ChemSec Sinlist[14] oder SUBSPORT – the Substitution Support Portal[15].

In einzelnen Sektoren gibt es bereits freiwillige Ansätze, um mittels Stofflisten den Einsatz besonders gefährlicher Chemikalien zu beschränken oder zu minimieren, etwa Negativlisten in der Textilindustrie (Zero Discharge of Hazardous Chemicals, ZDHC)[16] oder Confindustria Toscana Nord[17]). Erste Güte- bzw. Qualitätssiegel wurden erfolgreich auf dem Markt eingeführt, wie das bluesign®-Zertifikat[18]. Wichtig wäre jedoch, um »unwilligen« Unternehmen keine Vorteile zu gewähren, dass etwa Stoffverbote und Substitutionsgebote, insbesondere in Schwellen- und Entwicklungsländern, auch gesetzlich verankert und durchgesetzt werden.

Nachhaltige Chemie

Was eigentlich ist »Nachhaltige Chemie« – etwa im Unterschied zu Grüner Chemie (Green Chemistry)? Der Begriff »Grüne Chemie« – erstmals in den 1990er-Jahren verwendet – beinhaltet Grundsätze für Design, Entwicklung und Umsetzung chemischer Prozesse und Produkte zur Vermeidung, Verringerung oder Beseitigung von für Mensch und Umwelt gefährlichen Stoffen. Diese Grundsätze haben Anastas und Warner 1998 in ihren »Zwölf Prinzipien der Grünen Chemie« zusammengefasst.[19] Weitere wichtige Anforderungen im Hinblick auf den gesamten Lebenszyklus von Stoffen und Produkten haben Anastas und Zimmermann[20] mit ihren »Zwölf Prinzipien für Grünes Ingenieurwesen« ergänzt.

Nachhaltige Chemie geht aber über diese Stoff- und Prozessbetrachtung hinaus. Sie erkennt nicht nur die begrenzte Belastbarkeit von Mensch und Umwelt an, sondern zählt auch die Bewältigung der Herausforderungen in Bezug auf soziale Bedingungen (wie sichere und gesunde Arbeitsplätze, keine Zwangs- und Kinderarbeit) sowie ein nachhaltiges Wirtschaften unter Berücksichtigung der Kapazitätsgrenzen des Planeten Erde hinzu.[21] Als Kriterien für die Berücksichtigung der begrenzten Belastbarkeit der Erde können etwa Effizienz, Zero Waste und Dekarbonisierung herangezogen werden.

Effizienz der Chemieindustrie in Deutschland

Die chemische Industrie ist eine Branche mit hohem Rohstoff- und Energiebedarf. Viele chemische Prozesse laufen nur unter hohen Temperaturen und Drücken ab. Rohstoffe bzw. Energieträger wie Öl, Gas und Kohle, ebenso elektrischer Strom und Hilfsstoffe sind wichtige Kostenfaktoren. Schon deshalb hat die Chemieindustrie ein ureigenes Interesse an einer ressourceneffizienten Produktion und hat ihre Prozesse entsprechend optimiert. Laut VCI/Prognos ist der Energieeinsatz in der deutschen Chemieindustrie seit 1990 um ein Fünftel gesunken (bis 2013), obwohl die Produktion um fast 60 Prozent gestiegen ist. »Heute wird an modernen Verbundstandorten und in den Chemieparks bereits weitgehend ressourceneffizient produziert«, so VCI/Prognos in der oben genannten Studie.

Verbundstandorte und Chemieparks mit vertikal und horizontal integrierten Produktionsprozessen ermöglichen eine hohe Ressourceneffizienz speziell über Wärmeverbünde und die Verknüpfung der Herstellungsprozesse chemischer Produkte über mehrere Stufen hinweg. Laut Hans-Böckler-Stiftung zeigen alle vorliegenden Untersuchungen eine Verbesserung der Energieeffizienz in der Chemischen Industrie und vor allem der Basischemie in den beiden letzten Jahrzehnten.[22] Beispiele sind etwa der großindustrielle Einsatz der Sauerstoffverzehrkathode (SVK) im Bereich der Chlor-Alkali-Elektrolyse bei der Bayer AG, bei dem eine Energieeinsparung von bis zu 30 Prozent erreicht werden konnte. Die SVK-Technologie wird mittlerweile weltweit anderen Unternehmen angeboten. Laut VCI/Prognos wird die deutsche Chemieindustrie ihre Ressourceneffizienz bis 2030 weiter erhöhen, vor allem, weil zukünftig vermehrt höherwertige Fein- und Spezialchemikalien hergestellt werden, während die ressourcenintensiven Basischemikalien und Vorprodukte zukünftig vor allem in China und anderen Schwellenländern produziert werden.

Das Potenzial zur Effizienzsteigerung durch eine weitere Optimierung der Prozesse ist, nach Einschätzung von VCI/Prognos, insbesondere in der Basischemie eher begrenzt. Eine Erhöhung der Effizienz in der Produktion kann hier etwa durch die Verringerung von Materialverlusten durch den Einsatz komplexer Katalysatorsysteme erreicht werden, wie das Beispiel Salpetersäure zeigt. Diese wird großtechnisch durch katalytische Oxidation von Ammoniak nach dem sogenannten Ostwald-Verfahren hergestellt, welches hinsichtlich des Energieverbrauchs als beste verfügbare Technik gilt.[23] Ein Problem dieses Verfahrens waren bislang die Verluste an Edelmetallen – immerhin ist Europa bei Platin, Rhodium und anderen Platin-Gruppe-Metallen (PGM) auf Importe angewiesen. Inzwischen sind komplexe Katalysatorsysteme entwickelt worden, mit denen erhebliche Edelmetallersparnisse erzielt werden, wie etwa das FTC-System von Heraeus[24], einem führenden Unternehmen der deutschen Fein- und Spezialchemieindustrie.

Auch bei kleinen und mittleren Unternehmen der Chemieindustrie, die überwiegend dem Sektor Fein- und Spezialchemie zuzuordnen sind, lassen sich mitunter erhebliche Effizienzpotenziale auffinden. Durch die Einführung innovativer Geschäftsmodelle wie Chemikalien-Leasing lassen sich zum Teil deutliche Einsparungen erzielen: Bei Lösemitteln von 10 bis 70 Prozent, auch Energieeinsparungen von 35 bis 50 Prozent sind möglich.[25]

Laut VCI/Prognos konnte die chemische Industrie ihr Abfallaufkommen zwischen 1990 und 2009 um knapp 80 Prozent senken. Allerdings ist das Abfallaufkommen von 2009 bis 2014 wieder deutlich angestiegen – bei gefährlichen Abfällen um 22 Prozent, bei nicht gefährlichen um 37 Prozent, in Summe um rund 604.000 Tonnen –, während der Produktionsindex leicht zurückgegangen ist (3 Prozent; siehe Tabelle 1). Dabei ist zwischen Abfällen zur Verwertung und zur Beseitigung zu unterscheiden. Bei den gefährlichen Abfällen hat das Aufkommen für beide Arten zugenommen, bei den nicht gefährlichen ist bei den Beseitigungsabfällen ein Rückgang zu verzeichnen. Die Entwicklung des Abfallaufkommens stellt sich für die einzelnen Chemiesektoren unterschiedlich dar. Sektoren mit einem seit 2010 deutlich gestiegenen Aufkommen an Abfällen insgesamt betreffen die Herstellung sauerstoffhaltiger Kohlenwasserstoffe (+ 219.000 Tonnen) und von Basiskunststoffen (+ 99.000 Tonnen). Eine allgemeine Steigerung der Ressourceneffizienz der chemischen Industrie seit 2010 kann aus diesen Zahlen nicht abgeleitet werden.

Abfälle	2009	2010	2011	2012	2013	2014	Veränderung 2014 zu 2010
Gefährliche Abfälle zur Beseitigung	400	462	471	524	536	606	+31 %
Gefährliche Abfälle zur Verwertung	624	687	729	729	747	796	+16 %
Summe gefährliche Abfälle	**1.024**	**1.149**	**1.200**	**1.253**	**1.283**	**1.402**	**+22 %**
Nicht gefährliche Abfälle zur Beseitigung	385	394	418	312	361	357	-9 %
Nicht gefährliche Abfälle zur Verwertung	805	838	966	1.150	1.250	1.330	+59 %
Summe nicht gefährliche Abfälle	**1.190**	**1.232**	**1.384**	**1.462**	**1.611**	**1.687**	**+37 %**
Produktionsindex (2010 = 100)[34]	85,1	100,0	101,0	98,1	98,6	97,3	-2,7 %

Tabelle 1 Abfallaufkommen der deutschen chemischen Industrie (in 1.000 Tonnen/Jahr)
Quelle: THRU[26]

Produzentenverantwortung ungenügend geregelt

Aus der Sicht der nachhaltigen Chemie sind jedoch nicht nur die direkt, sondern auch die am Ende des Produktlebens anfallenden Abfälle und die in ihnen enthaltenen Schadstoffe relevant. Bislang gibt es auf EU-Ebene sowie in Deutschland nur wenige Regelungen zur erweiterten Produzentenverantwortung (Extended Producer Responsibility, EPR) mit entsprechender Rücknahmeverpflichtung. Sie betreffen Batterien, Verpackungen, Elektro- und Elektronikschrott (WEEE) und Altautos, also alles Anwendungen chemischer Produkte. Die Wirksamkeit dieser Systeme ist überschaubar. So wurden 2014 rund 4,5 Millionen Tonnen Kunststoffverpackungen in Deutschland produziert[27], gleichzeitig aber nur rund 2,946 Millionen Tonnen Abfälle aus gebrauchten Kunststoffverpackungen erfasst.[28] Von Letzteren wurden im Inland 1,453 Millionen Tonnen direkt, in Müllverbrennungsanlagen (mit Verwerterstatus R1) oder über den Umweg durch Aufbereitungs- und Sortieranlagen energetisch und weitere 1,06 Millionen Tonnen werkstofflich verwertet, meist zu minderwertigen Produkten (sogenanntes »Downcycling«). 87.000 Tonnen wurden rohstofflich verwertet, das heißt vor allem im Hochofen als Reduktionsmittel eingesetzt. 329.000 Tonnen wurden im Ausland (vor allem in Ostasien) werkstofflich verwertet.

Kunststoffprodukte weisen häufig eine deutlich heterogenere Zusammensetzung als Verpackungen auf. Sie sind kaum (roh)stofflich so zu recyceln, dass daraus gleiche oder gleichwertige Produkte hergestellt werden können. Tatsächlich wird sich dieses Problem aus folgenden Gründen auch nicht lösen lassen:
- Produktstreuung durch die Verteilung an Millionen Nutzer im In- und Ausland,
- Entropiezunahme durch Vermischung zahlreicher Stoffe in einem Produkt,
- Belastung mit verschiedenen Schadstoffen und
- Zeitverzug zwischen Vermarktung und möglicher Rückführung von (langlebigen) Produkten zur Verwertung.[29]

Ein aktuelles Beispiel ist derzeit das Flammschutzmittel HBCD (Hexabromcyclododecan) in Dämmstoffen aus Polystyrol. Expandiertes Polystyrol (EPS) enthält in der Regel 0,7 Prozent und extrudiertes Polystyrol (XPS) ca. 1,5 Prozent HBCD.[30] HBCD weist einen Bromgehalt von rund 75 Gewichtsprozent auf. Nach der maßgeblichen Verordnung[31] müssen in der EU seit dem 30. September 2016 Abfälle, die mehr als 1.000 ppm (0,1 Prozent) HBCD enthalten, so verwertet oder beseitigt werden, »dass die darin enthaltenen persistenten organischen Schadstoffe zerstört oder unumkehrbar umgewandelt werden«. In der Vergangenheit gelangten HBCD-haltige Abfälle nicht vollständig in die Verbrennung, sondern auch in andere Anwendungsbereiche. So wurde bereits 2007 über hohe HBCD-Konzentrationen in Eiern berichtet, nachdem Hühner Dämmmaterial gepickt hatten.[32] Die Problematik der Kreislaufführung von Schadstoffen in globalen Abfallrecyclingströmen ist auch unter dem Begriff »Riskcycle« bekannt.[33, 34, 35]

Auf der anderen Seite kann die chemische Industrie zur Rückgewinnung von Ressourcen aus Abfällen anderer Branchen beitragen. Ein Beispiel ist etwa die Rückgewinnung von Phosphor aus Abwasser, Klärschlamm oder Klärschlammasche.[36] Bei neueren Verfahren steht hier nicht mehr die Gewinnung von Düngemitteln, sondern von hochwertiger Phosphorsäure im Vordergrund. Beim Tetra-Phos®-Verfahren etwa werden aus Klärschlammasche neben Phosphorsäure auch Metallsalze zurückgewonnen.[37] Allerdings weisen auch diese Recyclingverfahren einen begrenzten Wirkungsgrad auf und benötigen weiteren Input an Energie und Stoffen (Ressourcen). In 12 bzw. 15 Jahren nach Inkrafttreten der Neufassung der Klärschlammverordnung soll die Rückgewinnung von Phosphor aus Klärschlammasche, Klärschlamm oder Abwasser in Deutschland verpflichtend sein.[38]

Biobasierte Chemie: Energie und Rohstoffe auswechseln

Die Dekarbonisierung der Branche kann über ihren Energie- und Rohstoffeinsatz erfolgen. Eine Erhöhung der Energieeffizienz und eine dekarbonisierte Stromerzeugung tragen daher zur Dekarbonisierung bei. Allerdings sind fossile Energieträger gerade in der Grundstoffchemie Rohstoff der chemischen Prozesse und zugleich Brennstoffe für die Erzeugung von Wärme (Dampf und Strom).

Die derzeit größte Herausforderung für die Chemieindustrie ist ihre fossile Rohstoffbasis. Die meisten chemischen Erzeugnisse lassen sich aus etwa 300 Grundchemikalien aufbauen, die bislang beinahe ausschließlich aus Erdöl und Erdgas gewonnen werden (vgl. Anm. 22). Ausgangsstoffe sind die in großen Mengen hergestellten organischen Grundchemikalien (auch Massenchemikalien, »bulk chemicals«) wie Ethylen (2015: 5,1 Mio. t), Propylen (4 Mio. t), Ethylendichlorid (2,2 Mio. t), Buten und seine Isomere, Buta-1,3-dien (2,1 Mio. t), Benzol (2,0 Mio. t) und Vinylchlorid (1,3 Mio t) (vgl. Anm. 2).

Im Jahr 2011 hat die chemische Industrie in Deutschland 2,7 Millionen Tonnen nachwachsender Rohstoffe eingesetzt, das sind 13 Prozent des Gesamtverbrauchs organischer Rohstoffe.[39] 2013 waren es noch immer nicht mehr als 13 Prozent; gleichzeitig machten Naphtha (Rohbenzin) und andere Erdölderivate beinahe drei Viertel (74 Prozent) der 20 Millionen Tonnen verbrauchter Rohstoffe aus.[40] Nicht nur in Deutschland und Europa, sondern weltweit seien die Ölpreise in den letzten Jahren offenbar nicht hoch genug gewesen, um einen merklichen Umstieg der Chemieindustrie auf Biomasse als Rohstoff insgesamt zu bewirken, so VinylPlus. Zudem sei mit der Schiefergasproduktion, vor allem in den USA, eine ernstzunehmende Konkurrenz für biobasierte Rohstoffe entstanden. Daher hätten mehrere Kunststoffhersteller (Braskem, Dow Chemical, Mitsui) ihre Planungen für Kunststoffe auf Biomassebasis – vorerst? – auf Eis gelegt (vgl. Anm. 39).

Fallen Erdöl und Erdgas als Primärrohstoff aus – sei es, weil die Vorräte zu Ende gehen, der Ressourcenaufwand und die Kosten für ihre Gewinnung zu hoch werden (Stichwort »shale gas«) oder die Förderländer an der Preisschraube drehen –, sind Alternativen gefragt. Der (Wieder-)Einstieg in die Kohlechemie, wie zuletzt in China vorangetrieben, stand zeitweise auch in Deutschland wieder zur Diskussion.[41,42] Er dürfte sich aber – insbesondere mit Blick auf die EU-Klimaschutzziele – nicht als Lösungsweg eignen. Um die Klimaziele zu erreichen und die Abhängigkeit vom Öl zu verringern, ist mittel- bis langfristig ein Wechsel der chemischen Rohstoffbasis von Erdöl zu Biomasse erforderlich.

Fossiler Kohlenstoff gilt nur dann als *nicht* klimarelevant, wenn er in der Erde verbleibt, in Produkten gebunden ist oder von der Umwelt abgeschlossen gelagert wird. Bis aber der »feedstock change« vollzogen ist, werden weiterhin – wenn auch in geringer werdendem Umfang – Produkte auf Basis fossilen Kohlenstoffs in die Technosphäre (alles, was von Menschenhand geschaffen wurde) eingebracht.

Dieses »Inventar« wird über kurz oder lang zu Abfall. Um zu verhindern, dass der darin gebundene fossile Kohlenstoff klimawirksam wird, muss er ausgeschleust oder sein Kreislauf so weit wie möglich geschlossen werden. Zielführend wäre es, den fossilen Kohlenstoff wieder in Produkte zu überführen – und zwar nicht nur aus dem Verpackungssektor, sondern auch für andere Kunststoffeinsatzbereiche. Aber da gibt es die Problematik der nicht schließbaren Stoffkreisläufe, wie schon bei den Kunststoffverpackungen und den flammgeschützten Polystyrol-Dämmstoffen skizziert. Doch losgelöst davon, kämen für die Rückführung in Produkte in erster Linie das werkstoffliche (Kunststoff zu Kunststoff) und mehr noch das rohstoffliche Recycling (Zerlegung in Monomere, etwa durch solvolytische Depolymerisation) in Betracht. Echtes Recycling in Form von »Neuprodukt gleich Altprodukt« ist bei Produktionsabfällen einfacher zu realisieren als bei Produkten nach deren Gebrauch, zumal diese dann oft verschmutzt oder im Gemisch anfallen. Gemischte, verschmutzte Kunststoffabfälle unterschiedlicher Herkunft können werkstofflich nur zu geringwertigeren Produkten verarbeitet werden. Allerdings wird der zukünftige Bedarf der Republik an Parkbänken, Bau- und Farbeimern, Getränkekisten, Körben, Blumentöpfen und -kästen aus dem werkstofflichen Recycling kaum ausreichen, die anfallenden Abfallmengen aufzunehmen. Zudem werden auch diese Produkte irgendwann zu Abfall, sodass das Problem letztlich nur in die Zukunft verlagert wird. Die Ansätze zum rohstofflichen Recycling jenseits des Einsatzes als Reduktionsmittel im Hochofen sind bislang auf wenige sortenreine Kunststoffe (PE, PU) beschränkt[43] und nicht für Kunststoffe und Kunststoffverbunde aus der »Post-Consumer-Phase« ausgelegt. Beispielsweise setzen die Verfahren zur rohstofflichen Verwertung von PVC vor allem auf die Nutzung von Kohlenstoff als Reduktionsmittel (in der Stahlindustrie) oder als Energieträger. So wird etwa in der einzigen deutschen rohstofflichen Recyclinganlage, dem Ecoloop-Werk bei Goslar, aus Abfällen, auch chlorhaltigen, Synthesegas gewonnen, das jedoch derzeit nur zur Energieerzeugung und nicht zur Erzeugung von Stoffen eingesetzt wird. Bei anderen Verfahren kann PVC nur zugemischt werden, da hier – wie dem Ebara-Verfahren (Japan) oder dem REDOP-Verfahren (DSM, Niederlande) – nur Kunststoffabfälle mit einem Chloranteil von bis zu 5 Prozent (vgl. Anm. 39), bei der Calciumcarbidproduktion der Alzchem Trostberg GmbH in Hart an der Alz[44] immerhin von bis zu 10 Prozent Chlor verarbeitet werden können. Der Chlorgehalt von PVC liegt bei über 70 Masse-Prozent. Eine Rückgewinnung von Kohlenstoff aus PVC in Form von Synthesegas und die erneute Herstellung von organischen Substanzen daraus sind bislang nicht realisiert (sollen aber prinzipiell möglich sein). Die Rückgewinnung von Chlor aus PVC ist von nachrangiger Bedeutung, da Chlor in großen Mengen als Koppelprodukt bei der Gewinnung von Natronlauge aus Kochsalz bei der Chloralkalielektrolyse anfällt.

Sofern sich beim rohstofflichen Recycling von Kunststoffen, insbesondere PVC, keine substanziellen Fortschritte einstellen, um den Kohlenstoff in Form von Synthesegas zurückzugewinnen, verbleibt als weitere Option nur die Nutzung von CO_2 (aus dem Abgas) als Kohlenstoffquelle für die Synthese organischer Verbindungen.

Biomasse statt Erdöl?

Die technische Nutzung von Biomasse steht immer in Konkurrenz zu deren Nutzung als Nahrungsmittel. Hinzu kommt, dass die gezielte Erzeugung von Biomasse für technische Zwecke (mit »Energiepflanzen«), die auf die Restriktionen der Nahrungsmittelerzeugung etwa bei den Pestizidrückständen keine Rücksicht nehmen muss, oft mit erheblichen Umwelteingriffen einhergeht (Monokulturen, Bodendegradation, Überdüngung, Verringerung der Biodiversität). In Deutschland zeigt sich dieses Problem etwa beim Maisanbau für Biogasanlagen. Wichtig wären bindende Nachhaltigkeitsanforderungen für Biomasse, die in die chemische Produktion geht, ähnlich derer, die es schon für den Kraftstoffsektor gibt. Derzeit werden detaillierte Kriterien (ökologische, gesellschaftliche und ökonomische, einschließlich Ökobilanzen) im Rahmen einer neuen europäischen Norm für Bio-Tenside und Bio-Lösemittel (CEN: Mandat M491) entwickelt.[45] Regelungen für andere Einsatzbereiche sollten allerdings unbedingt folgen.

Der Einsatz von Biomasse für chemische Produkte ist nur dann sinnvoll, wenn er beim Klimaschutz – was aufgrund des regenerativen Kohlenstoffs zu erwarten ist – und energetisch gegenüber der heutigen fossilen Praxis besser oder wenigstens nicht schlechter abschneidet. So darf der Umstieg von fossilen Rohstoffen auf Biomasse etwa nicht mit einem deutlich höheren Energieeinsatz erkauft werden. Allerdings ist der Energieverbrauch für die gesamte Prozesskette bei biobasierten Rohstoffen oft viel höher als bei den etablierten fossilen Routen.[46] Es ist jedoch zu erwarten, dass für die Umwandlung von Biomasse zu Basischemikalien zukünftig energetisch ebenso effiziente Verfahren zur Verfügung stehen werden, wie dies heute auf dem Feld der fossilen Chemie der Fall ist.[47] Die Effizienz des Biomasseeinsatzes im Chemiesektor kann im Übrigen noch erhöht werden, wenn die erzeugten Produkte in einer Kaskade weiter genutzt und erst am Ende energetisch verwertet werden.

In Deutschland gibt es seit einigen Jahren verschiedene Aktivitäten zur Entwicklung und Erprobung von Bioraffineriekonzepten, die sich in unterschiedlichen Realisierungsstadien befinden. Als Beispiele nennt die Bundesregierung[48] folgende:

- die Zucker/Stärke-Bioraffinerie auf Basis Getreide bzw. Zuckerrüben der Firma Südzucker/CropEnergies in Zeitz (Sachsen-Anhalt);
- die Lignocellulose-Bioraffinerie auf Basis Holz eines Konsortiums unter Koordination der DECHEMA als Teil des Chemisch-Biotechnologischen Prozesszentrums der Fraunhofer-Gesellschaft am Chemiestandort Leuna (Sachsen-Anhalt);
- Lignocellulose-Bioraffinerie auf Basis Stroh der Firma Clariant in München und Straubing (Bayern);
- Grüne Bioraffinerie auf Basis Grassilage der Firma Biowert in Brensbach (Hessen);
- Grüne Bioraffinerie auf Basis Gras der Firma biopos in Selbelang (Brandenburg);
- Synthesegas-Bioraffinerie auf Basis Stroh des KIT in Karlsruhe (Baden-Württemberg).

Bioraffinerien stehen derzeit als Lieferanten von Chemiegrundstoffen aus Biomasse noch in den Anfängen. Ihre Produkte dürften in den nächsten zwanzig Jahren keine ernstzunehmende Konkurrenz zu den Produkten aus der Dampfspaltung von Rohbenzin (Naphtha) darstellen.[49]

Basischemikalien werden nur selten biobasiert hergestellt, während die Entwicklung auf dem Gebiet der Spezial- und Feinchemikalien in einzelnen Unternehmen durchaus positiv verläuft. So kommen nachwachsende Rohstoffe wie Fette, Stärke und Zucker in bestimmten Chemiesektoren bereits seit Jahren zum Einsatz, seit einiger Zeit sogar in der Kunststoffindustrie.[50] Rohstoffquellen sind pflanzliche Öle (Rizinus-, Raps-, Sonnenblumen-, Soja-, Leinöl) sowie Zuckerrohr und Mais. Das weltweit meist angebaute[51] und am häufigsten eingesetzte Pflanzenöl ist aber Palmöl. Es kommt nicht nur in Lebensmitteln, sondern auch in Futtermitteln, Pharmazeutika, Kosmetika und Körperpflegemitteln, Wasch- und Reinigungsmitteln, Schmiermitteln, Kerzen, Farben und Lacken zum Einsatz.

Ein Sektor mit einem sehr hohen Anteil an Biomasse ist die Wasch- und Reinigungsmittelchemie. Bislang werden für die Herstellung von Tensiden in gleichen Teilen Grundstoffe aus der Erdölchemie und auf Basis von nachwachsenden Rohstoffen verarbeitet.[52] Letztere sind pflanzliche Öle, vor allem Palmöl, und Fette (Kokosfett, Palmkernfett). Palmöl wird aus dem Fruchtfleisch, Palmkernöl aus den Samen der Palmfrüchte gewonnen. Die wichtigsten Anbauländer für Ölpalmen sind Malaysia und Indonesien. Um den weltweit wachsenden Bedarf zu decken, wurden in den vergangenen Jahren große Flächen Regenwälder gerodet, um Platz für mehr Palmölplantagen zu schaffen. Bereits 2004 hat der WWF den Roundtable on Sustainable Palm Oil (RSPO) ins Leben gerufen, um einem weiteren Raubbau zu begegnen: »Er signalisiert, dass auf den Plantagen freiwillig mehr für Naturschutz und Menschenrechte getan wird, als gesetzlich vorgeschrieben. Was noch nicht viel klingt, ist in Entwicklungs- und Schwellenländern wie Indonesien und Malaysia ein wichtiger erster Schritt.«[53] Der RSPO ist kein Zertifikat, die Mitglieder haben sich zur Einhaltung bestimmter Prinzipien und Kriterien wie »Keine Rodung von Primärwäldern und ökologisch wertvollen Waldflächen für Plantagen« oder »Keine Kinderarbeit, dafür Bildungsangebote für die auf der Plantage lebenden Kinder« sowie »Kontrolle der Plantagen durch unabhängige, autorisierte Prüfer« verpflichtet.

Die Kultivierung von Ölsaaten zur Herstellung von »erneuerbaren« anstelle von petrochemischen Rohstoffen führt aufgrund der notwendigen Anbauflächen immer zu einem Verlust an Biodiversität. Daher löst der simple Ersatz von Palmöl etwa durch Soja- oder Kokosöl das Problem nicht, sondern kann es sogar noch verschlimmern, so der WWF: »Es führt daher kein Weg daran vorbei, den Anbau von Ölpflanzen ausnahmslos umwelt- und sozialverträglicher zu gestalten. Gleichzeitig muss unser Bedarf drastisch gesenkt werden.«[54] Die geplante neue europäische Norm für Bio-Tenside und Bio-Lösemittel (CEN: Mandat M491) (vgl. Anm. 45) ist daher ein erster Schritt in die richtige Richtung.

Eine Senkung des Bedarfs an Tensid-Rohstoffen in Wasch- und Reinigungsmitteln kann erreicht werden durch Einsatz anderer, bereits in geringen Mengen wirksamer Stoffe – zum Beispiel Enzyme in Waschmitteln, aber auch hier sind Rohstoff- und Energieeinsatz kritisch zu prüfen – oder durch den Einsatz anderer Ausgangs-Biomasse. Beispielsweise können für die Herstellung von Tensiden auch Öle und Fette aus heimischen Pflanzen verwendet werden. So werden die zu den Glycolipiden – die größte Stoffklasse unter den biobasierten Tensiden[55] – zählenden Sophorolipide in Europa durch ein Fermentationsverfahren hergestellt, das mit einer natürlichen, nicht gentechnisch modifizierten Hefe unter Einsatz von heimischem Zucker und Ölen arbeitet.[56] Große Hersteller haben sich bereits Wasch- und Reinigungsmittelzubereitungen auf Glycolipid-Basis patentieren lassen[57,58], aber auch kleinere Zubereiter (»Formulierer«) setzen diese ein. Ein Beispiel sind einige auf Basis von Hanföl und Hefe hergestellte waschaktive Substanzen, die sogenannten Amphotenside[59].

Besser noch als der gezielte Anbau von Biomasse zur stofflichen Nutzung ist die Verwendung von bislang nicht genutzten Pflanzenteilen und von Abfallbiomasse. So kann beispielsweise für die Herstellung von Seifen auch Öl von bislang ungenutzten tropischen Pflanzensamen verwendet werden.[60] Große Unternehmen wie DuPont[61] (in Kooperation mit Procter & Gamble) oder Clariant[62] (in Kooperation mit Werner & Mertz) setzen für die Herstellung von Wasch- und Reinigungsmitteln auf Bio-Ethanol aus Agrarreststoffen. Bio-Ethanol kann aber auch zur Herstellung von Ethylen und somit Bio-Polyethylen verwendet werden. So gibt es beispielsweise in Brasilien seit 2010 eine Produktionsanlage zur Erzeugung von Bio-PE mit einer Jahreskapazität von 200.000 Tonnen (vgl. Anm. 50).

Auch Hersteller in anderen Chemiesektoren setzen vereinzelt auf die Nutzung von Abfallbiomasse, etwa auf »Tallöle« aus Schwarzlauge, einem Abfallprodukt der Zellstoffindustrie (vgl. Anm. 50). Die Produktion von Carbonfasern aus Lignin, einem weiteren Abfallprodukt der Zellstoffindustrie, soll in den nächsten Jahren zur Marktreife gebracht werden.[63] Weitere Beispiele für die Verwendung von Abfällen sind die Nutzung von stärkehaltigem Prozesswasser und Prozessabfällen oder von altem Frittierfett von Kartoffelchips.

In Summe sind diese Einzelbeispiele aber keine überzeugenden Belege für die verstärkte Nutzung von Abfallbiomasse als Rohstoffquelle für die Chemieindustrie. Der Umfang ist einfach zu gering. Zudem ist der Anfall verwertbarer Abfallbiomasse in Mitteleuropa begrenzt, für einzelne Abfallarten wie Altholz oder Stroh gibt es auch konkurrierende Abnehmer.

CO_2 als Kohlenstoffquelle für die organische Chemie

Die Abscheidung von CO_2 aus fossil befeuerten Verbrennungsanlagen ist unter dem Kürzel CCS (»carbon capture and storage«) bekannt. Allerdings sind die Abtrennung (»capture«) von CO_2 aus dem Abgas von Kraftwerken (oder auch Müllverbrennungsanlagen) und deren anschließende untertägige Lagerung (»storage«) noch im Entwicklungsstadium. Die Abscheidung aus dem Abgas erfasst längst nicht das gesamte CO_2, und außerdem sinkt der energetische Wirkungsgrad der Anlagen. Die untertägige Lagerung von CO_2 wie das Verpressen in den Untergrund ist umstritten. Insbesondere mögliche CO_2-Leckagen stellen für Mensch und Umwelt ein erhebliches Risiko dar. Weitere CO_2-Emissionen aus fossiler Energienutzung (Kraftfahrzeuge, Einzelheizungen) sind zudem nicht an der Quelle fassbar.

Eine Alternative ist die In-situ-Nutzung von CO_2 als Grundbaustoff für organische Chemikalien – so, wie Pflanzen bei der Photosynthese aus CO_2 und Wasser mittels Energiezufuhr (Sonnenlicht) und Traubenzucker (Glucose) Sauerstoff herstellen. Dies ist aktuell unter dem Kürzel CCU (»carbon capture and utilisation/use«) in der Diskussion. Zwar werden schon heute verschiedenen CO_2-basierte chemische Reaktionen im industriellen Maßstab genutzt, bis auf die Herstellung von Harnstoff aus Ammonium und CO_2 handelt es sich jedoch eher um kleinere Produktionsvolumina, denn diese Verfahren sind meist sehr energieintensiv. Derzeit wird an der Entwicklung neuer chemischer Prozesse geforscht, um zum Beispiel mittels Katalysatoren oder Membrantechnologie energieeffiziente Prozesse zu finden. In mehreren Ländern wurden, teils mit Förderung der EU, Forschungsprogramme zur Nutzung von CO_2 initiiert:[64] »Unter anderem fördert in Deutschland das BMBF derzeit 33 Verbundprojekte mit einem Gesamtbudget von über 100 Millionen Euro. Erste Erfolge sind erkennbar: Weltweit existieren bereits zahlreiche Pilot- und Demonstrationsanlagen, zum Beispiel für die Produktion von Polyolen als Grundstoff für Schaumstoffe in Dormagen oder für synthetische Kraftstoffe in Werlte und Dresden. Die ersten CO_2-basierten Produkte und Kraftstoffe erreichen die Märkte. Mögliche Quellen für die CO_2-Nutzung sind dabei große und kleine Industrieanlagen oder Kraftwerke. Mögliche Endprodukte sind Kunststoffe sowie flüssige oder gasförmige Kraftstoffe.«[65]

»Die Industrie hat bei der Verwendung von CO_2 als Rohstoff bereits erste Durchbrüche erzielt, zum Beispiel in der Herstellung von Kunststoff«, erklärt etwa das vom ehemaligen Bundesumweltminister Klaus Töpfer gegründete Institute for Advanced Sustainability Studies (IASS Potsdam) in einer Studie[66] und verweist dabei auf die »Dream Production« von Bayer Material Science sowie Projekte bei BASF, Evonik und anderen. Allerdings, und darauf weist das IASS Potsdam (vgl. Anm. 65) explizit hin, kann mit CCU-Technologien nur eine überschaubare Menge von CO_2 industriell genutzt werden: rund 180 Millionen Tonnen CO_2 pro Jahr in Stoffen plus 1,8 Milliarden Tonnen in Kraftstoffen. Aufschluss über den exakten Nutzen für die Umwelt können zudem erst eine genaue Ökobilanz im Einzelfall geben. Mögliche schädliche Umweltauswirkungen der CO_2-Abscheidung sind derzeit noch ungeklärt: »So ist unter anderem zu untersuchen, inwieweit aminbasierte Abscheidungsverfahren beispielsweise zu erhöhter Ozonbelastung in der Atmosphäre oder zur Bildung von krebserregenden Substanzen führen können.«

Ein weiterer wichtiger Punkt bei CCU ist die Frage der Energiequelle. Denn sollte die zur Synthese benötigte Energie fossilen Ursprungs sein, wäre die Nutzung von CO_2 als Rohstoff unter Klimaschutzgesichtspunkten ein Nullsummenspiel (oder sogar kontraproduktiv, je nach Bilanz). Daher ist die entscheidende Frage, aus welchen Quellen die Energie (Strom) für die Abscheidung und die chemische Synthese bezogen wird. Die Nutzung der bekannten regenerativen Energien (Strom oder Wärme aus Erneuerbaren) bietet hier eine interessante Lösung. So werden etwa bei der Power-to-Gas-Technologie heute bereits aus Wasser mit (ansonsten überschüssiger) Windenergie mittels Elektrolyse Sauerstoff (entweicht in die Atmosphäre) und Wasserstoff hergestellt. Letzterer kann direkt ins Gasnetz eingespeist oder mit CO zu Methan umgesetzt werden. Methan kann herkömmliches Erdgas ersetzen oder als Ausgangsstoff für weitere chemische Verbindungen wie Ammoniak oder Methanol dienen. So sieht etwa die im Auftrag des Umweltbundesamtes erstellte Studie »Treibhausgasneutrales Deutschland im Jahr 2050« die langfristige Zukunft der chemischen Rohstoffbasis in PtG (»power-to-gas«) und PtL (»power-to-liquid«).[67] »Generell ist davon auszugehen, dass nachwachsende Rohstoffe als Ausgangsstoff in der chemischen Industrie an Bedeutung gewinnen.«[68] So sieht das Szenario 2050 für den Rohstoffmix der chemischen Industrie rund 3,6 Millionen Tonnen NaWaRo (nur Abfallbiomasse[69]) und 18,3 Millionen Tonnen EE-Methan vor (+0,1 Mio. t Holzkohle als Reduktionsmittel oder Absorbens (Aktivkohle)).

Interessant ist auch die direkte Umwandlung von Sonnenenergie in Reaktionsenergie. So nutzt die US-amerikanische Firma Algenol (mit einem Forschungs- und Entwicklungslabor in Berlin) eine patentierte Technologie[70] mit sogenannten Fotobioreaktoren zur Produktion von Ethanol aus Sonnenlicht, CO_2 und Salzwasser mittels metabolisch optimierter (»metabolically enhanced«) Blaualgen (Cyanobakterien). In einem zweiten Schritt wird die verbrauchte Algenbiomasse mittels HTL (Hydrothermal Liquefaction) in »Green Crude« (grünes Rohöl) umgewandelt.[71] Die Firma verfügt des Weiteren auch über Patente zur Erzeugung chemischer Verbindungen mit genetisch optimierten Blaualgen. Weitere Angaben zum Prozess, ein Geschäftsbericht oder Angaben zu Produktionsmengen sind nicht verfügbar. Ein anderes Beispiel ist die Gewinnung von Wasserstoff aus Holz-Zellstoff mittels Nanokristallen und Sonnenlicht bei Umgebungstemperaturen. Neben dem gewünschten H_2 fällt bei dieser Reaktion auch CO_2 an, aber nicht als Gas, sondern in Form von Karbonat. Dadurch wird das CO_2, das die Bäume der Atmosphäre für die Bildung von Biomasse entzogen haben, in eine Senke überführt.[72]

Eine gemischte Bilanz und die Frage: Wie weiter?

Der kurze Überblick über die Rahmenbedingungen und die Herausforderungen für die Transformation der (deutschen) Chemieindustrie zeigt, dass sich in den letzten Jahren einiges bewegt hat. Die Branche ist effizienter geworden, insbesondere beim Energieverbrauch, auch wenn hier immer noch Optimierungspotenzial – insbesondere bei kleinen und mittleren Chemieunternehmen – besteht.

Betrachtet man das Aufkommen der Branche an gefährlichen und nicht gefährlichen Abfällen, so ist festzustellen, dass dieses nach 2009 wieder deutlich angestiegen ist (um 22 bzw. 37 Prozent), bei gleichzeitigem leichten Rückgang des Produktionsindexes (3 Prozent). Unerfreulich ist insbesondere die Zunahme des Aufkommens an gefährlichen Abfällen zur Beseitigung. Eine allgemeine Steigerung der Ressourceneffizienz der chemischen Industrie seit 2010 kann aus diesen Zahlen nicht abgeleitet werden.

Nicht nur in Deutschland und Europa, sondern weltweit waren die Ölpreise in den letzten Jahren offensichtlich nicht hoch genug, um einen merklichen Umstieg der Chemieindustrie auf Biomasse als Rohstoff insgesamt zu bewirken. Zudem ist mit der Schiefergasproduktion, vor allem in den USA, eine ernstzunehmende Konkurrenz für biobasierte Rohstoffe entstanden. So lag der Anteil nachwachsender am Gesamtverbrauch organischer Rohstoffe in den letzten Jahren (2011 bis 2013) bei jeweils 13 Prozent.

Der »feedstock change«, auch wenn er in einigen Sektoren bereits seit längerem stattfindet (Wasch- und Reinigungsmittel, Faserchemie) oder zugenommen hat (Kunststoffe), steckt nach wie vor in den Kinderschuhen. Bioraffinerien, die aus biogenen Rohstoffen stofflich nutzbare (Zwischen-)Produkte erzeugen, dürften in den nächsten zwanzig Jahren keine ernsthafte Konkurrenz oder relevante Rohstoffquelle darstellen. Carbon Capture and Utilisation (CCU) ist bestenfalls als Ergänzung, nicht als Alternative zum »feedstock change« zu sehen. Auch sind hier noch zentrale Fragen offen. Insgesamt ist der erforderliche Paradigmenwechsel bislang nur in Ansätzen erkennbar.

Die Chemieindustrie muss daher, wie viele andere Branchen auch, für ihre Treibhausgasemissionen Emissionszertifikate erwerben. Aufgrund ihres hohen Energiebedarfs und zur Vermeidung der Verlagerung der Produktion in Staaten außerhalb der EU (Stichwort »carbon leakage«) erhielt sie allerdings einen Teil der benötigten Zertifikate kostenlos. Der Vorschlag der EU-Kommission zur Änderung der Richtlinie über das Emissionshandelssystem der EU (EU EHS)[73] sieht eine teilweise Verschärfung auch für die chemische Industrie vor. Er wird derzeit in den Ausschüssen des Europäischen Parlaments beraten.

Unabhängig davon, wie »scharf« die endgültige Regelung aussehen wird, sie wird nicht ausreichen, um den »feedstock change« in der chemischen Industrie in den nächsten Jahren zu forcieren, zumal davon nur die europäische Industrie betroffen wäre. Denn der Emissionshandel betrifft nur die direkten Emissionen und die auch weiterhin nur zum Teil. Zudem sollen die Benchmark-Werte – das sind die Emissionswerte ermittelt aus den 10 Prozent der in Bezug auf Treibhausgasemissionen effizientesten Produktionsanlagen –, die anhand von Daten des Zeitraums 2007 bis 2008 berechnet wurden, erst 2020 aktualisiert werden. Bis dahin wird also weiterhin mit veralteten Daten gearbeitet.

Der Großteil des fossilen Kohlenstoffs aus der Chemieindustrie verlässt die Anlagen aber nicht über den Abgaspfad, sondern in Form von Produkten (Stoffe, Zubereitungen, Zwischen- und Endprodukte). Diese Produkte führen verzögert zu Emissionen in anderen Sektoren – vor allem im Verkehrs- und Abfallsektor. Müllverbrennungsanlagen sind allerdings vom Emissionshandel befreit. In der zitierten Studie zum Treibhausgasneutralen Deutschland 2050 wird davon ausgegangen, dass »die Anteile an Produkten, die auf Erdölbasis produziert wurden, bis zum Jahr 2050 großen Teils schon als Abfall entsorgt wurden«. Diese Annahme erscheint allerdings zu optimistisch. Immerhin gelangen in Deutschland derzeit deutlich über 20 Prozent der Kunststoffe in den Bausektor (rund 2,74 Mio. t, davon rund 1,55 Mio. t PVC)[74], der Produktlebenszeiten von bis zu 80 Jahren aufweist.[75]

Für den fossilen Kohlenstoff in Produkten muss daher eine Lösung gefunden werden, die seine Freisetzung als klimarelevantes CO_2 verhindert oder minimiert. Von den Optionen Kreislaufführung (»stoffliches Recycling«), Rückführung in den Syntheseprozess (CCU) oder Verbringung in letzte Senken (CCS) erscheint aus heutiger Sicht insbesondere die Kreislaufführung geeignet. CCS ist mit zu großen Risiken behaftet und nicht mehrheitsfähig, CCU steckt noch in den Anfängen und wirft auch ganz praktische Fragen auf: Wie kommt man an das CO_2? Sollen Müllverbrennungsanlagen, Ersatzbrennstoffkraftwerke oder Mitverbrennungsanlagen zukünftig mit einer zusätzlichen CO_2-Wäsche ausgestattet werden? Oder kann man das CO_2 aus der Atmosphäre entnehmen, wo es allerdings in nur sehr geringer Konzentration (0,04 Prozent) vorkommt? Technisch ist dies machbar. Beispielsweise gibt die Dresdner Firma Sunfire an, dass sie mit ihrem Power-to-Liquids-Verfahren zum Recycling von atmosphärischem CO_2 beiträgt: »Die Technologie von Sunfire kann nicht nur zur Produktion von erneuerbarem Wasserstoff mithilfe von Wind- und Solarenergie eingesetzt werden, sondern auch zum Recycling von atmosphärischem CO_2 beitragen.«[76]

Allerdings ist die CO_2-Filterung aus der Atmosphäre mit einem enormen Energieaufwand verbunden. »Prinzipiell sind die energetischen Aufwendungen zur CO_2-Gewinnung aus der Luft auf Grund der geringen Konzentrationen hoch, dementsprechend sind auch die Kosten solcher Anlagen zu bewerten im Vergleich zu Anlagen, bei denen CO_2 aus konzentrierten Abgasströmen zurückgewonnen werden kann.«[77] Und erneuerbare Energien, die als klimaneutral gelten, müssen auch erst einmal erzeugt, umgewandelt und transportiert werden, haben also eine klimarelevante Vorkette, die man in die Bilanz mit einbeziehen muss.

Energie und Rohstoffe: Die Politik muss lenken

Bis zum vollständigen »feedstock change« ist es also noch ein weiter Weg. Parallel dazu muss die Kreislaufführung von Stoffen (nicht nur Kohlenstoff) vor allem durch Rückführung der Produkte ausgebaut werden. Die Kreislaufführung hat zwar Grenzen (Aufbereitungsverluste, Vermischung zahlreicher Stoffe in einem Produkt) und birgt Risiken (Schadstoffbelastung, »riskcycle«), ist aber auch für die Zeit nach dem »feedstock change« notwendig, um Ressourcen zu schonen.

Langfristig ist es daher erforderlich, die Rohstoffbasis auf erneuerbare Rohstoffe umzustellen. Anders als bei den Erneuerbaren Energien kann im Chemiesektor auf Kohlenstoff nicht verzichtet werden. Eine Dekarbonisierung im eigentlichen Wortsinn ist nicht möglich, die Abkehr von fossilen Kohlenstoffträgern aber ist es. Dafür stehen sowohl Biomasse als auch – perspektivisch – regeneratives Methan (EE-Methan) zur Verfügung. Gleichzeitig müssen aber die im Bestand befindlichen fossilen Kohlenstoffträger (Kunststoffe) möglichst lange genutzt bzw. möglichst häufig wiederverwendet, danach weiterverwendet oder – sofern möglich (siehe Schadstoffbelastung) – stofflich verwertet werden, bevor sie am Ende der Kaskade in die energetische Verwertung, möglichst mit Rückgewinnung des CO_2 aus dem Abgasstrom, gelangen.

Somit ergäben sich rein theoretisch unterschiedliche Optionen – Chemisches Recycling, (Abfall-)Biomasse, EE-Methan, etwas ganz Neues –, worauf die Rohstoffbasis der chemischen Industrie umgestellt werden könnte. Diese Optionen stehen allerdings in Konkurrenz zu anderen Sektoren, die ebenfalls ambitionierte Klimaschutzziele zu erfüllen haben. So ist der Mobilitätssektor wegen seiner spezifischen Probleme zunehmend an regenerativ erzeugten Kohlenwasserstoffen bzw. Wasserstoff (H_2) als Zukunftsoptionen interessiert. Aus dieser Konstellation folgt ein wirtschaftspolitisches, aber auch ein regulatorisches Dilemma. Es sollten die Optionen umgesetzt werden, die ökologisch die höchste Effizienz aufweisen und die ökonomisch vorteilhaft sind. Für Ersteres sollte man daher als Steuerungsgröße die Netto-THG-Einsparung festlegen. Ökonomisch sollten heute noch keine Entscheidungen über die zu wählenden Optionen getroffen werden, weil aktuell niemand prognostizieren kann, wie sich die technologischen Entwicklungen zukünftig wirtschaftlich darstellen. Wichtig wäre vielmehr, dass man einen regulatorischen Korridor aufstellt, innerhalb dessen sich die verschiedenen Optionen im Wettbewerb durchsetzen können.

Hierfür müssen insbesondere für den Chemiesektor folgende Maßnahmen ergriffen werden:

- Abschaffung der Subventionen bzw. Steuervorteile für die stoffliche Nutzung von Mineralölen;
- Schließen der Stoffkreisläufe (Kunststoffe) z. B. durch umfassende und stringente Regelungen zur erweiterten Produzentenverantwortung (EPR);
- Aufbau bzw. Weiterentwicklung von Verfahren des chemischen Recyclings (wie etwa solvolytische Depolymerisation);
- Verstärkung der Forschung und Entwicklung in der e-Stoffwirtschaft (Erneuerbarer Strom/CO_2);
- Aufbau eines finanziellen Regimes, um die obigen Maßnahmen zu bezahlen.

Eines steht fest: Die Chemieindustrie hat noch einen langen Pfad in Richtung Nachhaltigkeit vor sich.

Dank

Bei der Erstellung dieses Textes konnte auf die Arbeiten zu drei Studien, die im Rahmen des UBA/BMUB-Forschungsvorhabens 3715 65 499 0 erstellt wurden, zurückgegriffen werden. Die Studien sind inhaltliche Vorarbeiten für die Errichtung des International Sustainable Chemistry Collaborative Centre (ISC_3), siehe: https://isc3.org. Für die Möglichkeit, diesen Input nutzen zu können, möchte sich die Autorin herzlich bedanken.

Anmerkungen

1 VCI-Prognos-Studie, 2013: »Die deutsche chemische Industrie 2030«. https://www.vci.de/die-branche/chemie-2030/2013-01-31-e2809edie-deutsche-chemische-industrie-2030-vci.jsp.
2 VCI: Chemiewirtschaft in Zahlen 2016. https://www.vci.de/vci/downloads-vci/publikation/chemiewirtschaft-in-zahlen-print.pdf.
3 Registration, Evaluation, Authorisation and Restriction of Chemicals.
4 http://www.fr-online.de/wirtschaft/verordnung-reach-firmen-hebeln-chemikalienrecht-aus,1472780,31376132.html.
5 CLP-Verordnung (EG) Nr. 1272/2008.
6 http://www.unece.org/trans/danger/publi/ghs/implementation_e.html.
7 Z. B.: http://ghs.dhigroup.com/GHSImplementatationMap.aspx.
8 International Council of Chemical Associations (ICCA): https://youtu.be/wUrcwFvh0lY und Responsible Care 2015. https://www.icca-chem.org/wp-content/uploads/2015/09/2015-Responsible-Care-Status-Report.pdf.
9 OECD Substitution and Alternatives Assessment Tool Selector: http://www.oecdsaatoolbox.org/Home/Tools.
10 Umweltbundesamt (Hrsg., 2010): Nachhaltige Chemikalien. Eine Entscheidungshilfe für Stoffhersteller, Formulierer und Endanwender von Chemikalien. https://www.umweltbundesamt.de/sites/default/files/medien/377/publikationen/161215_uba_fb_chemikalien_dt_bf.pdf.
11 SubSelect – Das elektronische Instrument zur Bewertung der Nachhaltigkeit von Stoffen und Gemischen. https://www.umweltbundesamt.de/sites/default/files/medien/2248/dokumente/subselect_v106.zip.
12 http://www.greenscreenchemicals.org/.
13 TURI: Pollution Prevention Options Assessment System (P2OASys). http://www.turi.org/Our_Work/Research/Alternatives_Assessment/Chemical_Hazard_Comparison_Tools/P2OASys_Tool_to_Compare_Materials.
14 http://sinlist.chemsec.org/.
15 http://www.subsport.eu/.
16 http://www.roadmaptozero.com.
17 Confindustria Toscana Nord: Detox MRSL 08062015. https://www.confindustriatoscananord.it/media/DETOX/DetoxMRSL_PUBBLICA.pdf und https://www.confindustriatoscananord.it/sostenibilita/detox/english-version.
18 http://www.bluesign.com/.
19 Anastas, P. T./Warner, J. C. (1998): Green Chemistry: Theory and Practice Oxford, S. 30.
20 Anastas, P. T./Zimmerman, J. B. (2003): Design through the Twelve Principles of Green Engineering. Env. Sci. Tech. 2003, 37(5), 94A-101A.; zitiert auf: https://www.greencentrecanada.com/green-chemistry/the-12-principles-of-green-engineering/.
21 Blum, C./Bunke, D./Hungsberg, M./Joas, A./Joas, R./Blepp, M./Stolzenberg, H.-C. (2017): The concept of sustainable chemistry: key drivers for the transition towards sustainable development. Accepted for publication. Sustainable Chemistry and Pharmacy. Amsterdam, http://dx.doi.org/10.1016/j.scp.2017.01.001.

22 Voss, W. (2013): Ressourceneffizienz als Herausforderung für die Grundstoff-chemie in Deutschland. Ein Projekt im Auftrag der Hans-Böckler-Stiftung. Bremen. http://www.boeckler.de/pdf_fof/S-2011-490-1-1.pdf.

23 https://enargus.fit.fraunhofer.de/pub/bscw.cgi/d4841593-2/*/*/Salpe-ters%C3%A4ure.html?op=Wiki.getwiki.

24 http://heraeus-catalysts.com/de/catalyticsystems/produkte_1/ftcsysteme.html.

25 Zettl, E./Hawthorne, C./Joas, R./Lahl, U./Litz, B./Zeschmar-Lahl, B./Joas, A. (2014): Analyse von Ressourceneffizienzpotenzialen in KMU der chemischen Industrie. Studie im Auftrag des VDI ZRE. http://www.bzl-gmbh.de/de/sites/default/files/VDI-ZRE-Chemiestudie-Ressourceneffizienz.pdf und http://www.bzl-gmbh.de/de/sites/default/files/VDI-ZRE-Uebersichtstabelle-Chemiestudie.xlsx.

26 https://www.thru.de/search/.

27 https://de.statista.com/statistik/daten/studie/156492/umfrage/produktionsmen-ge-von-kunststoffverpackungen-in-deutschland/.

28 Schüler, K. (2016): Aufkommen und Verwertung von Verpackungsabfällen in Deutschland im Jahr 2014. UBA-Texte 64/2016 https://www.umweltbundesamt.de/sites/default/files/medien/376/publikationen/texte_64_2016_aufkommen_und_verwertung_von_verpackungsabfaellen_2014.pdf.

29 Friege, H. (2015): Ressourcenmanagement und Siedlungsabfallwirtschaft. Challenger Report für den Rat für Nachhaltige Entwicklung. Texte Nr. 48, Januar 2015. http://www.nachhaltigkeitsrat.de/uploads/media/Challenger_Report_Ressourcenmanagement_und_Siedlungsabfallwirtschaft_texte_Nr_48_Januar_2015_01.pdf.

30 Umweltbundesamt (Deutschland) (2016): Hintergrund Hexabromcyclododecan (HBCD). Antworten auf häufig gestellte Fragen. https://www.umweltbundes-amt.de/sites/default/files/medien/479/publikationen/hexabromcyclododecan_hbcd_antworten_auf_haeufig_gestellte_fragen.pdf.

31 (EG) Nr. 850/2004) Art. 7 (2).

32 Hiebl , J./Vetter W. (2007): Detection of Hexabromocyclododecane and Its Me-tabolite Pentabromocyclododecene in Chicken Egg and Fish from the Official Food Control, J. Agric. Food Chem. Vol. 55, No. 9. S. 3319-3324. http://pubs.acs.org/doi/abs/10.1021/jf063428b#jf063428bAF2.

33 Bilitewski, B./Darbra, R. M./Barcelo, D. (Hrsg., 2012): Global Risk-Based Management of Chemical Additives I: Production, Usage and Environmental Occurrence (The Handbook of Environmental Chemistry), Heidelberg.

34 Bilitewski, B./Darbra, R. M./Barcelo, D. (Hrsg.) (2013): Global Risk-Based Ma-nagement of Chemical Additives II: Risk-Based Assessment and Management Strategies (The Handbook of Environmental Chemistry). Heidelberg.

35 Lahl U./Zeschmar-Lahl B. (2013): Risk based management of chemicals and products in a circular economy at a global scale (risk cycle), extended producer responsibility and EU legislation. Environmental Sciences Europe 2013. http://www.enveurope.com/content/25/1/3.

36 Meyer, C./Steinmetz, H. (2013): Phosphorrückgewinnung aus Klärschlämmen kommunaler Kläranlagen. Energie aus Abfall 10 (2013). S. 1015-1038. http://www.vivis.de/phocadownload/2013_eaa/2013_EaA_1015_1038_Meyer.pdf.

37 http://www.remondis-aqua.de/aq/innovationen/phosphorrueckgewinnung/.

38 Verordnung zur Neuordnung der Klärschlammverwertung (Neufassung der Klärschlammverordnung – AbfKlärV); Entwurf, verabschiedet vom Bundeskabinett, 18.1.2017.
39 VinylPlus status report on Renewables. May 2015 http://www.vinylplus.eu/uploads/docs/Report_on_Renewable_Raw_Materials.pdf.
40 VCI: Daten und Fakten: Rohstoffbasis der chemischen Industrie. https://www.vci.de/vci/downloads-vci/top-thema/daten-fakten-rohstoffbasis-der-chemischen-industrie-de.pdf.
41 http://www.vdi-nachrichten.com/Technik-Wirtschaft/Strukturwandel-Kohle-chemie.
42 Braunkohle als Chemierohstoff. Auszug aus dem Bericht der Enquetekommission zur Zukunft der chemischen Industrie in Nordrhein-Westfalen im Hinblick auf nachhaltige Rohstoffbasen, Produkte und Produktionsverfahren (aus: Landtags-Drucksache 16/8500). https://assets04.nrwspd.net/docs/doc_61346_201542811725.pdf.
43 https://www.ivv.fraunhofer.de/de/forschung/verfahrensentwicklung-polymer-recycling/hochwertiges-kunststoffrecycling.html.
44 http://www.agpu.de/alles-ueber-pvc/recycling.
45 Bardhan, S./Gupta, S./Gorman, M./Haider, M. (2015): Biorenewable chemicals: Feedstock, technologies and the conflict with food production. Renewable and Sustainable Energy Reviews 51. S. 506-520.
46 Technology Roadmap „Energy and GHG Reductions in the Chemical Industry via Catalytic Processes; IEA/ICCA DECHEMA, 2013.
47 Lahl, U. (2014): Bioökonomie für den Klima- und Ressourcenschutz – Regulative Handlungskorridore. Studie im Auftrag des NABU. http://www.bzl-gmbh.de/de/sites/default/files/140527-nabu-biooekonomie-studie_bzl_nabu.pdf.
48 Bundesregierung (2014): Roadmap Bioraffinerien. Stand Oktober 2014. https://www.bmbf.de/pub/Roadmap_Bioraffinerien.pdf.
49 Fraunhofer-Institut für System- und Innovationsforschung ISI (2013): Energieverbrauch und CO_2-Emissionen industrieller Prozesstechnologien – Einsparpotenziale, Hemmnisse und Instrumente. Karlsruhe. Zit. bei Voss, a. a. O.
50 Fachagentur Nachwachsende Rohstoffe e. V. (FNR) (2013): Biokunststoffe – Pflanzen, Rohstoffe, Produkte. http://www.mediathek.fnr.de/media/downloadable/files/samples/b/r/brosch.biokunststoffe-web-v01.pdf.
51 https://de.statista.com/statistik/daten/studie/28644/umfrage/erzeugung-pflanzlicher-oele-weltweit-seit-2000/.
52 http://www.innovations-report.de/html/berichte/biowissenschaften-chemie/molekulare-enzymtechnologie-umweltfreundliche-150598.html.
53 http://www.wwf.de/themen-projekte/landwirtschaft/produkte-aus-der-landwirtschaft/runde-tische/runder-tisch-palmoel/.
54 http://www.wwf.de/2016/august/kein-palmoel-ist-auch-keine-loesung/.
55 http://www.spektrum.de/lexikon/biochemie/biotenside/832.
56 Kuppert, Dirk (2016): Sophorolipid – A Naturally Derived High Performing Biosurfactant. Cleaning Products EU 2016. http://www.cleaningproductsconference.com/cpeu/cpeu-2016-agenda.
57 Unilever: EP 2596089 B1. Veröffentlicht am 17.12.2014. https://google.com/patents/EP2596089B1?cl=de.

58 Henkel (2015): WO 2015091250 A1. https://www.google.com/patents/ WO2015091250A1?cl=de.
59 http://www.ccm-international.eu/en/products/cleaning/biosativa-bio-cleaner/.
60 Atolani, O./Olabiyi, E. T. et al. (2016): Green synthesis and characterisation of natural antiseptic soaps from the oils of underutilised tropical seed. Sustainable Chemistry and Pharmacy. Volume 4. December. S. 32-39. http://dx.doi.org/10.1016/j.scp.2016.07.006.
61 DuPont: Making laundry cool – washing trends and innovations. http://fhc.biosciences.dupont.com/fileadmin/user_upload/live/fhc/Making_Laundry_Cool2.pdf.
62 http://www.straubing-sand.de/index.cfm?pid=1314&pk=102707.
63 http://www.chemie.de/news/151298/forscher-wollen-carbonfasern-aus-lignin-zur-marktreife-bringen.html.
64 EU (2016): Carbon Capture Utilisation and Storage. SETIS magazine, No. 11. https://setis.ec.europa.eu/system/files/setis-magazine_11_ccus_final.pdf.
65 http://www.iass-potsdam.de/de/content/co2-vom-abfall-zum-rohstoff.
66 http://www.iass-potsdam.de/de/forschung/technologischer-wandel/ccu.
67 Umweltbundesamt (Hrsg.): Treibhausgasneutrales Deutschland im Jahr 2050 – Studie. CLIMATE CHANGE 07/2014. https://www.umweltbundesamt.de/sites/default/files/medien/378/publikationen/07_2014_climate_change_dt.pdf und Hintergrundpapier https://www.umweltbundesamt.de/sites/default/files/medien/376/publikationen/hintergrundpapier_thgnd_deutsch_kurz.pdf.
68 S. 174 der zitierten Studie.
69 »Das Umweltbundesamt steht dem Anbau von Biomasse eigens zur energetischen Nutzung kritisch gegenüber, unter anderem aufgrund der zunehmenden Konkurrenz um fruchtbare Anbauflächen, der unverhältnismäßig hohen Flächenintensität der Energiegewinnung aus Anbaubiomasse im Vergleich mit anderen erneuerbaren Energiequellen und der sozioökonomisch problematischen Verknüpfung mit den Lebensmittelpreisen am Weltmarkt. Daher werden nachfolgend nur Potenziale aus biogenen Abfallstoffen berücksichtigt, weil deren Nutzung im Hinblick auf die Ressourcenbeanspruchung weniger konfliktträchtig ist.« S. 53 der zitierten Studie.
70 WO2014198964A2 *: Algenol Biofuels Inc.: Metabolically enhanced cyanobacterial cell for the production of ethanol, 2014, und WO2014198964A3 *, 2015.
71 http://algenol.com/biofuelproducts/.
72 Wakerly, D.W./Kuehnel, M. F. et al. (2017): Solar-driven reforming of lignocellulose to H₂ with a CdS/CdOx photocatalyst. Nature Energy 2, Article number: 17021 doi:10.1038/nenergy.2017.21http://data.consilium.europa.eu/doc/document/ST-11065-2015-INIT/en/pdf.
73 http://data.consilium.europa.eu/doc/document/ST-11065-2015-INIT/en/pdf
74 Consultic (2016): Produktion, Verarbeitung und Verwertung von Kunststoffen in Deutschland 2015. Kurzfassung: http://www.plasticseurope.org/documents/document/20161018113129-consultic-studie_2015_kurzfassung.pdf.
75 Ca. 25 bis 30 Jahre für Fußböden, 40 bis 50 Jahre für Fenster bis zu mehr als 80 Jahre für Kunststoffrohre. Quelle: ebd.
76 http://www.sunfire.de/de/anwendungen/kraftstoffe.
77 S. 70 der zitierten Studie (siehe Anm. 67)

Chemische Industrie: Wie die Abkehr von fossilen Rohstoffen gelingen kann **85**

Foto: Stanzl

Stahl und Eisen: Wie man eine alte Industrie zukunftsfähig macht

Von Michael Weltzin

Die Stahlbranche hat es seit mehr als 20 Jahren nicht mehr geschafft, ihre CO_2-Emissionen zu senken. Und die politischen Rahmenbedingungen bieten auch überhaupt keinen Anlass, es in Zukunft zu tun. Doch wenn die Branche einen Platz in einer klimaverträglichen Welt finden will, dann muss sie sich ändern. Auch, wenn es schwerfällt.

Stahl ist ein universeller Werkstoff, der sich in beinahe allen Lebensbereichen findet, vom Kochtopf über die Autokarosserie, bis hin zum Baustahl in unseren Häusern und Wohnungen. Auch Windkraftanlagen bestehen durchschnittlich zu 30 bis 35 Prozent aus Stahl.[1] Stahl ist eine Legierung, die zum überwiegenden Anteil aus dem Element Eisen und geringen Mengen an Kohlenstoff besteht und der je nach Anwendung weitere Legierungselemente zugesetzt werden. In Kombination mit unterschiedlichen thermischen Verarbeitungsverfahren entsteht so eine Vielzahl unterschiedlicher Stahlsorten und Formen für die unterschiedlichsten Anwendungen in den unterschiedlichsten Branchen. So liefert etwa die Stahlindustrie zum Beispiel die Bahnschiene, den Stahlträger für den Bau oder durch intensives Walzen das dünne Grundblech, welches anschließend von der Automobilindustrie in zahllose unterschiedliche Karosserieformen »umgeformt« wird.

Weltweit sind weit über 2.500 Stahlsorten bekannt, über 2.000 genormte Stahlsorten sind derzeit allein bei der Europäischen Stahlregistratur gelistet[2], und es kommen weiterhin neue dazu. Die Stahlbranche ist eine gewichtige Größe in der deutschen Industrielandschaft. Sie erwirtschaftete zuletzt einen Umsatz von ca. 40 Milliarden Euro jährlich in Deutschland und rangiert damit gleich hinter Branchen wie Automobil, Chemie oder Pharma.

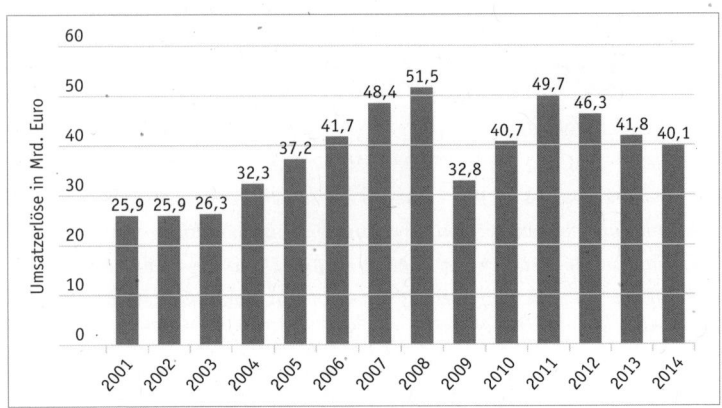

Abbildung 1　Umsatzerlöse der Stahlbranche[3]
Quelle: Statistisches Bundesamt, Wirtschaftsvereinigung Stahl

Sie beschäftigt seit Jahren konstant knapp 100.000 Menschen.[4] Rund 30 Prozent der deutschen Stahlnachfrage kommt aus dem Baubereich, gefolgt vom Automobilbau mit 26 Prozent. Weitere 22 Prozent des deutschen Stahlverbrauchs werden zu Metallwaren und Rohren weiterverarbeitet[5].

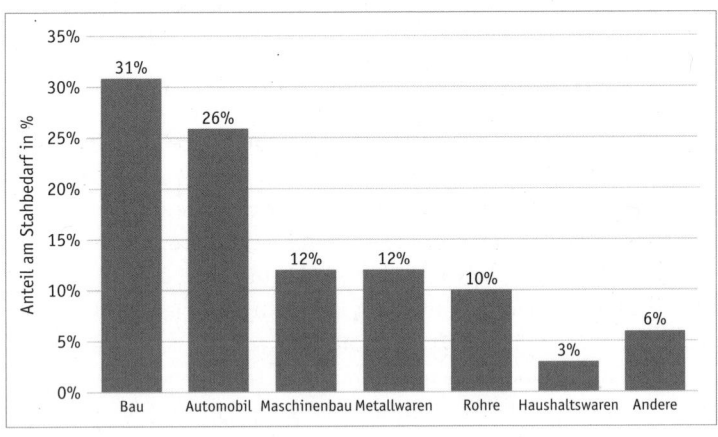

Abbildung 2　Stahlbedarf nach Branchen in Deutschland (2015)
Quelle: Wirtschaftsvereinigung Stahl

Stahl belastet das Klima

Die Branche ist sehr energieintensiv. Sie verbraucht jährlich etwa 17,5 Millionen Tonnen klimaschädliche Steinkohleeinheiten und emittiert seit Jahren weitgehend konstant um 50 Millionen Tonnen CO_2 pro Jahr.[6] Die Branche selbst gibt an, ihre Treibhausgasemissionen seit 1990 um 19 Prozent reduziert zu haben,[7] doch ein genauer Blick auf die Entwicklung der Treibhausgasemissionen zeigt, dass dieser Rückgang vor allem in den Jahren unmittelbar nach der Wiedervereinigung erfolgt ist und damit vor allem auf das Konto der Umstrukturierungen im wiedervereinten Deutschland geht und nicht auf aktiven Klimaschutz (die sogenannten »Wall-Fall-Profits« für den Klimaschutz). Seit Beginn der 1990er-Jahre sind die Treibhausgasemissionen der Branche dann weitgehend konstant und liegen abgesehen vom Krisenjahr 2009 bei rund 50 Millionen Tonnen pro Jahr. Die nachfolgende Abbildung zeigt den Emissionstrend der Branche in den vergangenen Jahren und den notwendigen Zielpfad, um spätestens im Jahr 2050 emissionsfrei zu sein.

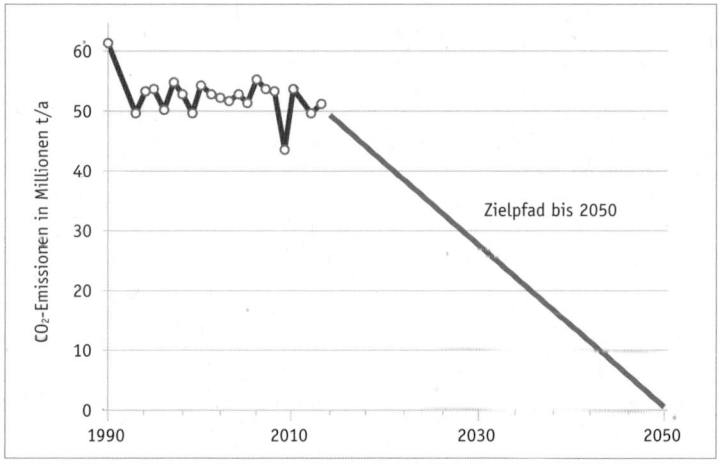

Abbildung 3   Entwicklung der Treibhausgasemissionen bei der Stahlproduktion in Deutschland
Quelle: Daten nach Wirtschaftsvereinigung Stahl

Stahl und Eisen: Wie man eine alte Industrie zukunftsfähig macht   **89**

Zu ca. 70 Prozent[8] wird Stahl über die Hochofenroute aus Eisenerzen hergestellt. Dabei wird das im Erz in oxidierter Form vorliegende Eisen unter Zufuhr von Energie und Reduktionsmitteln wie Kohle oder Koks zu Roheisen reduziert. Dieses wir dann in einem weiteren Schritt zum Werkstoff Stahl weiterverarbeitet, indem dem flüssigen Roheisen im Sauerstoffkonverter Sauerstoff und geringe Schrottmengen zugesetzt werden. Ein alternativer Weg der Stahlproduktion ist die Produktion im Elektrostahlwerk, indem in der Regel Stahlschrott mit einem elektrisch erzeugten Lichtbogen geschmolzen und dann weiterverarbeitet wird. Rund 30 Prozent des Stahls werden auf diesem Weg erzeugt. Das Elektrostahlwerk ist jedoch nicht in der Lage, aus den Eisenerzen direkt Stahl zu produzieren. Zudem gilt das Verfahren als teurer als die Erzeugung von Stahl über die Hochofenroute.

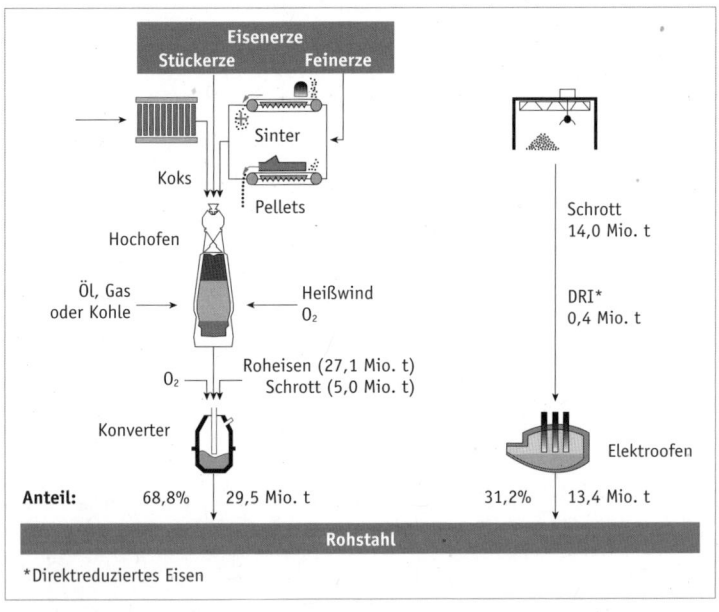

Abbildung 4   Stahlherstellung über Hochofenroute (links) und Elektrostahlwerk (rechts)[9]
Quelle: Stahlinstitut VDEh

Während man zumindest theoretisch ein Elektrostahlwerk weitgehend emissionsfrei mit erneuerbarem Strom betreiben kann, ist die Erzeugung von Roheisen im Hochofen schon deshalb CO_2-intensiv, weil das Eisenerz mit Hilfe von Koks zu Roheisen umgewandelt wird: Dabei lagert sich der Sauerstoff (O) aus dem Eisenerz an den Kohlenstoff (C) an, der bei der »Teil«-Verbrennung von Kohle als Kohlenmonoxid (CO) im Hochofen entsteht. Endprodukt dieses Prozesses ist das klimaschädliche Treibhausgas Kohlendioxid (CO_2). So entstehen rund 60 Prozent der Gesamtemissionen bezogen auf die gesamte Produktionskette. Die übrigen ca. 40 Prozent der Emissionen verteilen sich auf vorgelagerte Prozesse, wie die Koksherstellung, Erzaufbereitung und nachgelagerte Prozesse wie die eigentliche Stahlherstellung und Weitervrarbeitung durch Walzen.

Produktion wie vor 100 Jahren

Trotz fortschreitenden Klimawandels und immer neuer Temperaturrekorde wird Stahl heute im Grunde nicht anders produziert als vor mehr als hundert Jahren. Der CO_2-intensive Hochofenprozess ist nach wie vor der Prozess der Wahl. Die Branche selbst sieht sich längst an den naturwissenschaftlichen Grenzen der Prozessoptimierung, und die Hochöfen arbeiten seit Jahren sehr nahe am Betriebsoptimum. Wenn im Kontext der Stahlerzeugung von Klimaschutz die Rede ist, geht es in der Regel auch nicht um den Prozess der Stahlerzeugung selbst, sondern um die vermeintlichen oder tatsächlichen Klimaschutzpotenziale, die mit dem Werkstoff Stahl zu realisieren sind. So sparen nach Angaben der Wirtschaftsvereinigung Stahl innovative Stähle sechsmal so viel CO_2 ein, wie ihre Produktion verursacht. Netto soll so eine Entlastung an Treibhausgasemissionen von 440 Millionen Tonnen CO_2 pro Jahr entstehen.[10] Diese Kommunikationsstrategie verfolgen auch andere Branchen: etwa die Chemieindustrie, die sich beispielweise die CO_2-Einsparungen, die durch die Nutzung von Dämmstoffen anfallen, gutschreiben[11] möchte.

Unbestritten machen etwa neue Stähle Autos leichter und die bereits erwähnten Windkraftanlagen leisten einen maßgeblichen Beitrag zum Klimaschutz. Doch mit solchen Rechenbeispielen ist eine weitgehend dekarbonisierte Gesellschaft bis zur Mitte dieses Jahrhunderts nicht zu erreichen. Zu einer solchen hat sich Deutschland aber im Klimaschutzabkommen von Paris verpflichtet: Spätestens zur Mitte des Jahrhunderts soll die Summe der Treibhausgasemissionen bei null liegen. Doch für das fehlende Engagement der Branche, die eigenen Prozesse zu modernisieren und umzustellen, gibt es tatsächlich eine ganze Reihe von Gründen.

Klimaskepsis und falsche Rahmenbedingungen

Ein Grund für die mangelnde Transformationsbereitschaft der Branche liegt zu einem Teil in einem mangelnden Problembewusstsein. Es ist sicherlich nur die Spitze des Eisberges, wenn der ehemalige Präsident der Wirtschaftsvereinigung Stahl, Dieter Ameling, als bekennender Klimaskeptiker noch im August 2013 prominent in der FAZ den »Freispruch für das CO_2 und die Revision der Energiewende« fordert. Seine absurden Erwartungen einer Revision der CO_2 Einsparziele sowie eines »totalen Stopps« des Ausbaus der Erneuerbaren Energien lösten keinen entsetzten öffentlichen Widerspruch bei den übrigen Branchenvertretern aus. Dies ist aber sicherlich nur ein Argument für das mangelnde Engagement der Branche. Mindestens genauso wichtig sind die handfesten ökonomischen Fehlanreize, die sich insbesondere bei Energiesteuern und im Rahmen des Europäischen Emissionshandels ergeben haben.

Die Stahlbranche profitiert neben vielen anderen energieintensiven Branchen derzeit von einer ganzen Reihe von Ermäßigungen bei Energiesteuern und energiebedingten Umlagen, die jeder Bürger üblicherweise mit seiner Strom, oder Energierechnung selbstverständlich zahlen muss. Eine Studie, die das Forum Ökologisch Soziale Marktwirtschaft (FÖS) im Auftrag der Grünen Bundestagsfraktion durchgeführt hat, kommt zu dem Ergebnis, dass allein in den Jahren 2014 und 2015 den insgesamt 428 Stahlunternehmen in Deutschland Entlastungen bei diversen Steuern und Abgaben in Höhe von rund 1,9 bis 2,1 Milliarden Euro pro Jahr gewährt wurden. Den größten Posten bei den Entlastungen machten mit knapp 800 Millionen Euro die Ausnahmen bei der EEG-Umlage aus, über die der weitere Ausbau der Erneuerbaren Energien finanziert und die mit dem Strompreis erhoben wird. Weitere knapp 500 Millionen Euro an Entlastungen gehen auf das Konto nicht erhobener Stromsteuern. Die kostenlose Zuteilung von Emissionszertifikaten im Rahmen des europäischen Emissionshandels sowie nicht erhobene Netzentgelte und Befreiungen bei der sogenannten Konzessionsabgabe bringen eine weitere jährliche Entlastung von bis zu 340 bzw. 490 Millionen Euro.[12]

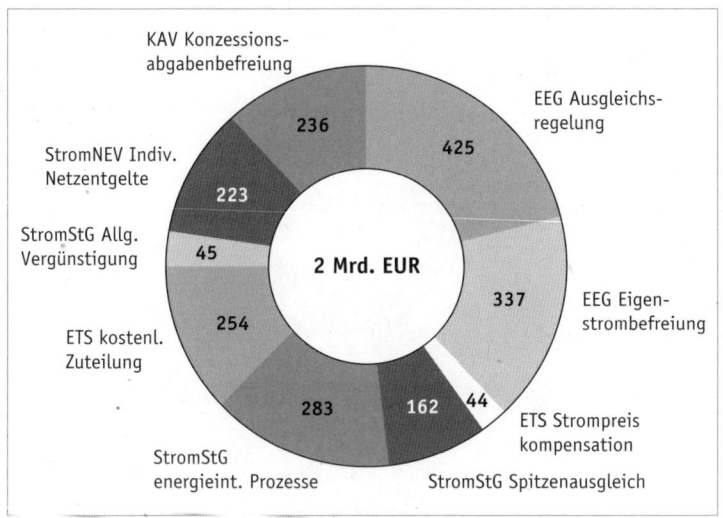

Abbildung 5 Ausnahmen für die Stahlindustrie: durchschnittliche Preisentlastung bei Energiesteuern und Umlagen (in Millionen Euro 2014/15)
Quelle: http://www.foes.de/pdf/2016-07-FOES-Kurzanalyse-Industrieausnahmen-Eisen-und-Stahlindustrie.pdf

Diese zahlreichen Befreiungen werden vom Gesetzgeber gewährt, um einer etwaigen Verlagerung der Produktion ins Ausland mit niedrigeren Energiekosten zu begegnen. Hier war die Stahl-Lobby sehr erfolgreich, obwohl der Beweis, ob tatsächlich eine Produktionsverlagerung droht, bis heute nicht erbracht wurde und wahrscheinlich auch in Zukunft nicht erbracht werden wird. Tatsache ist, dass neben den Energiekosten auch eine ganze Reihe anderer Faktoren ausschlaggebend sind. So sind etwa die Material- und Lohnkosten die deutlich gewichtigeren Faktoren. Der Energieverbrauch ist mit insgesamt 6,5 Prozent in Vergleich dazu ein untergeordneter Faktor, auch wenn dieser im Vergleich zu anderen Branchen bei der Stahlerzeugung insgesamt sicher höher ausfällt. An dieser Stelle wird dann seitens der Industrie gerne argumentiert, dass die Materialkosten für alle globalen Wettbewerber mehr oder weniger gleich sind, der Wettbewerbsnachteil deshalb vor allem durch hohe Energie- und Lohnkosten entsteht. Dem kann man entgegenhalten, dass der größte Entlastungseffekt bei den Kosten durch Materialeinsparungen und -effizienz erzielt wird, weil hier bereits geringe Erfolge große Effekte haben.

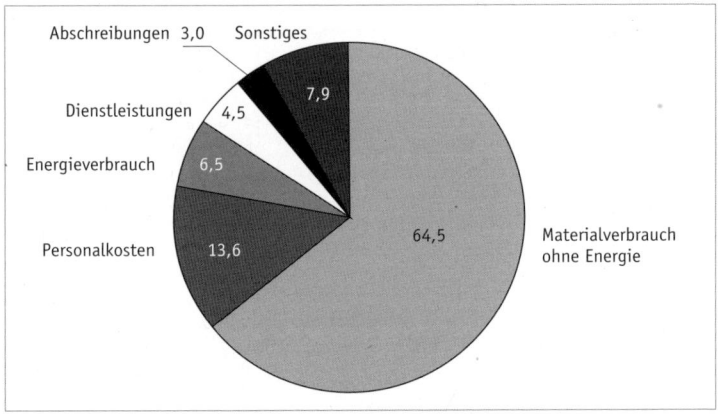

Abbildung 6 Kostenstruktur der Stahlindustrie (in %)
Quelle: Zahlen nach DeStatis 2014[13]

Vor allem aber haben die genannten Entlastungstatbestände dazu geführt, dass sich Investitionen in Effizienz und Energieeinsparung für die Branche nur bedingt rechnen und insbesondere Investitionen in neue alternative Prozesse bislang ganz ausgeblieben sind.

Goldesel Emissionshandel

Insbesondere der Emissionshandel hat sich als wahrer »Goldesel« für die Branche entpuppt. Das scheint auf den ersten Blick paradox zu sein, denn der Emissionshandel ist ein europäisches Klimaschutzinstrument, das u. a. klimaschädlichen Emissionen einen Preis gibt, um Investitionen in Klimaschutz attraktiv zu machen. Dass ausgerechnet die CO_2-intensive Stahlbranche trotzdem ein für sich gewinnbringendes Geschäft daraus machen kann, liegt an der Konstruktion des Systems mit seinen Ausnahmen für die CO_2-intensive Industrie.

Das eigentliche Prinzip des Emissionshandels ist denkbar einfach. Der Staat legt eine maximal zulässige Höchstmenge an klimaschädlichen Emissionen für jedes Jahr fest und verkauft Berechtigungen, bis zu dieser Höhe zu emittieren, in Form zahlreicher Emissionszertifikate an die beteiligten Unternehmen. Diese können nun ihrerseits damit handeln und entscheiden, ob sie in Klimaschutz investieren und dadurch weniger Emissionszertifikate benötigen oder einfach die benötigte Menge an Zertifikaten einkaufen. Doch tatsächlich bekommen CO_2-intensive Unternehmen, die im internationalen Wettbewerb stehen, ihre Emissionszertifikate weitgehend kostenlos zugeteilt. Das Argument dafür ist das gleiche wie schon bei der zuvor erwähnten Befreiung von energiebedingten Steuern und Abgaben. So soll vermieden werden, dass CO_2-intensive heimische Unternehmen in andere Länder abwandern, in denen keine entsprechende Klimaschutzgesetzgebung existiert (das sogenannte »Carbon Leakage«).

Das Ökoinstitut hat für die Umweltschutzorganisation WWF (World Wildlife Fund) berechnet, dass die kostenlose Zuteilung von Emissionszertifikaten an die Branche in Deutschland im Zeitraum von 2005 bis 2012 allein einem Wert von rund 5,3 Milliarden Euro entspricht.[14] Ist diese kostenlose Zuteilung größer als der tatsächliche Bedarf an Zertifikaten, bleibt unter dem Strich für die Unternehmen ein Gewinn, der schnell in mehrstellige Millionenhöhen reichen kann.

Zum regelrechten Goldesel wird der Emissionshandel, wenn es den Unternehmen gelingt, die nichtgezahlten CO_2-Kosten trotzdem zumindest teilweise auf den Produktpreis aufzuschlagen und für sich zu vereinnahmen (sogenannte »Windfall-Profits«). Die Wissenschaftler des Institutes CE Delft in den Niederlanden haben kürzlich sämtliche Gewinne, die den Unternehmen der Stahlbranche in Deutschland gewährt wurden, bilanziert. Für den gesamten Zeitraum von 2008 bis 2015 sollen den Unternehmen rund 2,9 Milliarden Euro an Zusatzgewinnen durch den europäischen Emissionshandel entstanden sein.[15]

Es ist nachvollziehbar, dass derzeit kein Anreiz besteht, in Klimaschutz zu investieren oder neue, klimaschonende Verfahren und Prozesse zu entwickeln. Und auch zumindest kurzfristig wird sich diese Situation kaum ändern. Berechnungen zeigen, dass zumindest bis 2020 die Branche ausreichend mit kostenlos zugeteilten Emissionszertifikaten versorgt ist.[16] Und auch für die Zeit über 2020 hinaus ist nach derzeitigem Stand eher davon auszugehen, dass vom europäischen Emissionshandel auch weiterhin keine starken Transformationsanreize für die Stahlindustrie ausgehen werden,[17] wenn die Politik nicht handelt und klar umsteuert.

Tatsächlich sind die Investitionen der Branche nicht in neue Verfahren oder Technologien gegangen, sondern vor allem in die Erschließung neuer Märkte. Hier ist an erster Stelle das glücklose Engagement von Thyssen-Krupp in Brasilien oder USA zu nennen, das nach einer Einschätzung des Handelsblatts im April 2016 rund 12 Milliarden Euro gekostet und den Traditionskonzern zwischenzeitlich an den Rand des Ruins gebracht hatte.[18]

Viele ungenutzte Effizienzpotenziale

Die Stahlbranche selbst sieht sich derzeit kaum in der Pflicht, in Richtung neuer Verfahren und Technologien zu denken. Wie bereits erwähnt, wird die Optimierung des Stahlprozesses insbesondere über die Hochofenroute als weitgehend abgeschlossen betrachtet und von daher kein Handlungsbedarf gesehen.

Doch selbst wenn man das Hochofenverfahren an sich unverändert lässt, sind noch erhebliche Effizienzpotenziale zu heben, wie das Fraunhofer-Institut für System- und Innovationsforschung ISI 2013 festgestellt hat.[19] Die Autoren sehen auch im Prozess noch ein signifikantes Einsparpotenzial, das auch wirtschaftlich erschließbar ist. Das bedeutet: vor allem eine bessere Ausnutzung der eingesetzten Energie (etwa durch die konsequente Abwärmenutzung an den einzelnen Produktionsanlagen), die Verkürzung von Prozessabläufen oder der Aufbau produktionsübergreifender Energieverbünde. Für alle energieintensiven Branchen zusammen sieht die Studie bis 2035 noch ein wirtschaftlich realisierbares Energieeinsparpotenzial von 13 Prozent. Dass dies bislang nicht realisiert wurde, hängt vor allem mit zuvor beschriebenen gewährten großzügigen Ausnahmen der Branche bei Energiesteuern und -umlagen zusammen. Doch selbst wenn man diese Potenziale vollständig heben würde, wäre dies nicht ausreichend, um die Zusage im Pariser Klimaschutzabkommen zu erfüllen, wonach ab 2050 keine Treibhausgase mehr emittiert werden dürfen. Dafür müssen tatsächlich transformatorische Ansätze zum Tragen kommen.

Stahlbranche in einem »Lock In« gefangen

Wenn die Stahlbranche tatsächlich selbst über ihre Zukunft in einer treibhausgasneutralen Gesellschaft nachdenkt, bleibt sie dem etablierten Technologiepfad an sich treu und versucht, lediglich am Ende des Prozesses das entweichende klimaschädliche CO_2 abzufangen und wegzusperren. Das wurde vor allem mit dem Projekt ULCOS versucht. Darin haben sich 48 Unternehmen der Branche und Organisationen aus 15 europäischen Ländern in einem Konsortium zusammengeschlossen.[20] ULCOS steht dabei für »Ultra-Low Carbon Dioxide (CO_2) Steelmaking« und verfolgt das Ziel, die CO_2 Emissionen bei der Stahlerzeugung dadurch zu verringern, dass dieses abgefangen und anschließend in geologischen Lagerstätten eingelagert und so nicht als klimaschädliches Treibhausgas in die Atmosphäre gelangen wird. Diese Ansätze wurden auch von Betreibern von Kohlekraftwerken intensiv unter dem Begriff CCS (Carbon Capture and Storage) diskutiert. Die Stahlbranche galt als interessant, da die CO_2-Emissionen dort ebenso wie nach der Kohleverstromung sehr punktuell und in hoher Konzentration auftreten. Doch sind die Hoffnungen auf die CCS-Technologie inzwischen aus gutem Grund weitgehend verflogen. Zu den Gründen gehören kaum verfügbare Speicher für CO_2, Risiken in Bezug auf den sicheren Einschluss, keine Akzeptanz in der Bevölkerung und hohe Kosten.

Inzwischen favorisiert die Branche eine Lösung, die zwar besser klingt, im Kern aber mit der Abscheidung des CO_2 den prinzipiell gleichen Ansatz verfolgt. So versucht derzeit das Unternehmen Thyssen-Krupp unter dem Begriff »Carbon2Chem« weiterhin das klimaschädliche CO_2 am Ende des Prozesses abzufangen. Doch dieses soll nicht mehr einfach weggesperrt, sondern als Rohstoff für die Chemieproduktion verwendet werden.[21] Der klimaschädliche Kohlenstoff aus dem Stahlprozess soll so in Form von Kunststoffen dauerhaft gebunden werden. Ein Projekt, das auch von der Bundesregierung über das Ministerium für Bildung und Forschung unterstützt wird. Arcelor-Mittal geht einen ähnlichen Weg. Zusammen mit der Technologiefirma Lanza-Tech soll das klimaschädliche Hochofengas aus der Stahlgewinnung in Alkohol (Ethanol) umgewandelt werden.[22] Für diesen Einsatz von CO_2 als Ausgangsstoff in der Kohlenstoff-Chemie hat sich inzwischen der Begriff CCU (Carbon Capture and Usage) etabliert.

Doch bei genauerem Hinsehen ist auch dieser Ansatz nicht geeignet, um die Herausforderungen einer weitgehend treibhausgasneutralen Welt zu meistern. Zum einen ist auch der Bedarf der chemischen Industrie an CO_2 nicht unbegrenzt. Selbst die zu den größten CO_2-Verbrauchern gehörende Düngemittelherstellung, die weltweit jährlich aus 107 Millionen Tonnen CO_2 und Ammoniak Dünger herstellt, hätte schon gut die Hälfe ihres Bedarfs allein mit den Emissionen aus den deutschen Stahlwerken gedeckt. Die CO_2-Emissionen der europäischen (EU 27) Stahlindustrie lagen 2010 dagegen schon bei 223 Millionen Tonnen CO_2.[23] Weltweit werden sogar über 2 Milliarden Tonnen CO_2 allein von der Stahlindustrie pro Jahr emittiert.[24]

Selbst die stark CO_2 verbrauchende Düngerproduktion könnte im besten Falle so gerade einmal knapp 5 Prozent der weltweiten Treibhausgasemissionen aus der Stahlbranche überhaupt aufnehmen.

Die Verwendung von CO_2 zur Herstellung von Chemikalien und Kunststoffen trifft aber nicht nur auf ein Mengenproblem. Um das chemisch äußerst stabile Kohlendioxid mit anderen Stoffen reagieren zu lassen, muss sehr viel Energie eingesetzt werden, die erst einmal regenerativ erzeugt werden müsste, um das Klima nicht noch zusätzlich zu belasten.

Und selbst die besten chemischen Produkte werden einmal zu Abfall, der früher oder später in der energetischen Nutzung landet, bei der der darin enthaltene Kohlenstoff am Ende wieder als klimaschädliches CO_2 freigesetzt würde. Für das Klima wäre so nichts gewonnen. Diese Ansätze der Branche selbst sind bislang allesamt sogenannte »End of Pipe«-Ansätze: Sie versuchen nicht, über transformatorische Ansätze das Problem der CO_2-Entstehung an der Wurzel zu packen. Stattdessen soll das Verfahren selbst weitgehend unverändert bleiben und nur am Ende des Prozesses der Schadstoff entfernt werden. Auch wenn solche Ansätze in der Vergangenheit etwa beim Herausfiltern von Schadstoffen wie Feinstaub erfolgreich waren, als Option für eine treibhausgasneutrale Gesellschaft im Jahr 2050 taugen sie nicht.

Wege zum CO_2-freien Stahl

Insbesondere für die Verarbeitung von Eisenerzen zu Roheisen und Stahl gilt es wie gesagt einen alternativen klimaverträglichen Weg zu beschreiten, der im elektrisch betriebenen Lichtbogenofen selbst nicht möglich ist.

Bislang wird das Eisenerz über die Hochofenroute unter anderem unter Einsatz von klimaschädlicher Kohle und Koks zu Eisen umgewandelt, sprich reduziert, und dabei wird in erheblichem Maße klimaschädliches CO_2 freigesetzt. Dabei sind für diesen Prozess Alternativen denkbar oder schon in der Erprobung.[25] [26] An dieser Stelle ist auch das HISANA-Projekt der Tata-Steel[27] zu nennen, das Kohle und Eisenerz direkt in einem Zyklon-Konverter-Ofen zusammenbringt und so einen sonst üblichen Prozessschritt einspart. Das soll die CO_2-Emissionen immerhin um 20 Prozent senken.

Für einen wirklich »klimafreundlichen Stahl« kommt es aber darauf an, auf den Einsatz fossilen Kohlenstoffs aus der Kohle entweder ganz zu verzichten oder durch klimafreundlicheres Biogas oder durch aus erneuerbarem Strom erzeugten Wasserstoff zu ersetzen. Dafür kommt grundsätzlich das sogenannte Direktreduktionsverfahren in Frage, bei dem in einem entsprechenden Ofen unter Zugabe von Erdgas oder Wasserstoff kein flüssiges Roheisen mehr erzeugt wird, sondern das Eisenerz zunächst in einen Eisenschwamm umgewandelt wird, der neben dem Eisen noch weitere Bestandteile des Ausgangsmaterials enthält. Der so erzeugte Eisenschwamm kann dann in den elektrisch betriebenen Elektrolichtbogenofen[28] ohne weitere Emissionen zum Stahl weiterverarbeitet werden, wenn zukünftig noch die sich im Prozess verbrauchenden Kohleelektroden aus regenerativem Kohlenstoff hergestellt werden.

Eine andere Möglichkeit zur Herstellung klimafreundlichen Stahls bietet grundsätzlich das Verfahren der Elektrolyse, so wie sie schon heute bei der Aluminiumherstellung genutzt wird. Die Übertragung auf die Eisen- und Stahlerzeugung ist wegen des erheblich höheren Schmelzpunkts des Eisens allerdings deutlich schwieriger. Dafür müsste entweder das Eisenerz selbst bei ca. 1.600 Grad Celsius geschmolzen werden, um mit Hilfe von Strom in Eisen umgewandelt zu werden, oder in anderer Form in einer (Wasser-)Lösung flüssiggemacht werden, um den für die Umwandlung benötigten Strom aufnehmen zu können. Bisher wurde Eisen mit elektrolytischen Verfahren jedoch nur im Labormaßstab erzeugt.

Doch diese Beispiele zeigen eindrucksvoll, dass bereits jenseits der bestehenden und seit Jahrzehnten erprobten Verfahren grundsätzlich alternative Prozesse zur Verfügung stehen, die dem Anspruch einer Transformation gerecht werden. Sie zeigen damit einen Weg auf, wie auch die energieintensive Stahlbranche in einer klimaneutralen Gesellschaft ihren Platz finden kann. Das Potenzial ist jedenfalls vorhanden.

Die Transformation hört nicht am Werkstor auf

Ungeachtet der zuvor beschriebenen und möglichen Wege zu einer CO_2-freien Stahlproduktion, muss ein transformatorischer Ansatz auch deutlich über das Werkstor der Stahlanlagen hinausgehen. Es wird nicht reichen, nur klimafreundlichen Stahl herzustellen. Auch neue Verfahren und Werkstoffe aus anderen Industriebranchen werden die Stahlbranche erheblich verändern. Als Beispiel sei etwa das Verfahren des »Lasersinterns« genannt, bei dem metallische Werkstücke nicht mehr in einer Form aus flüssigem Metall gegossen oder aus Blech umgeformt werden, sondern schon heute mit Hilfe eines Laserstrahls aus Metallpulver »gedruckt« werden können. Damit könnten perspektivisch auch beim Stahl bislang erforderliche und energieintensive Walzprozesse zukünftig überflüssig werden. Über das Druckverfahren lassen sich zudem Werkstücke auch aus Stahl ohne Materialverschnitt herstellen,[29] da ein Schneiden und Sägen grundsätzlich entfällt. Beim Druck wird immer nur so viel Material eingesetzt, wie das Werkstück tatsächlich benötigt. Zudem sind durch das Druckverfahren statische Konstruktionen möglich, die mit herkömmlichen Verfahren der Metallverarbeitung gar nicht möglich sind. So lassen sich etwa nach dem Vorbild von Vogelknochen extrem leichte Werkstücke bei gleichzeitig höchster Festigkeit herstellen, Material und Energieverbrauch sinken. Anwendungen dafür wären etwa der Karosseriebau, die Herstellung von Werkzeugen oder extrem leichte Bauelemente. Das Verfahren des Lasersinterns ermöglicht gewichts- und ressourcensparende Konstruktionen, die gleichzeitig extrem stabil sind und die bis vor kurzem noch nicht denkbar gewesen wären. Diese Entwicklung steht aber erst ganz am Anfang.

Ein anderes Beispiel ist die Karbontechnologie, die bereits heute in Teilen das Stahlblech etwa als Hülle für Autos abgelöst hat. Dabei werden Gewebe aus Kohlenstofffasern in eine Kunststoff-Matrix, meist Epoxidharz, eingebettet und fest miteinander »verbacken«. Der so entstehende Werkstoff hat gegenüber Stahl ein deutlich geringeres Gewicht bei gleichzeitig höherer Stabilität. Wenn es in Zukunft gelingt, die Produktionskosten für dieses Material weiter zu senken und klimafreundlichen Kohlenstoff aus Biomasse zu verwenden, wird dies unmittelbar Auswirkungen auf den Stahlabsatz haben.

Auch die Entwicklung von Textilbeton[30] kann hier genannt werden: Zur Erhöhung der Zugfestigkeit wird Beton anstelle von Stahl ein Geflecht aus Karbonfasern zugesetzt. Das reduziert bei gleicher Festigkeit den erforderlichen Materialeinsatz an Beton auf bis zu ein Viertel, da bei der Kohlefaser auf eine korrosionsschützende Schicht aus Beton verzichtet werden kann.

Es gibt viele Beispiele, die zeigen, dass die Transformation nicht vor den Werktoren der Stahlbranche haltmachen wird. Transformation ist ein deutlich weitergehender Begriff. Doch hierin besteht auch für die »alten« Industrien eine Chance, wenn sie sich neue Werkstoffe und Verfahren selbst zu eigen machen.

Die Branche braucht Druck vom Staat – und Hilfe

In der Klimaschutzvereinbarung von Paris haben sich alle Staaten der Erde verbindlich dazu verpflichtet, spätestens 2050 die Emissionen so weit gesenkt zu haben, dass der Klimawandel auf 1,5 bis 2 Grad beschränkt wird.

Das Abkommen wurde anschließend in Rekordzeit von den Staaten ratifiziert und ist noch im Jahr seiner Verabschiedung in Kraft getreten. Selbst Schwellenländer wie China machen sich auf den Weg. Seit 2017 gibt es dort ein landesweites Emissionshandelssystem, das etwa 10.000 Unternehmen aus acht Sektoren einbezieht: Energie, Mineralölverarbeitung, Chemie, Glas und Keramik, Stahl, Nichteisenmetalle, Papier und Flugverkehr.[31]

Die Stahlbranche muss sich endlich auf den Weg in die Zukunft machen und echte transformative Wege beschreiten, wenn sie nicht am Ende im internationalen Wettbewerb das Nachsehen haben will. Investitionen, die heute im Stahlbereich getätigt werden, wirken lange nach. Eine sogenannte Ofenreise, also die Zeit, die ein Hochofen von seinem ersten Anblasen kontinuierlich in Betrieb ist, dauert zehn bis 20 Jahre. Höchste Zeit also umzusteuern.

Es ist aber auch deutlich, dass die bisherigen politischen Rahmenbedingungen nicht ausreichen, um die notwendige Transformation auf den Weg zu bringen. Zahlreiche Ausnahmen für die Branche bei energiebedingten Steuern und Umlagen sowie ein weitgehend wirkungsloser Emissionshandel haben bis jetzt den Status quo weiter zementiert und eine Transformation verhindert. Die Politik ist gefragt, jetzt nachzusteuern. Mit einer Kombination aus Fordern und Fördern könnte der notwendige Prozess in Gang gesetzt werden. Dafür müssten einerseits die bestehenden Ausnahmen bei den Energiesteuern zurückgefahren und die kostenlose Zuteilung von Emissionszertifikaten beendet werden. Andererseits müssten die dadurch entstehenden zusätzlichen Einnahmen vom Staat dafür genutzt werden, die Branche mit Investitionsbeihilfen bei der Umstellung zu unterstützen. Das wäre nicht nur europarechtlich möglich, sondern auch eine wirksame Strategie, um dem Argument einer drohenden Produktionsverlagerung ins Ausland wirkungsvoll begegnen zu können.

Anmerkungen

1 Infobroschüre des BEE: »Wind bewegt«. http://www.bee-ev.de/fileadmin/user_upload/BWE_Argumentarium.pdf.
2 https://www.welt.de/welt_print/article2237245/Neue-Stahlsorten-vom-Computer-Reissbrett.html.
3 http://www.stahl-online.de/wp-content/uploads/2013/12/201505_Fakten_Stahlindustrie_Deutschland_2015.pdf.
4 Daten aus Destatis 2016.
5 Daten aus Destatis 2016.
6 Daten aus Destatis 2016.
7 Wirtschaftsvereinigung Stahl (2015): KLIMASCHUTZ MIT STAHL. Politische Positionen und Beitrag der Stahlindustrie in Deutschland. http://www.stahl-online.de/wp-content/uploads/2015/11/Klimaschutz-mit-Stahl-final-11112015.pdf.
8 Worldsteel (2015): Steel Statistical Yearbook 2015. http://www.worldsteel.org/dms/internetDocumentList/bookshop/2015/Steel-Statistical-Yearbook-2015/document/Steel%20Statistical%20Yearbook%202015.pdf.
9 http://www.stahl-online.de/wp-content/uploads/2013/12/201505_Fakten_Stahlindustrie_Deutschland_2015.pdf.
10 Wirtschaftsvereinigung Stahl (2015): KLIMASCHUTZ MIT STAHL. Politische Positionen und Beitrag der Stahlindustrie in Deutschland.
11 https://www.vci.de/themen/energie-klima-rohstoffe/klimaschutz/2013-05-15-produkte-der-chemie-schutzen-das-klima-vci.jsp.
12 FÖS (2016): Energiepreisentlastungen für die Eisen- und Stahlindustrie. Vergünstigungen und Befreiungen von Steuern und Abgaben auf Strom und CO_2.
13 Statistisches Bundesamt, Fachserie 4, Reihe 4.3, 2014, S. 298.
14 Ökoinstitut (für den WWF): Zusatzgewinne ausgewählter deutscher Branchen und Unternehmen durch den EU-Emissionshandel.
15 CE Delft (2016): Calculation of additional profits of sectors and firms from the EU ETS. http://www.cedelft.eu/publicatie/calculation_of_additional_profits_of_sectors_and_firms_from_the_eu_ets/1763. Ebenso: http://www.cedelft.eu/publicatie/calculation_of_additional_profits_of_sectors_and_firms_from_the_eu_ets_2008-2015/1885
16 Ökoinstitut (für den WWF): Zusatzgewinne ausgewählter deutscher Branchen und Unternehmen durch den EU-Emissionshandel.
17 FÖS: Auswirkungen des Emissionshandels nach 2020 auf die deutsche Stahlindustrie. Ausblick auf die kostenlose Zuteilung von Emissionsberechtigungen.
18 http://www.handelsblatt.com/unternehmen/mittelstand/wachstumsmaerkte/thyssen-krupp-was-hinter-dem-stahlwerk-deal-in-brasilien-steckt/13403174.html.
19 Fraunhofer-Institut für System- und Innovationsforschung ISI (2013): Innovationspotenziale, Energieverbrauch und CO_2-Emissionen industrieller Prozesstechnologien – Einsparpotenziale, Hemmnisse und Instrumente.
20 http://www.ulcos.org/de/about_ulcos/home.php.
21 https://www.thyssenkrupp.com/de/carbon2chem/.

22 Handelsblatt: Eine Hoffnung namens Hisana (23.07.2015).
23 Boston Consulting: Low Carbon Europe 2050. S. 11.
24 Kundiak, M./Lazic, L. (JCNKO) (2009): CO_2-Emissions in Steel Industry, Metalurgija 48, 3. S. 193-197.
25 Treibhausgasneutrales Deutschland, UBA 07/2014.
26 Gerspacher, Andreas/Arens, Marlene/Eichhammer, Wolfgang (Fraunhofer Institut für System- und Innovationsforschung, ISI) (2011): Zukunftsmarkt Energieeffiziente Stahlherstellung. Fallstudie im Rahmen des Vorhabens »Wissenschaftliche Begleitforschung zu übergreifenden technischen, ökologischen, ökonomischen und strategischen Aspekten des nationalen Teils der Klimaschutzinitiative«.
27 http://www.tatasteeleurope.com/de/news/news/2014/2014%E2%80%93umwelt-stahlproduktion.
28 http://daten.didaktikchemie.uni-bayreuth.de/umat/eisen/eisen.htm.
29 http://fkm-lasersintering.de/metall-lasersintern.
30 http://www.textilbetonzentrum.de/.
31 http://www.bmub.bund.de/presse/pressemitteilungen/pm/artikel/bmub-unter-stuetzt-china-beim-emissionshandel/

Foto: janie.hernandez55

Energiewende: Marathon auf schwierigem Parcours

Von Barbara Praetorius

Der Umstieg von Atom- und Kohlekraftwerken auf Sonne, Wind und Co. ist ein Projekt, das die Welt über Jahrzehnte beschäftigen wird. Der Energiewende-Marathon in Deutschland läuft. Dass sich bei dem Langstreckenlauf immer mal wieder Geschwindigkeit oder Richtung ändern, hat einen einfachen Grund: Es handelt sich um einen Orientierungslauf durch weitgehend unbekanntes Gelände.

Eine Version der Geschichte klingt so: Die Energiewende in Deutschland ist eine Erfolgsstory. Die Fakten: 2015 deckten die Erneuerbaren Energien schon ein gutes Drittel des deutschen Stromverbrauchs. An Pfingsten 2016 deckten Wind, Sonne und andere Erneuerbare stundenweise fast 90 Prozent der Stromnachfrage – von Bürgern und Unternehmen übrigens vollkommen unbemerkt. Überhaupt treten Versorgungsengpässe oder irgendwelche Qualitätsschwankungen bei der Stromversorgung nicht auf. Ganz im Gegenteil: Der SAIDI[1], ein Messwert für Versorgungssicherheit, der die durchschnittliche Dauer ungeplanter Stromunterbrechungen misst, liegt heute auf einem Allzeittief. So verlässlich war die Stromversorgung noch nie. Die Großhandelspreise an der Strombörse sind seit 2011 um über 50 Prozent gesunken und verharren seither ebenfalls auf rekordverdächtig niedrigem Niveau von 2,5 bis 3,5 Cent pro Kilowattstunde. Entsprechend gingen auch die Energiekosten für die deutsche Industrie gegenüber dem Jahr 2010 um 22 Prozent zurück, wie der Energiekostenindex des Deutschen Instituts für Wirtschaftsforschung (DIW) in Berlin zeigt.[2] Der Standort Deutschland gedeiht prächtig, die Beschäftigtenzahlen erreichen historische Höchstwerte, die Wirtschaft wächst kontinuierlich, die Exporte legen zu und Deutschland zählt zu den globalen Marktführern für »Greentechs«, also für effiziente, klima- und ressourcenschonende Technologien aller Art. Es gibt keine Anzeichen, dass sich diese komfortable Situation in absehbarer Zeit ändern könnte. Die Energiewende mitsamt der Förderung der Erneuerbaren Energien hat sich also bewährt, Klimaschutz erweist sich als gesellschaftliche und wirtschaftliche Win-win-Strategie. Kurz: alles bestens.

Die andere Version klingt geradezu apokalyptisch: Die Energiewende läuft gerade massiv gegen die Wand und ruiniert mit ihren Kosten die deutsche Gesellschaft. Argumente für diese Sichtweise: Im Jahr 2016 erreicht die EEG-Umlage mit knapp unter 7 Cent je Kilowattstunde eine neue Rekordmarke, die nächstes Jahr voraussichtlich noch übertroffen wird und so weiter noch bis tief in die 2020er-Jahre hinein. Die vielen Windkraftanlagen verändern das Landschaftsbild, die Proteste der Bürger gegen weitere Anlagen vor ihrer Haustür nehmen zu. Die Energiewende spaltet ganze Ortschaften, ja die Gesellschaft in verfeindete Lager. Die vielen Ausnahmeregelungen für Industrieunternehmen bürden die Kosten der Energiewende vor allem dem kleineren Gewerbe sowie den privaten Haushalten auf. Profiteure der Förderung unter den Bürgern sind diejenigen, die sich mit Strom erzeugenden Heizungen oder Solarstromanlagen auf dem Dach des Eigenheims und Batteriespeichern im Keller unabhängig machen vom Strombezug und sich so gegen stetig steigende Stromkosten rüsten. Alle anderen zahlen die Zeche. Kurz: Der Untergang des Vaterlandes steht bevor.

Wo aber steht die Energiewende wirklich?

Das Klimaabkommen von Paris setzt die Leitplanken auch für Deutschland

Das Weltklimaabkommen von Paris vom Dezember 2015 und die internationale Ratifizierung nach nicht einmal zehn Monaten im Oktober 2016 setzen ein beeindruckendes Signal. Denn erstmals hat sich die gesamte Staatengemeinschaft gemeinsam dazu bekannt, dass die globale Erwärmung gegenüber der vorindustriellen Zeit deutlich unter zwei Grad bleiben muss. Das Bewusstsein der Risiken des Nichthandelns ist weltweit spürbar gestiegen. Die drohenden klimatischen Veränderungen hätten für viele Regionen verheerende Folgen, sie würden das soziale und wirtschaftliche Weltgefüge durcheinanderrütteln. Paris hat die wegweisenden Beschlüsse des G7-Gipfels vom Juni 2015 im bayerischen Schloss Elmau noch einmal übertroffen, obwohl schon dort »tiefe Einschnitte bei den weltweiten Treibhausgasemissionen« gefordert wurden, »einhergehend mit einer Dekarbonisierung der Weltwirtschaft im Laufe dieses Jahrhunderts«.[3] Selbst die Internationale Energieagentur (IEA), von den Industrienationen ursprünglich als Hüter einer sicheren Versorgung mit fossilen Energieträgern gegründet, hat die Zeichen der Zeit längst erkannt. Zuletzt forderte sie in einem Sonderbericht zum Klimawandel, alte Kohlekraftwerke vorzeitig stillzulegen und neue, ineffiziente zu verbieten.[4]

Erfolge beim Ausbau der Erneuerbaren Energien ...

Deutschland hatte sich schon früh zwei wegweisende Ziele gesetzt: den Ausstieg aus der Kernenergie bis 2022 und die Minderung der klimaschädlichen Treibhausgasemissionen bis 2050 um 80 bis 95 Prozent. Verbunden wurde das mit klaren Etappenzielen: Bis 2020 sollen die Emissionen um mindestens 40 Prozent unter das Niveau von 1990 sinken, bis 2030 um mindestens 55 Prozent und bis 2040 um mindestens 70.[5]

Um die Klimaschutzziele zu erreichen, werden die Erneuerbaren Energien weiter zügig ausgebaut – in welchen Schritten, das regelt das Erneuerbare-Energien-Gesetz (EEG). Im Jahr 2016 stammten rund 30 Prozent der Bruttostromerzeugung aus Erneuerbaren. Sie deckten damit ein Drittel des deutschen Strombedarfs, bis 2030 dürften es mehr als 50 Prozent sein. Bis zum Jahresende 2015 waren fast 26.000 Windräder auf dem deutschen Festland installiert, weitere fast 800 Windräder im Meeresbereich vor der Küste – zusammengenommen ergibt das eine Leistung von rund 45.000 Mega- oder 45 Gigawatt, die bei gutem Wind im ganzen Land maximal bereitsteht.[6]

Die Windräder lieferten 2015 gut 13 Prozent des gesamten in Deutschland erzeugten Stroms, die rund 1,5 Millionen Solarstrom-Anlagen auf Dächern und Freiflächen weitere 6 Prozent. An sonnigen Werktagen kann allein der Sonnenstrom schon heute in der Mittagszeit bis zu 35 Prozent, an Sonn- und Feiertagen sogar bis zu 50 Prozent des Stromverbrauchs decken. Wenn – wie an Pfingsten 2016 – auch noch Wind und ein geringer Stromverbrauch hinzukommen, klettert die Quote auf 90 Prozent.

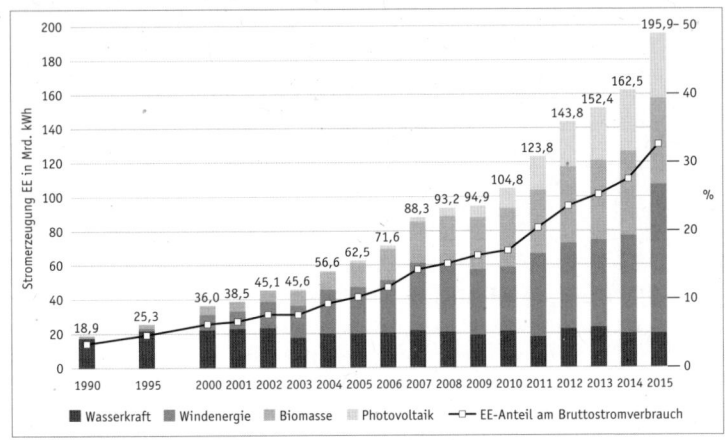

Abbildung 1 Entwicklung der Stromerzeugung aus Erneuerbaren Energien in Deutschland (Bruttostromerzeugung)
Quelle: Arbeitsgruppe Erneuerbare Energien-Statistik (AGEE-Stat); Stand: Februar 2016

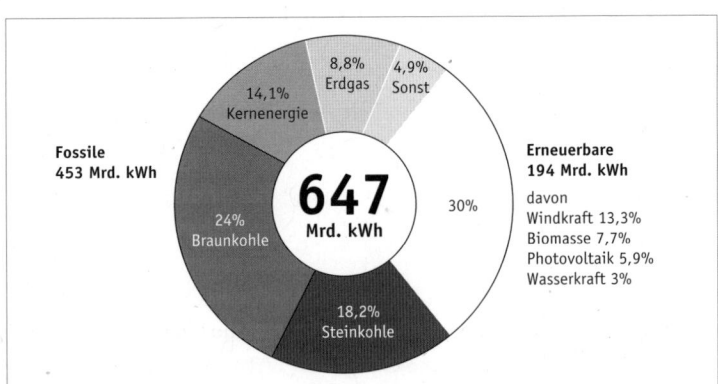

Abbildung 2 Der Strommix in Deutschland 2015: Bruttostromerzeugung (inkl. Exporte)
Quelle: BDEW, http://strom-report.de/download/stromerzeugung-2015/

Auch die Stromeffizienz steigt in Deutschland kontinuierlich. Trotz des anhaltenden Wirtschaftswachstums lag der Stromverbrauch 2015 nach Angaben der AG Energiebilanzen um etwa 4 Prozent unter dem Höchstniveau im Jahr 2007.

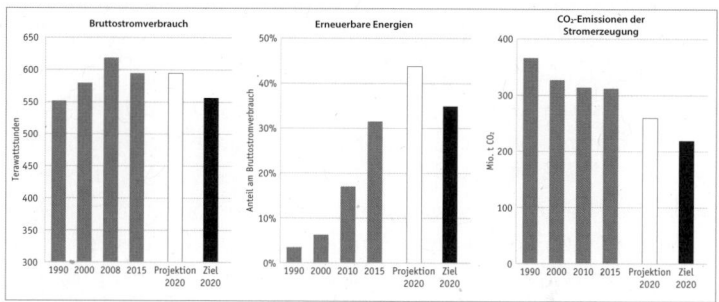

Abbildung 3 Stromverbrauch, Erneuerbare-Energien-Anteil und CO_2-Emissionen der Stromerzeugung: tatsächliche, erwartete und angestrebte Entwicklung 1990 bis 2020; 2020-Ziele entsprechend dem Energiekonzept 2010: Bruttostromverbrauch minus 10 Prozent gegenüber 2008; Anteil Erneuerbarer Energien am Bruttostromverbrauch mind. 35 Prozent; Senkung der gesamten Treibhausgasemissionen gegenüber 1990 um mind. 40 Prozent (hier Darstellung einer 40-prozentigen Minderung der CO_2-Emissionen der Stromerzeugung).
Quellen: AG Energiebilanzen (2016), BMUB (2016), Umweltbundesamt (2016), eigene Berechnungen

... aber kaum Rückgang der Klimaemissionen

Das akute Problem der deutschen Energiewende: Trotz der beeindruckenden Erfolge beim Ausbau der Erneuerbaren und der Energieeffizienz sind die Emissionen im Stromsektor seit der Jahrtausendwende kaum gesunken. Der Hauptgrund dafür ist, dass die Kohleverstromung in Deutschland weiter auf konstant hohem Niveau verharrt. Braun- und Steinkohlekraftwerke produzieren Jahr für Jahr mehr für den Export (zum Beispiel in die Niederlanden) und verdrängen dort unter anderem klimaschonenderen, aber auch teureren Strom aus holländischen Gaskraftwerken. Da die zugehörigen CO_2-Emissionen der deutschen Klimabilanz zugerechnet werden, heißt das im Klartext: Deutschland droht sein Klimaschutzziel

2020 zu verfehlen, wenn es nicht gezielt und aktiv aus der Kohleverstromung aussteigt. Mehr noch: Ohne zusätzliche Maßnahmen zur Minderung der Treibhausgas-Emissionen aus der Kohleverstromung werden die klimapolitischen Ziele auch mittel- und langfristig erheblich verfehlt. Deutschland kann deshalb nicht Energiewendeland sein und gleichzeitig Kohleland bleiben. Hier ist politisches Handeln gefordert.

Zwar müssen Kraftwerke, die ihren Strom mit klimaschädlicher Kohle oder mit dem etwas klimafreundlicheren Erdgas erzeugen, seit dem Jahre 2005 sogenannte Klimagas- oder CO_2-Zertifikate aus dem europäischen Emissionshandel erwerben und nachweisen. Allerdings funktioniert der Emissionshandel nicht ausreichend, denn auf dem Markt existiert aktuell und schon seit Jahren ein riesiger Überschuss von derzeit (2016) über zwei Milliarden Zertifikaten. Die Situation drückt die Zertifikatpreise und damit auf den Anreiz, weniger klimaschädlichen Strom zu produzieren. Die europäische Kommission hat das Problem erkannt und eine Reform des Emissionshandelssystems beschlossen. Dennoch, darin sind sich die Experten einig, wird der Emissionshandelsmarkt auf absehbare Zeit kein wirksames CO_2-Preissignal aussenden. Deutschland braucht deshalb auch für die mittlere und lange Perspektive zusätzliche Maßnahmen, um die Emissionen im Stromsektor zu mindern.

Stromverbrauch wird mittelfristig wieder steigen

Hinzu kommt, dass der Stromverbrauch trotz der Effizienzerfolge der jüngsten Vergangenheit voraussichtlich nur temporär sinkt. Denn mittelfristig heißt Klimaschutz auch, dass Heizöl und Erdgas in der Wärmeversorgung durch klimaschonende Energieträger ersetzt werden müssen. Auch im Verkehrssektor gelingt mehr Nachhaltigkeit auf Dauer nicht mit herkömmlichen Verbrennungsmotoren auf Basis von Benzin und Diesel. Die mittelfristige Perspektive liegt vielmehr in Elektromobilität und Wärmepumpen, beides betrieben mit Strom aus Erneuerbaren Energien. Technisch ist das unbestritten möglich, für die Stromversorgung aber eine gewaltige

Herausforderung. Denn wenn die unter der Chiffre »Sektorenkopplung« diskutierte massive Ausweitung des Stromeinsatzes über seine traditionellen Anwendungsfelder hinaus Realität werden soll, müssen entsprechend auch mehr Wind- und Sonnenstromanlagen gebaut werden – und die stoßen schon jetzt in manchen Regionen an die Grenzen der Akzeptanz in der Bevölkerung.

Das Fraunhofer-Institut für Windenergie und Energiesystemtechnik (Fraunhofer IWES) hat unterschiedliche Szenarien einer Klimaschutzwelt im Jahr 2050 verglichen.[7] Die sogenannten Zielszenarien kommen zu grundverschiedenen Ergebnissen: Die Spannbreite des nationalen Strombedarfs reicht von rund 450 bis hin zu 800 Terawattstunden (Milliarden Kilowattstunden) im Jahr. Zugleich lautet das wichtigste Ergebnis: Energieeffizienz ist der preiswerteste Schlüssel zur Lösung dieser Herausforderung. Denn logisch: Je weniger Energie verbraucht wird, desto geringer ist der Ausbaubedarf an Erneuerbaren Energien. Deshalb lautet eine wesentliche energiepolitische Aufgabe, Effizienz unter Hochdruck voranzubringen. Wie gut das gelingt, ist aber offen. Selbst das Bundeswirtschaftsministerium geht mittlerweile davon aus, dass der Stromverbrauch in den nächsten 15 Jahren zwar leicht sinken könnte, aber mit zunehmender Elektrifizierung des Wärme- und des Verkehrssektors wieder auf das heutige Niveau oder leicht darüber hinaus steigt.

Die Kosten von Wind- und Sonnenstrom sinken laufend

Die gute Nachricht dazu lautet: Wind- und Sonnenstrom werden künftig nicht nur im Sonnengürtel und in den Hauptwindregionen der Erde, sondern auch hierzulande die preisgünstigste Form der Stromerzeugung sein. Und Deutschland hat zu dieser bahnbrechenden Kostenentwicklung einen entscheidenden Beitrag geleistet. Hier wurde die Eigendynamik in Gang gesetzt, die mittlerweile global wirksam ist.

In der Welt des gerade wiedervereinigten Deutschlands war das alles noch nicht vorstellbar. Kein Mensch glaubte damals, dass Erneuerbare Energien mehr als eine nette Öko-Nische belegen würden, als am 1. Januar 1991 das Stromeinspeisegesetz – Vorläufer des EEG – in Kraft trat und die Energieversorger verpflichtete, Ökostrom in das Stromnetz aufzunehmen und die Anlagenbetreiber dafür auskömmlich zu vergüten; schon damals wurden dafür die Stromkunden zur Kasse gebeten. Doch mit der Regelung wurde ein Megatrend ausgelöst. Binnen nur 20 Jahren sanken die Kosten von Wind- und Photovoltaikanlagen in einem Ausmaß, das sich zuvor niemand hatte vorstellen können. Die Kosten, Experten sprechen von »Gestehungskosten«[8], für Strom aus Windanlagen in Deutschland liegen derzeit zwischen 6 und 9 Cent je Kilowattstunde, für große Photovoltaikanlagen bei 7 bis 9 Cent je Kilowattstunde. In den nächsten zehn Jahren sind auf Basis technologischer Innovationen weitere Kostensenkungen zu erwarten, sodass die Gestehungskosten für Wind- und Solarstrom in Deutschland spätestens 2025 bei etwa 4 bis 7 Cent je Kilowattstunde liegen werden.[9]

Zugleich brauchen Wind und Sonne wegen ihrer wetterabhängigen Stromerzeugung immer auch ergänzende Technologien, die diese Schwankungen flexibel puffern. Das können schnell verfügbare Gaskraftwerke sein oder flexible Stromabnehmer in der Industrie oder intelligent gesteuerte Haushaltsgeräte. Mittelfristig können auch Batterie- und Wärmespeicher in größerem Umfang als heute am Ausgleich zwischen Erzeugung und Verbrauch mitwirken.

Ohne den Ausbau des Stromnetzes geht es nicht

Die günstigste Flexibilität aber bietet heute immer noch das Stromnetz. Dazu muss es ausgebaut und mit modernen (digitalen) Steuerungsmechanismen und Messstellen versehen werden. Günstiger wird es auch, wenn größere Gebiete gemeinsam geregelt werden, in denen sich die jeweiligen Schwankungen in der Erzeugung von Wind- und Sonnenstrom besser ausgleichen lassen. Selbst unter Einbeziehung dieser Flexibilitätskosten ist die Stromerzeugung aus Erneuerbaren Energien schon heute auf Augenhöhe mit fossilen Kraftwerken. Eine umweltschonende Kombination von Wind an Land und flexiblen Erdgasanlagen hat Stromgestehungskosten von etwa 7 Cent je Kilowattstunde – Tendenz sinkend.[10] Die Stromgestehungskosten für neue Gas- und Dampfkraftwerke oder Steinkohlekraftwerke hingegen lagen 2014 bei etwa 6 bis 11 Cent je Kilowattstunde, je nach Annahme für CO_2-Kosten und Auslastungsgrade – Tendenz steigend.[11] Dazu trägt auch der Ausbau der Erneuerbaren Energien bei, denn die herkömmlichen Großkraftwerke laufen nicht mehr kontinuierlich das ganze Jahr durch – das drückt die Margen und erhöht die Kosten der erzeugten Kilowattstunde weiter.

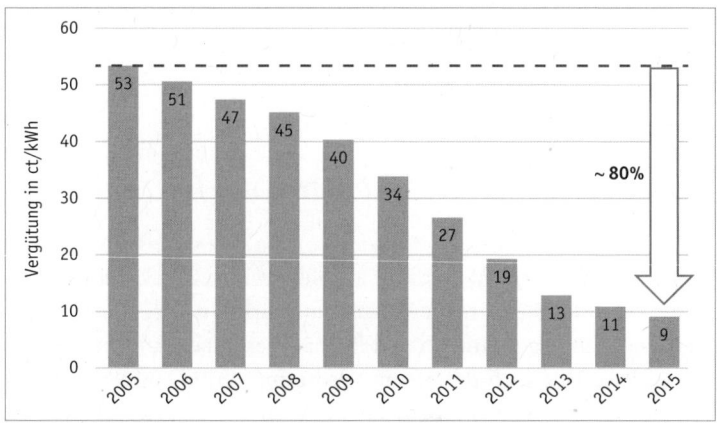

Abbildung 4 Durchschnittliche Vergütung für Photovoltaikneuanlagen 2005 bis 2015 (nach EEG)
Quelle: Zentrum für Sonnenenergie- und Wasserstoff-Forschung Baden-Württemberg (ZSW)

In wind- bzw. sonnenreichen Gegenden der Welt sind Wind- bzw. Solarstrom schon heute die kostengünstigste Form der Stromerzeugung. Das schlägt sich in den Investitionen nieder. Die globalen Windenergiekapazitäten wurden seit 2000 von 17 auf 318 Gigawatt im Jahr 2013 fast verzwanzigfacht, bei Solaranlagen gab es eine Verzehnfachung von 17 auf 177 Gigawatt allein von 2008 bis 2014. Der Trend ist mehr als deutlich: Global werden seit 2013 mehr Erneuerbare-Energien-Anlagen als konventionelle Erzeugungskapazitäten mit Kohle, Erdgas und Atomkraft gebaut (siehe Abb. 5).

Energiewende: Marathon auf schwierigem Parcours **115**

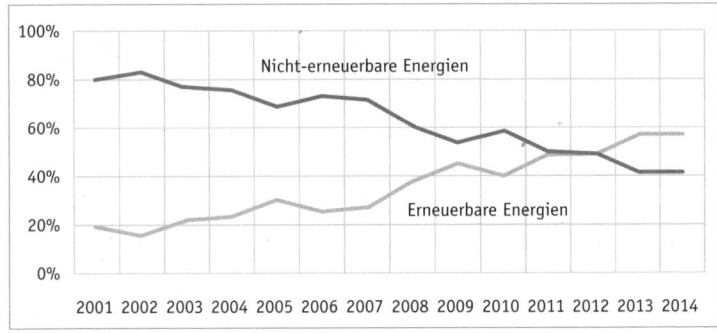

Abbildung 5 Globale Investitionen in Stromerzeugungstechnologien (Installierte Leistung), prozentualer Anteil am globalen Kapazitätszubau
Quelle: IRENA, REN21.

Energiewende – ein Innovationsmotor für Technologieanbieter

Erneuerbare Energien und die zugehörigen Systemkomponenten sind global ein gigantischer Wachstumsmarkt. In vielen Schwellenländern – allen voran Indien und China – besteht ein enormer Nachholbedarf im Bereich der Stromversorgung. Wind- und Solaranlagen können vergleichsweise schnell und preiswert errichtet werden. Neben der Windkraftbranche und Solarmodulherstellern kann hier eine Vielfalt an Technologieunternehmen profitieren und das im Zuge der Energiewende gewonnene Know-how und den Vorsprung in den Systemtechnologien aktiv einsetzen.

Allerdings muss auch aus den Fehlern der Vergangenheit gelernt werden. Denn der industriepolitische Versuch des Aufbaus einer deutschen Solarindustrie in den Jahren 2009 bis 2012 scheiterte vor allem daran, dass Deutschland versucht hat, sich im Bereich der einfach replizierbaren Module zu positionieren. In diesem Bereich haben jedoch China und andere Länder in Südostasien als »Werkbänke der Welt« deutliche Kostenvorteile. Nach einem Boom in den Jahren bis 2012 kostete diese Fehleinschätzung etwa 40.000 Arbeitsplätze. Unter dem Strich aber ist die Anlagenindustrie in Deutschland deutlich gewachsen und hat die konventionellen Energieträger Stein- und Braunkohle im Hinblick auf die Wertschöpfung und die Arbeitsplatzeffekte deutlich hinter sich gelassen.

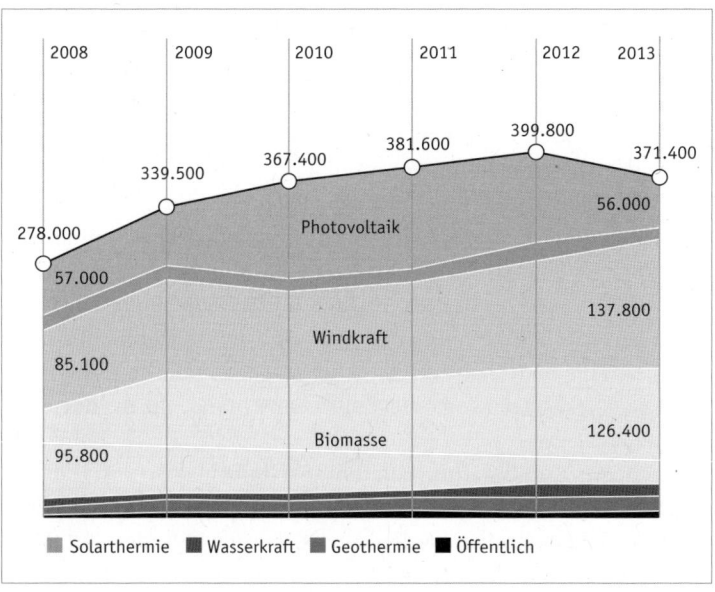

Abbildung 6 Arbeitsplätze in der Branche der Erneuerbaren Energien
Quelle: BMWi. Strom-report.de

Es bewährt sich also, sich im Zuge des globalen Wachstums von Photovoltaik und Windenergie auf die traditionellen Stärken der deutschen Industrie zu konzentrieren. Das bedeutet, den Weltmarkt vor allem im Maschinen- und Anlagenbau, in der Systemtechnik und bei Know how Dienstleistungen zu bedienen. Aufgrund des Technologievorsprungs, der in Deutschland etwa wegen der hohen Wind- und Solaranteile im Bereich der Flexibilitätsoptionen erreicht wurde, öffnen sich für deutsche Firmen in diesem Bereich trotz einiger Konkurrenz international große Exportchancen.

Die Exporterfolge der deutschen Windanlagenhersteller schließen sich unmittelbar an die traditionelle deutsche Spitzenposition im

Maschinen- und Anlagenbau an. Zwar hat vor kurzem das chinesische Unternehmen Goldwind die Weltmarktführerschaft übernommen, doch bleiben mit Siemens und Enercon zwei deutsche Hersteller unter den ersten zehn der Welt, und durch die Fusion von Siemens mit dem spanischen Windanlagenhersteller Gamesa rückten diese inzwischen wieder auf Platz 1 vor. An der Spitze der europäischen Hersteller stand übrigens noch bis vor kurzem mit VESTAS ein Unternehmen aus Dänemark, dem ersten Vorreiterland der Windenergie.

Ein neues Massenphänomen und möglicherweise ein »game changer« (also eine Technologie mit dem Potenzial, die Spielregeln des Stromsystems grundlegend zu ändern) sind *Batteriespeicher* in Kombination mit Solarstrom-Dachanlagen. Bis vor kurzem galten die Batterien noch als viel zu teuer. Doch mittlerweile ändert sich das. Denn bei jeder Verdopplung der weltweit produzierten Batterieleistung fielen die Batteriepreise in der Vergangenheit um sechs bis neun Prozent. Dieser Trend, so die Expertenmeinung, dürfte noch anhalten.

Auch die Kombination von Photovoltaikanlagen auf Hausdächern mit dezentralen Batteriespeichern könnte schon bald zum neuen Geschäftsmodell werden. Szenarien mit 150 oder 200 Gigawatt an Photovoltaik in Deutschland, kombiniert mit 40 Gigawatt an dezentralen Batteriespeichern, wurden bis vor kurzem noch von vielen für vollkommen unrealistisch gehalten. Wenn die Kosten der Batterien und der Photovoltaik aber weiter so sinken wie in jüngster Zeit, wird ein solcher Ausbau viel schneller als erwartet technisch und ökonomisch möglich.[12]

Der technologische Schmierstoff, mit dem die neue, vielteilige Energiewelt vorangetrieben und organisiert wird, ist die *Digitalisierung*. Auf ihrer Basis kann das immer kleinteiligere Stromsystem mit den vielen Millionen Sonnendächern und den Zehntausenden Windrädern, den Batteriespeichern, Automobilen und Hybridheizungen effizient gesteuert werden, bei gleichzeitig sinkenden Systemkosten. Hier sind deutsche Ingenieurskunst und IT-Experten zunehmend gefragt. Die Digitalisierung ist überall – auch in der Stromwirtschaft. Sie ist der »Enabler«, also der Baustein im neuen

System, der die Transformation des Energiesystems erst möglich macht.

Ein potenzieller Wachstumsmarkt sind auch *Wärmepumpen*. Spätestens wenn Öl- und Gasheizungen wegen ihrer klimaschädlichen Wirkungen nicht mehr genutzt werden können, können sie eine der wichtigsten Techniken zur Deckung unseres Wärmehungers werden. Gebraucht werden im Jahre 2030 einer aktuellen Studie zufolge bis zu fünf oder sogar sechs Millionen Wärmepumpen – und zwar nicht nur in Neubauten, sondern auch in Altbauten, beispielsweise als bivalente Wärmepumpensysteme mit fossilen Spitzenlastkesseln. [13]

Alte Akteure am neuen Markt

Die vier traditionellen deutschen Energieversorger RWE, E.on, Vattenfall und EnBW haben spät, viele glauben viel zu spät, die Dynamik erkannt, die sich um sie herum entfaltete. Sie blieben zu lange gefangen in dem bis vor kurzem sehr lukrativen Geschäftsmodell der Erzeugung von Strom in fossil oder nuklear betriebenen Großkraftwerken – und getrieben von Renditeerwartungen ihrer Eigentümer, die deutlich über den Renditen lagen, die die Betreiber Erneuerbarer-Energien-Anlagen üblicherweise erwarten. Doch heute gilt: Wer zu sehr und zu lange auf die traditionelle Stromerzeugung gesetzt hat, dem brechen jetzt die Gewinne weg – ohne Hoffnung auf Besserung, denn das Niveau der Börsenstrompreise wird, bei allen kurzfristig denkbaren Schwankungen, insgesamt dauerhaft niedrig bleiben. Das liegt an den Erneuerbaren Energien, die, einmal installiert, den Strom quasi zum Nulltarif von Sonnenschein und Wind anbieten können. Und es liegt an den Überkapazitäten, die wir mittlerweile in Deutschland haben, sodass Strom im Übermaß vorhanden und deshalb günstig ist. Das wird sich vorläufig nicht ändern, solange der Ausbau der Erneuerbaren Energien entlang des Zielkorridors des Energiekonzepts weitergeht.

Das Ergebnis ist bekannt: Sowohl RWE als auch E.on machten zuletzt erhebliche Verluste und haben ihre Geschäfte mittlerweile radikal aufgeteilt. E.on trennte sich im April 2015 von seinen konventionellen Kraftwerken inklusive Energiehandel und Wasserkraft und bündelte sie im neuen Unternehmen Uniper mit Sitz in Düsseldorf. E.on selbst bleibt in Essen und konzentriert sich auf die Erneuerbaren Energien, Netze und Vertrieb (und behält auf Druck der Politik auch die Kernkraftwerke im Portfolio). RWE hingegen bündelte nach einigem Zögern die Geschäftsfelder Erneuerbare Energien, Netze und Vertrieb in der neuen Innogy, die zum 1. April 2016 startete. Innogy bleibt ein Tochterunternehmen der RWE, 10 Prozent der Aktien der neuen Gesellschaft wurden aber im Oktober 2016 an der Börse angeboten. Alte und neue Energie bleiben bei RWE also weiter verbunden. Vattenfall, der schwedische Staatskonzern, verkaufte seine Erzeugungssparte mitsamt Braunkohletagebau und Wasserkraftwerken gleich vollständig an einen tschechischen Investor und ist fortan nur noch mit Erneuerbaren Energien, als Netzbetreiber und im Vertrieb in Deutschland tätig. Die EnBW, der kleinste der ehemaligen vier Riesen, muss sich von seiner nuklear geprägten Vergangenheit lösen und tut dies in den letzten Jahren mit neuen Ideen für Dienstleistungen und für Geschäftsmodelle im Effizienz- und im Wärmebereich. Welche dieser Strategien letztlich die erfolgreichen sein werden, bleibt abzuwarten.

Zu den möglichen Gewinnern unter den konventionellen Energieversorgern zählen hingegen vielleicht große Regionalversorger und größere Stadtwerke, die frühzeitig den Trend erkannt haben oder aber schlicht das Glück hatten, keine Kohlekraftwerke zu betreiben oder Beteiligungen an den heute defizitären Anlagen zu halten. Eines dieser Unternehmen ist das Mannheimer Energieversorgungsunternehmen MVV (Mannheimer Verkehrs- und Versorgungswerke), das auf dezentrale Erzeugung und Erneuerbare Energien setzt; die MVV erwarb dazu Eigentum an Juwi und Windwärts, zwei noch jungen, aber längst etablierten Unternehmen der Erneuerbaren-Branche. Das zweite Standbein sind innovative Dienstleistungen und Produkte für ein intelligentes, dezentrales Energiemanagement – inklusive Photovoltaik-Batterie-Systemen für private Haushalte. Auch München hat sich frühzeitig entschieden, auf nachhaltige Energieversorgungstechnologien zu setzen. Die Stadtwerke München (SWM) bekamen von der Stadt bereits vor Jahren den Auftrag, die Versorgung der bayerischen Metropole bis 2025 komplett auf Erneuerbare Energien umzustellen. Die vornehmste Aufgabe der lokalen Energieversorgungsunternehmen wird bleiben, die Vielfalt zu koordinieren und Verantwortung zu übernehmen für eine stabile Versorgung. Offen ist noch, wie konkret die Stromnetze angepasst und welche Rolle die lokalen Netzbetreiber in der Energiewende einnehmen werden. Denn in Zeiten schwankender Stromeinspeisung aus Wind und Sonne kommt es darauf an, das richtige Maß an neuen, verbindenden Netztrassen und der digitalen Infrastruktur zu ihrer optimalen Steuerung zu schaffen.

Stolpersteine sind kulturell, nicht technisch

Die Sorge vor höheren Stromkosten prägt bis heute die Stellungnahmen der Industrie. Die Energiekosten liegen aber im Durchschnitt aller Unternehmen des produzierenden Gewerbes bei unter zwei Prozent der gesamten Produktionskosten. Nur in den energieintensiven Branchen der Chemie- und Metallindustrien, aber auch der Papier-, Keramik- und Zementindustrie herrscht nach wie vor große Sorge, wenn man den öffentlichen Äußerungen glaubt. Zwar profitieren diese Großverbraucher zurzeit von den sinkenden Börsenpreisen, sie fürchten jedoch einen Abbau der Entlastungen von den Preisaufschlägen auf die Börsenpreise, die sie derzeit genießen und die jeder einfache Endkunde zahlen muss: EEG-Umlage, Netzentgelte, KWK-Umlage, Umlage für die Offshore-Haftung, Konzessionsabgaben und einige weitere kleinere Umlagen. Hier kommt es darauf an, das Preisgefüge so umzugestalten, dass die Kosten gerecht, aber auch sensibel verteilt werden.

Ebenso entscheidend ist die Akzeptanz in der Bevölkerung. Denn tatsächlich verändert der Ausbau von Windenergie und Photovoltaik das Landschaftsbild und das Gesicht von Ortschaften und Regionen. Proteste gibt es auch gegen den Ausbau der Stromnetze von Nord nach Süd, denn mit dem Umschwenken auf Erneuerbare Energien geht einher, dass Stromerzeugung und Stromverbrauch räumlich auseinanderrücken. Während die großen industriellen Verbrauchszentren in Bayern und Baden-Württemberg liegen, wird Windenergie vor allem in der Küstenregion im Norden erzeugt. Neue Stromtrassen wie »Südlink« müssen gebaut und alte Trassen teilweise verstärkt werden. Um mehr Akzeptanz bei den Bürgern zu schaffen und die wichtigsten Netzausbauprojekte zügig voranzubringen, soll nun vorzugsweise eine Erdverkabelung vorgenommen werden. Denn es entstehen immer wieder Engpässe zwischen Nord und Süd und die Stromversorgung wird teurer, wenn diese Stromtrassen fehlen. Im Norden müssen Windräder sonst bei starkem Wind vom Netz genommen und ihr Strom quasi weggeworfen werden, während im Süden teure zusätzliche Kraftwerke nur für diese Situation bereitgehalten werden. Einmal besser verbunden, könnte man diese Zusatzkosten des sogenannten »Redispatch« und Einspeisemanagements vermeiden.

Ist nun die Zustimmung in der Bevölkerung gesunken? Die gute Nachricht lautet auch hier: im Gegenteil. Allen Protesten vor Ort zum Trotz steht die deutsche Bevölkerung nach wie vor mit überwältigender Mehrheit hinter den Zielen der Energiewende. Jedes Jahr lässt der ideologisch unverdächtige Bundesverband der Deutschen Energie- und Wasserwirtschaft BDEW ein Meinungsbild in der Bevölkerung erstellen und jedes Jahr zeigt der BDEW-Energiewendemonitor die gleiche oder sogar eine wachsende Zustimmung zu diesem Generationenprojekt.[14] Im Jahre 2016 war die Energiewende für 93 Prozent der Befragten wichtig oder sehr wichtig und mehr als der Hälfte (55 Prozent) geht der Ausbau der Erneuerbaren Energien nicht schnell genug. Gleichwohl rechnen 69 Prozent mit steigenden Strompreisen durch die Energiewende. Noch überraschender: Es spricht sich herum, dass die Energiewende auch Vorteile für den Wirtschaftsstandort haben kann – 67 Prozent der Befragten sehen das so, 10 Prozent mehr als im Vorjahr.

Manche Regionen brauchen Hilfe

Die größte Herausforderung liegt darin, den grundsätzlichen Vertrauensvorschuss zu halten und die Energiewende sensibel zu managen. Das gilt vor allem auf regionaler Ebene. Denn der unvermeidbare Ausstieg aus der Verstromung von Braunkohle trifft vor allem zwei Regionen: das Rheinische Revier und die Lausitz. Klare industrie- und regionalpolitische Konzepte für diese Regionen sind notwendig – eine Aufgabe, der sich Bund und Länder stellen müssen, wenn die Klimaschutzziele erreicht werden sollen. Hier kommt es darauf an, die betroffenen Bürger mitzunehmen, aber auch mit den Mythen aufzuräumen, dass die Braunkohle unabdingbar sei für die Energieversorgung Deutschlands. Doch gerade in der Lausitz, wie in den vielen dünnbesiedelten Regionen Ostdeutschlands, bietet es sich an, die neuen Energien als Baustein einer regionalen Zukunftsperspektive zu entwickeln. Die Wirtschaftsinitiative Lausitz hat das erkannt und engagiert sich als Anlaufstelle für bestehende Unternehmen und Existenzgründer. Technologie- und Industrieparks entstehen in enger Anbindung an Fachhochschulen und Forschungseinrichtungen. So könnten aus alten Energieregionen innovationsorientierte Wirtschaftsstandorte werden – und zugleich neue Energieregionen.

Die deutsche Energiewende ist ein Generationenprojekt für Deutschland. Einerseits. Sie ist aber auch ein Großprojekt, auf das die Welt schaut, weil Deutschland als erstes führendes Industrieland der Welt erklärt hat, in der langen Perspektive ohne Kohle und Atom seine führende Rolle als Exportland halten und ausbauen zu können. Spätestens seit den Beschlüssen der Weltklimakonferenz von Paris muss alle Kritik am angeblichen Alleingang Deutschlands verstummen. Die deutsche Energiewende ist Teil einer weltweiten Entwicklung, die immer weniger politisch und immer stärker auch ökonomisch getrieben ist. Ökologisch ist sie ohnehin ohne Alternative, wenn die Erde für die Menschen ein lebenswerter Ort bleiben soll.

Die Unkenrufe vom Scheitern, die schon laut wurden, als Deutschland die Energiewende nach der Katastrophe von Fukushima eben erst im weitgehenden Konsens aller Parteien und gesellschaftlichen Kräfte ausgerufen hatte, sind verfrüht. Und sie entbehren jeder empirischen Entsprechung in der realen Welt der Wirtschaft. Deutschland ist – seit die Energiewende 2011 als gesamtgesellschaftliches Gemeinschaftsprojekt ausgerufen wurde – ökonomisch erfolgreicher als fast alle konkurrierenden Volkswirtschaften in der Welt. Die Energiewende muss dafür nicht der Grund sein. Aber geschadet hat sie offenbar auch nicht.

Anmerkungen

1 System Average Interruption Duration Index (SAIDI) ist der Indikator für die Zuverlässigkeit der Stromversorgung; er gibt die durchschnittliche Ausfalldauer der Stromversorgung je versorgtem Verbraucher an.

2 Neuhoff, Karsten/Matthes, Felix C./Ritter, Nolan (2016): Energiekostenindex für die deutsche Industrie in den letzten Jahren deutlich gesunken. DIW-Wochenbericht 83, 41, S. 979-985. http://www.diw.de/documents/publikationen/73/diw_01.c.544524.de/16-41-1.pdf.

3 G7 (2015): Abschlusserklärung G7-Gipfel, 7.-8. Juni 2015 in Elmau.

4 IEA (2015): Energy and Climate Change. World Energy Outlook Special Report.

5 BReg (2010): Energiekonzept für eine umweltschonende, zuverlässige und bezahlbare Energieversorgung; BMWi (2015a): Die Energie der Zukunft. Vierter Monitoring-Bericht zur Energiewende.) AtG (2011): Gesetz über die friedliche Verwendung der Kernenergie und den Schutz gegen ihre Gefahren.

6 StromReport. http://strom-report.de/windenergie/#windenergie-2015.

7 Fraunhofer IWES (2015): Wie hoch ist der Stromverbrauch in der Energiewende? Energiepolitische Zielszenarien 2050 – Rückwirkungen auf den Ausbaubedarf von Windenergie und Photovoltaik.

8 Stromgestehungskosten sind die Gesamtkosten über die Lebenszeit einer Stromerzeugungsanlage (Investition, Personal-, Wartungs- und Brennstoffkosten). Diese werden rechnerisch auf die in der Lebenszeit der Anlage erzeugten Kilowattstunden verteilt.

9 Fraunhofer ISE (2015): Current and Future Cost of Photovoltaics. Long-term Scenarios for Market Development, System Prices and LCOE of Utility-Scale PV Systems.

10 Prognos (2014): Comparing the Cost of Low-Carbon Technologies: What is the Cheapest Option? An analysis of new wind, solar, nuclear and CCS based on current support schemes in the UK and Germany.

11 Auf www.agora-energiewende.de steht ein Erzeugungskostenrechner für die verschiedenen Stromerzeugungstechnologien zur Verfügung, mit dem man die Annahmen variieren kann.

12 Deutsch, Matthias/Graichen, Patrick (2015): Was wäre, wenn ... ein flächendeckender Rollout von Solar-Speicher-Systemen stattfände? Eine erste Abschätzung für das Stromsystem und die Energiepolitik. Hintergrundpapier, Agora Energiewende. Oktober 2015. www.agora-energiewende.de.

13 Fraunhofer IWES/IBP (2017): Wärmewende 2030, Schlüsseltechnologien zur Erreichung der mittel- und langfristigen Klimaschutzziele im Gebäudesektor. Studie im Auftrag von Agora Energiewende, www.agora-energiewende.de

14 BDEW-Energiewendemonitor 2016: https://www.bdew.de/internet.nsf/id/20160503-pi-energiewende-weiterhin-top-thema-fuer-die-bevoelkerung-de.

Foto: EnergieAgentur.NRW

Den richtigen Weg schneller gehen: Energie- und Ressourcenwende am Bau

Von Martin Pehnt

Nirgendwo wird so viel Abfall produziert und so viel Wärme verbraucht wie beim Bau und bei der Nutzung von Gebäuden. Hier entscheidet sich, ob wir in Deutschland in Zukunft nachhaltig leben können. Bis 2050 sollen die Klimagasemissionen auf nahezu null sinken. Die Technik steht bereit. Doch die Umsetzung erfolgt noch zu stockend.

Genau 209.538.000 Tonnen Abfälle kommen jedes Jahr auf deutschen Baustellen zusammen. Das ist 15-mal mehr als der Hausmüll, den die Müllabfuhr abholt. Zum Vergleich: Diese 2,5 Tonnen Beton, Ziegelbruch und Teerreste pro Kopf und Jahr sind gut 35.000-mal schwerer als der viel diskutierte Verpackungsmüll.[1]

Und: Warmes Wasser und wohlige Wärme verbrauchen fast hundertmal mehr Energie als die gesamte Beleuchtung eines Haushalts.[2] Doch wer kennt schon seinen täglichen Wärmebedarf? Und vor allem: Die jährliche Rechnung gibt nur wenige Hinweise darauf, wie man seine Wärmeenergierechnung reduzieren kann.

Die Gebäudewirtschaft verbraucht mehr als ein Drittel der gesamten Energie

Die Bauwirtschaft ist mit 2,4 Millionen Beschäftigten sowie einem Jahresumsatz von 241 Milliarden Euro eine der größten Branchen in Deutschland. Ihr Anteil an der Gesamtwirtschaft liegt bei rund 5 Prozent. Fast eine weitere halbe Million Menschen arbeiten in der Wohnungsbranche, sind also in der Hausverwaltung oder im Immobilienhandel tätig.[3]

Doch die Umweltauswirkungen der Branche sind weit größer. Obwohl die Bau- und Wohnungswirtschaft »nur« ein Zwanzigstel der Wirtschaftsleistung in Deutschland ausmacht, gehen mit 36 Prozent mehr als ein Drittel der hierzulande verbrauchten Energie in den Bereich »Wohnen und gewerbliche Gebäude«.[4] Die Bedeutung für Klima und Umwelt ist daher extrem hoch; 2014 hat die Bundesregierung das Ziel ausgegeben, bis zum Jahr 2050 einen »nahezu klimaneutralen Gebäudebestand« zu erreichen. Konkret soll gegenüber 2008 der »nicht erneuerbare Energiebedarf« um 80 Prozent gesenkt werden. Dazu müssen die Stromversorgung, aber insbesondere sämtliche Heizungen, weitgehend von Öl, Gas und Kohle auf nachhaltige Energieträger wie Solarthermie, Holzheizungen und auch (dann mit Ökostrom betriebene) Wärmepumpen und Erdwärmeanlagen umgestellt werden.

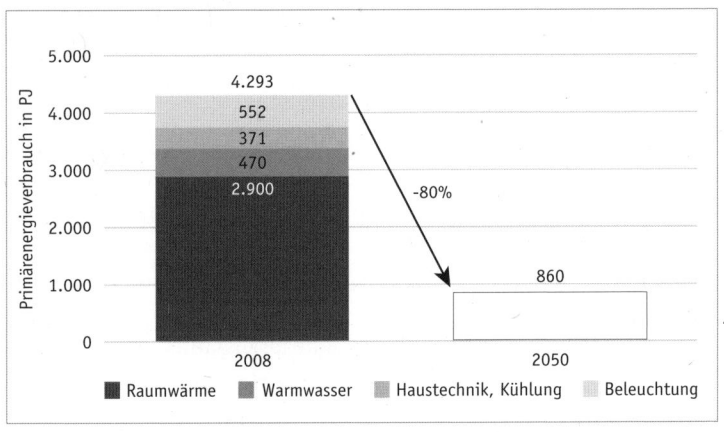

Abbildung 1 Nicht erneuerbarer Primärenergieverbrauch im Jahr 2008 und der Zielwert im Jahr 2050
Quelle: Hintergrundpapier zur Energieeffizienzstrategie Gebäude, Prognos, Ifeu, IWU (2015), S. 3.

Effizient erneuerbar – die Devise für den Wärmemarkt

80 Prozent Einsparung von Energierohstoffen – das geht nur, wenn gleichzeitig der Energiebedarf aller Gebäude im Durchschnitt deutlich gesenkt wird. Schätzungen zeigen, dass der Wärmebedarf aller 2050 genutzten Wohngebäude durch vermehrtes Dämmen und andere intelligente Einsparmaßnahmen um 40 bis maximal 60 Prozent

gesenkt werden kann.[5] Was dann immer noch geheizt werden muss, geht auf Wärmeverluste zurück, die sich auch bei Neubauten nicht immer völlig vermeiden lassen; und auf Gebäude, die nicht oder nicht vollständig gedämmt werden können – etwa auch aus Gründen des Denkmalschutzes.

Eine langfristige Frage lautet also: Können erneuerbare, klimaneutrale Energien diese Menge an Energie erzeugen? Kandidaten für die Wärmeversorgung sind Solarthermie, Umweltwärme durch Wärmepumpen und geothermische Sonden sowie Biomasse (vor allem Holzheizungen). Doch auch ihr Potenzial ist nicht unbegrenzt. Während gebäudeintegrierte Sonnenkollektoren Dachflächen erfordern, ist das Biomassepotenzial eingeschränkt durch Reststoffmengen, Anbauflächen und Nutzungskonkurrenzen. Wärmepumpen sollten aus Effizienzgründen bevorzugt in sanierten Gebäuden eingesetzt werden. Nicht immer stehen zudem – im Fall der besonders effizienten Erdwärmepumpen – ausreichende Möglichkeiten für Erdsonden zur Verfügung. Bei Wärmepumpen sind auch Wechselwirkungen mit dem Kraftwerkspark zu berücksichtigen.

Eine besondere Bedeutung könnte in Zukunft – trotz sinkenden Gebäudeenergiebedarfs – intelligenten Wärmenetzen zukommen. Wärmenetze können eine quartiersweite Versorgung mit Wärme sicherstellen und individuelle Heizkessel in jedem Keller ersetzen. Besonderer Vorteil dieser Netze: Wenn sie effizient und bei möglichst niedrigen Temperaturen betrieben werden, können sie auch Abwärme aus Industrie- und Gewerbebetrieben sowie hohe Anteile solarer Wärme aufnehmen. Solare Wärme in solchen Großkollektorfeldern führt zu deutlichen Kostensenkungen, denn große Kollektorfelder sind bis zu fünfmal günstiger als kleine Anlagen auf den Dächern von Ein- oder Zweifamilienhäusern. Entsprechend niedriger sind die Energiekosten für die Endverbraucher. In Dänemark gibt es bereits über hundert solcher Wärmenetze, die vielfach auch Saisonspeicher, Großwärmepumpen und Blockheizkraftwerke zusammenschalten und damit eine flexible, auch mit dem Strommarkt gekoppelte Wärmeversorgung erlauben. Wärmenetze könnten übrigens auch ein neues Handlungsfeld für Bürgerenergieprojekte sein.

Zählt man all diese Erzeugungsoptionen zusammen, gibt es in Deutschland auch ohne große Energieimporte ausreichend Erneuerbare Energien für den Gebäudebereich – wenn wir vorher die Einsparpotenziale genutzt haben.

Herausforderung Gebäudesanierung

Klar ist heute, dass sämtliche Neubauten und auch genügend bestehende Häuser aus technischer Sicht klimafreundlich gebaut werden können. Das ist längst Stand der Technik: Die ersten sogenannten Passivhäuser wurden in Deutschland schon vor mehr als einem Vierteljahrhundert gebaut. Als »passiv« gelten die Häuser, weil sie auf eine aktive Beheizung mit einem herkömmlichen Kessel oder auch auf den Anschluss an eine Fernwärmeleitung verzichten können. In den Anfangsjahren des neuen Baustils wurden meist Einfamilienhäuser in Passivbauweise gefertigt; heute entstehen auch Hochhäuser mit vielen Stockwerken als Passivbauten und es gibt sie in Betonbauweise oder als Holz- oder Lehmbau.

Die Herausforderung ist dabei, eine starke Isolierung von Wänden und Fenstern mit einer ausreichenden Belüftung zu verbinden. Also einerseits keine Wärme entweichen zu lassen, andererseits aber genügend Frischluft in das Gebäude hinein- und verbrauchte (aber auch warme) Luft hinauszubringen. Die hier eingesetzte Dämmung an Wänden und Dächern, die Fenster mit dreifacher Verglasung und die Lüftung sind vorhanden; aber die zusätzlichen Dämmschichten und die intelligente Haustechnik sind ein zusätzlicher finanzieller Aufwand. Doch selbst bei den sehr günstigen Energiekosten des Jahres 2016 rechnet sich über den Lebenszyklus gesehen ein höchsteffizienter Neubau. Das Problem ist daher weniger der Neubau als vielmehr die Sanierung des Bestands: Hier ist es technisch zwar möglich, aus einem Mehrfamilienhaus der 1970er-Jahre ein Gebäude nach heutigen Vorstellungen von Energieeffizienz zu machen. Aber es ist anspruchsvoller und teurer. Wichtig ist es daher, die Sanierungschancen dann zu nutzen, wenn ohnehin Maßnahmen ergriffen werden müssen, etwa weil der Putz bröckelt oder die Fenster nicht mehr dicht sind.

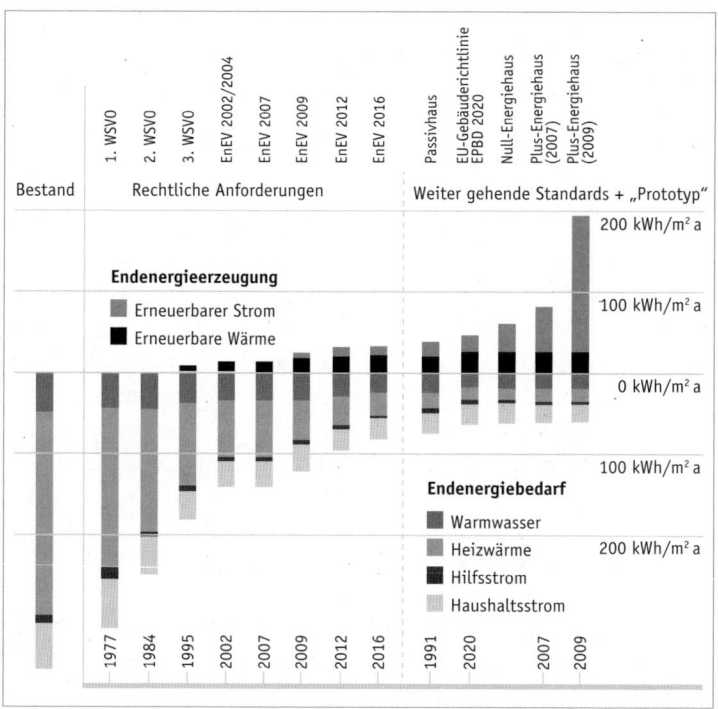

Abbildung 2 Energieverbrauch von Wohngebäuden verschiedener Energiestandards
Quelle: TU Darmstadt, ifeu.

Auf dem Weg zum dekarbonisierten Gebäudebestand ist auch ein Zwischenziel gesetzt: Der »Endenergieverbrauch« für Raumwärme in Gebäuden soll um 20 Prozent gesenkt werden (gegenüber 2008). Tatsächlich sinkt der Wärmeenergieverbrauch seit rund 15 Jahren deutlich. Eine genaue Betrachtung zeigt aber auch, dass Deutschland schon sein erstes Zwischenziel möglicherweise verfehlen wird: Der Umbau der Gebäude geht nicht schnell genug voran; bisher sinkt der Energiebedarf um durchschnittlich 1,7 Prozent pro Jahr. Um das 2020-Ziel zu erreichen, müsste diese Quote aber auf 2 Prozent gesteigert werden.

Der Grund für das fehlende Tempo bei Energiesparen und dem Umstieg auf Erneuerbare ist im Kern klar zu benennen: Die Energiepreise, insbesondere für Heizöl, aber auch Erdgas, sind aktuell so niedrig, dass Bauherren keinen Handlungsdruck verspüren.

Umfragen zeigen, dass sowohl beim selbstgenutzten Wohnraum wie bei Vermietern finanzielle Aspekte wie »Amortisationsdauer bzw. Wirtschaftlichkeit« und »Fehlendes Eigenkapital« am schwersten unter den Gründen wiegen, warum keine ambitionierteren Klimaschutzziele angesteuert werden. Bei den vermieteten Gebäuden kommt noch hinzu, dass die Hauseigentümer nicht direkt von den Investitionen in eine bessere Klimabilanz profitieren, sondern die Kosten lediglich langfristig auf die Mieten umlegen können. Wenn die Investitionen jedoch nicht höher sein dürfen als die gesparten Energiekosten, reicht das Sanierungsniveau nicht aus, die Klimaziele 2050 zu erreichen. Staatliche Förderung muss diese Lücke schließen.

Lenkungsabgabe: Klima und Soziales verbinden

Egal, wie man es dreht und wendet: Ein wesentliches Hemmnis ist die mangelnde reale oder wenigstens empfundene Wirtschaftlichkeit von Energiesparmaßnahmen und beim Einsatz von erneuerbaren Energieträgern. Dies liegt auch daran, dass sich die wahren Kosten eines ungedämpften Energieverbrauchs, beispielsweise die Kosten der Schäden durch Klimawandel, in den heutigen Energiepreisen nicht ausreichend widerspiegeln. Das können bisher auch die vielfältigen Fördermöglichkeiten etwa der staatlichen KfW-Bank und einzelner Bundesländer sowie die Hilfen bei der Energieberatung nicht ändern.

Dabei setzen die Bürger durchaus auf technische Neuerungen, wenn es sich für sie lohnt. Man hat in den vergangenen Jahren gesehen, dass etwa der Einsatz von Wärmepumpen und Sonnenkollektoren schnell ansteigt, wenn die Ölpreise anziehen. Wärmepumpen hatten schon zu Zeiten der zweiten Ölkrise 1980 hohe Absatzzahlen und haben auch seit 2002 fast im Gleichklang zum Ölpreis zugelegt.

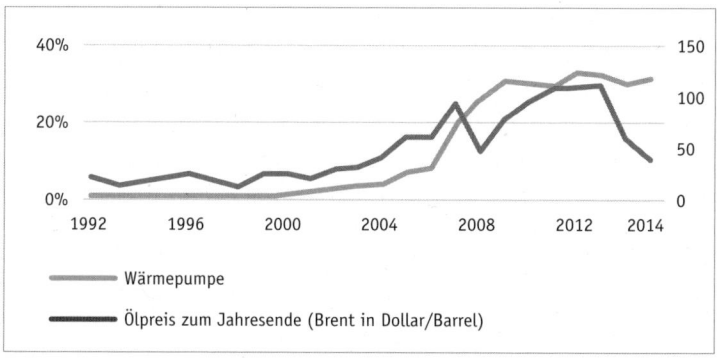

Wärmepumpe

Ölpreis zum Jahresende (Brent in Dollar/Barrel)

Abbildung 3 Anteil der Wärmepumpen bei Neubauten im Vergleich zum Ölpreis Quelle: »Anzahl der genehmigten Wohngebäude nach Art der vorwiegend verwendeten Heizenergie in Deutschland« nach Stat. Bundesamt 2016, Ölpreis aus Wikipedia.

Man kann darum davon ausgehen, dass höhere Preise von fossilen Energien die Investitionen im Bausektor schnell und dauerhaft Richtung Effizienz und neuer Heizsysteme vorantreiben würden. Ein einfacher Ansatz wäre darum eine CO_2-orientierte Erhöhung der Energiesteuer auf Öl, Gas und Kohle. Analog der »Schweizer Lenkungsabgabe« könnte eine solche Abgabe sofort in anderen Bereichen wieder an die Steuerzahler zurückfließen: In der Schweiz werden diese Einnahmen beispielsweise an die Krankenkassen ausgezahlt und den Versicherten von ihrer Prämie abgezogen.[6] So ließe sich der nötige Umbau der Gebäude in Deutschland nicht nur enorm beschleunigen, sondern auch sozial gerecht gestalten.

Neben einer solchen Großreform sind zahlreiche weitere Änderungen[7] an den heutigen Regelungen erforderlich, beispielsweise:

- Energetische Sanierungen dürfen nicht als Vorwand für Gentrifizierung und Mieterhöhungen benutzt werden. Daher müssen Änderungen im Miet- und Sozialrecht sicherstellen, dass nicht die Mieter die Kosten einer Sanierung schultern müssen, sondern dass die Kosten einer Sanierung aufgeteilt werden.[8]
- Handwerker sind für verschiedene Käufergruppen eine zentrale Vertrauensinstanz und damit eine wichtige Entscheidungsquelle

Den richtigen Weg schneller gehen: Energie- und Ressourcenwende am Bau **133** für Kaufentscheidungen. Dies gilt insbesondere, da ein Kesseltausch oftmals in der Notsituation einer defekten Heizung erfolgen muss. Allerdings empfehlen Installateure in der Regel eine Technik, die sich (für sie) als zuverlässig und problemlos erwiesen hat. Haben Installateure keinen Nutzen durch den Einbau einer Erneuerbaren-Energien-Heizungsanlage, scheuen sie Mehraufwand und potenzielle Kundenunzufriedenheit. Erschwerend kommt hinzu, dass die Empfehlungen vom Fachwissen abhängen, von einer guten Ertragslage, konkurrierenden Absatzfeldern mit besseren Margen (z. B. Badsanierung), Vertriebs- und Rabattsystemen großer Hersteller sowie einem hohen Akquisitions- und Erläuterungsaufwand für Erneuerbare. Der zunehmende Fachkräftemangel wird diese Situation noch verschärfen. Handwerker müssen die Installation von Heizungen mit Erneuerbaren Energien als Geschäftsfeld trotzdem annehmen.

- Sanierungen finden häufig schrittweise statt. Damit diese Maßnahmen angeregt werden und trotzdem der Blick für das Gesamtgebäude nicht verloren geht, können Sanierungsfahrpläne und eine verbesserte Förderung von Einzelmaßnahmen den Markt ankurbeln.
- Zunehmend wichtig ist auch die Kopplung der Sektoren Stromerzeugung und Wärmebedarf: Wärmepumpen können dabei eine wichtige Rolle spielen. Allerdings muss auch der Ausbau Erneuerbarer Energien Schritt halten mit diesen zusätzlichen Stromverbrauchern.

Innovationen durch den Markt: Sanierung mit Struktur und System

Doch nicht nur die Politik, auch der Markt muss neue Lösungen bereitstellen. Wie kann es gelingen, die Kosten der Sanierung zu senken und Maßnahmen in die Breite zu bringen? Ein Ansatz ist die industrielle Standardisierung von Sanierungen. Energiesprong ist ein Projekt aus den Niederlanden. Dort wurde ein Prototyp einer höchsteffizienten Sanierung entwickelt und in Zusammenarbeit mit

Wohnungsunternehmen so gestaltet, dass typische holländische Gebäude innerhalb von weniger als einer Woche renoviert werden können. Der Hauseigentümer bekommt nicht nur ein komplett saniertes Haus mit neuer Fassade, Fenster, Dach, Heizung und Solaranlage, sondern auch eine Einspargarantie für 30 Jahre. Die Sanierungskosten für eine typische Wohneinheit konnten auf rund 50.000 Euro gesenkt werden.

Dies funktioniert durch eine ausgefeilte Technik im Detail: Die Gebäude werden lasertechnisch vermessen, Kräne bringen vorfabrizierte Fassadenteile, die schon Leitungselemente und Haustechnik enthalten. Skaleneffekte und riesige Stückzahlen führen zu großen Kostensenkungen. Und die Wärmedämmung und die Photovoltaikanlage in Verbindung mit der Wärmepumpe ermöglichen einen »nahezu klimaneutralen Gebäudestandard«.

Geschlossene Kreisläufe, klimafreundliche Materialien

Die großen Abfallmengen aus dem Hoch- und Tiefbau sind glücklicherweise nicht in dem Maße »gefährlich«, wie man anhand der enormen Zahlen zu glauben geneigt ist. Von den 207 Millionen Tonnen zählen »nur« 7 Millionen Tonnen zu den gefährlichen Abfällen (überwiegend mineralische Abbruchabfälle und verunreinigte Böden[9]).

Unumstritten ist jedoch, dass die Baubranche zu den ressourcenintensivsten Wirtschaftsbranchen zählt. Hier werden große Mengen mineralischer Rohstoffe wie Zement, Steine und Ziegel verbraucht, die (bzw. deren Vorläuferprodukte) in der Natur abgebaut werden und die nicht nachwachsen. Dieses Material findet sich über kurz oder lang als Abfall wieder – wenn Häuser abgerissen oder Straßen und Brücken erneuert werden. Doch die Recyclingquote von Beton, Ziegeln und bitumenhaltigen Abfällen erreichen Werte bis zu 93 Prozent: In der Baubranche lautet die Devise tatsächlich Wiederverwertung. Gleichzeitig wird in Deutschland immer mehr an bestehenden Gebäuden und Straßen (Hochbau und Tiefbau) gearbeitet und vergleichsweise weniger neu gebaut. Dadurch wird eine geringere Menge an Baustoffen neu eingesetzt. Und die sinkende Menge der Baustoffnachfrage kann in immer höheren Anteilen durch recycelte Bauabfälle gedeckt werden – aufbereitete Altmaterialien können als sekundäre Rohstoffe also in immer größeren Anteilen den Rohstoffbedarf der Bauindustrie decken.

Problematisch im Sinne nachhaltigen Umgangs mit Ressourcen ist die zunehmende Verwendung von Verbundbaustoffen. In der Regel handelt es sich hier um Materialverbunde, die über Recycling (zumindest bis dato) nicht mehr nach Stoffen aufzutrennen sind. Bei der Konstruktion der Gebäude und der Auswahl der Baustoffe sollten stärker das Nutzungsende und die Recyclingfähigkeit mitbedacht werden.

Aber nicht nur das Recycling zählt. Es gilt auch, energieärmere und klimafreundliche Werkstoffe zu entwickeln. Die Herstellung von Zement führt weltweit zu sehr hohen CO_2-Emissionen – mehr als durch den internationalen Luftverkehr verursacht wird. Neue Zementsorten könnten diese Emissionen mindestens halbieren. Doch auch traditionelle Baumaterialien könnten eine Renaissance erleben. Holzhäuser beispielsweise sind in der Bauphase wesentlich klimafreundlicher und können die Treibhausgasemissionen in der Herstellung ebenfalls um mindestens 50 Prozent senken.

Exportschlager Öko-Häuser

Sowohl bei Energie wie auch bei den Rohstoffen ist Deutschland auf dem richtigen Weg. Um das Ziel »Nachhaltigkeit 2050« aber auch pünktlich zu erreichen, muss die Politik weitere Schritte anstoßen. Auch mit dem Ziel, den Gebäudebestand bis 2050 nahezu klimaneutral zu machen, geht es in die richtige Richtung. Dass dieses Ziel erreicht wird, ist heute keine technische Frage mehr – sowohl die erneuerbaren Energien als auch die Techniken für Neubau und Sanierungen sind längst dem Experimentierstadium entwachsen. Die Klimaziele ließen sich – jenseits aller Verbesserungen im Detail – aber sehr viel zügiger erreichen, wenn die ökonomischen und rechtlichen Rahmenbedingungen in Richtung Klimafreundlichkeit geändert würden.

Ähnlich wie beim Ausbau der erneuerbaren Energien hätte die Wirtschaft hierzulande damit auch die Chance, weltweit als Vorreiter wahrgenommen zu werden und die Erfindungen und Entwicklungen, die hier gemacht werden, in aller Welt anzubieten. Die Exportquote der deutschen Windenergieunternehmen liegt heute deutlich über 60 Prozent, einzelne Firmen erreichen sogar 80 Prozent und mehr. Auch die deutsche Bauwirtschaft könnte im Zeichen des Pariser Klimaabkommens die hier entwickelten »Öko-Häuser« zu Exportschlagern machen – und so auch über den eigenen national begrenzten Rahmen wirken.

Anmerkungen

1 Statistisches Bundesamt (2016): Abfallbilanz 2014. Erschienen am 18. August 2016, abgerufen über: destatis.de, Artikelnummer: 5321001147004.
2 BMWi zitiert nach »Energiewenden selber machen«, 2015, S. 42.
3 Daten für 2014 nach Statistisches Bundesamt, Volkswirtschaftliche Gesamtrechnung, www.destatis.de
4 BMWi (2014): 2. Monitoringbericht Energie der Zukunft. Zitiert nach »Hintergrundpapier zur Energieeffizienzstrategie Gebäude«, Prognos, ifeu, IWU (2015), S. 2.
5 Ebd., S. 18.
6 https://de.wikipedia.org/wiki/Lenkungsabgabe_(Schweiz).
7 Siehe ifeu (2016): Defizitanalyse der Bereiche Wärmeerzeugung und -verbrauch.
8 Konkrete Vorschläge hierzu siehe Prognos, ifeu, IWU, a. a. O.
9 Abfallbilanz 2016, Abfallaufkommen nach Wirtschaftszweigen (WZ), destatis.de

Foto: Moritz Strowodka

Ohne Finanzwende keine Grüne Transformation

Von Gerhard Schick

Eine nachhaltige Wirtschaft braucht Investitionen. Aber momentan sind die Finanzmärkte unwillens oder unfähig, das erforderliche Kapital zu mobilisieren. Sie funktionieren weitgehend nur noch selbstbezüglich zur reinen Geldvermehrung und verlieren die Verbindungen zur Realwirtschaft. Es braucht dringend eine Finanzwende, die mit den Zielen nachhaltiger Entwicklung in Einklang zu bringen ist und die Geldanlage transparent macht.

Unsere Gesellschaft steht vor einem großen Umbruch. Die rasch voranschreitende Erwärmung unseres Klimas und die Endlichkeit der natürlichen Ressourcen machen die Wende zu einer nachhaltigen Wirtschaft unumgänglich. Dafür brauchen wir erhebliche Investitionen. Ob es um Erneuerbare Energien geht, Elektromobilität, eine rohstoffeffiziente Industrie oder die Dämmung von Häusern – all dies erfordert viel Finanzkapital.

Die Klimakatastrophe können wir nur mit starken Finanzmärkten abwenden. Finanzmärkte, wie sie sich derzeit darstellen, behindern jedoch die Grüne Transformation, denn sie sind dysfunktional. Sie werden ihren grundlegenden Aufgaben nicht mehr gerecht, Ersparnis und Investition zusammenzubringen, Risiken sinnvoll zu steuern, Zahlungsvorgänge effizient im Interesse der realwirtschaftlichen Akteure abzuwickeln.

Die Wende zu einer nachhaltigen Finanzwirtschaft kennt zwei Großbaustellen: Der Finanzsektor muss, erstens, insgesamt im Verhältnis zur Realwirtschaft kleiner und weniger komplex und selbstreferenziell werden; und er muss weg von der kurzfristigen Renditeorientierung. Der Finanzsektor muss seiner gesellschaftlichen Dienstleistungsfunktion wieder gerecht werden. Dies ist eine notwendige Bedingung für die Grüne Transformation, da es ansonsten nicht gelingen kann, Gelder effizient und stabil in gesellschaftlich sinnvolle Investitionen zu lenken. Diese Voraussetzung reicht jedoch nicht aus.

Darüber hinaus braucht es, zweitens, gezielte Regeln für die systematische Berücksichtigung ökologischer und sozialer Risiken, die dafür sorgen, dass Gelder über die Finanzmärkte in nachhaltige Investitionen fließen. Diese Finanzwende für eine krisenfeste und nachhaltige Finanzwirtschaft soll im Folgenden kurz skizziert werden.[1]

Wege zu einer krisenfesten Finanzwirtschaft

Zunächst zur notwendigen Bedingung. Die Finanzbranche in ihrer jetzigen Verfassung lässt eine Wende in Richtung der Grünen Transformation nicht zu, weil sie zu krisenanfällig ist. Mehrere Maßnahmen sind nötig, um die Resilienz des Systems zu erhöhen.

Banken gesundschrumpfen

Der Finanzsektor ist nach der Krise kaum geschrumpft. Die Bilanzsummen der großen US-Banken sind im Fall von Wells Fargo und J. P. Morgan sogar angewachsen, die von Letzterer auf den gewaltigen Betrag von 2,4 Billionen Dollar. Die Finanzwende wird eine Illusion bleiben, solange wir das Too-big-to fail-Problem nicht gelöst haben. Acht Jahre nach Beginn der Finanzkrise sind große Banken noch immer in der Lage, die Politik zu erpressen. Marktakteure wissen, dass der Staat eine systemrelevante Großbank im Falle einer Schieflage stützen muss. Daher genießt die Bank eine implizite Staatsgarantie und kann sich am Kapitalmarkt günstiger refinanzieren. Sie zahlt geringere Risikoprämien als notwendig. Das ist eine versteckte Subvention und verzerrt den Wettbewerb gegenüber kleineren Banken. Laut Weltwährungsfonds summiert sich der Finanzierungsvorteil jährlich auf über 200 Milliarden Euro für Europas Großbanken.

Die Kosten der impliziten Staatsgarantie sind im Schadensfall erheblich. Irland musste zwischen 2008 und 2011 mehr als 40 Prozent seines BIP zur Stützung seiner Banken aufwenden. In Griechenland war es mehr als ein Viertel des BIP und in Deutschland waren es immerhin 16 Prozent. Diese Externalisierung von Kosten muss beendet werden: Nutzen und Gefahr gehören zusammen. Wer Gewinne einstreichen will, muss auch für Verluste aufkommen. Beginnend mit Standard Oil, lehrt die Geschichte des Kartellrechts, dass die Entflechtung von schädlichen Konzerngiganten gelingen kann. Bei Banken, die bereits so groß sind, dass sie ein nicht mehr beherrschbares Risiko darstellen, muss proaktiv eingegriffen werden. Nicht zuletzt brauchen wir harte, aber einfache Regeln, die Banken dazu zwingen, ihre Geschäfte mit mehr Eigenkapital zu unterlegen; wir brauchen eine Schuldenbremse für Banken: eine einfache, aber harte Eigenkapitalquote. Der Wissenschaftliche Beirat beim Bundeswirtschaftsministerium hat dazu beispielsweise Vorschläge gemacht. Sinnvoll wäre es, 10 Prozent der risikoungewichteten Bilanzsumme als langfristige Zielmarke schrittweise zu erreichen. Es geht um das, was man im englischsprachigen Raum »Boring Banking« nennt: nämlich Banken, die als Dienstleister der Realwirtschaft agieren. Dazu brauchen wir mittelfristig auch ein eigenes Aufsichtsregime für kleine Banken mit einfachem Geschäftsmodell. Diese sollen mit harten, aber einfachen und damit zu bewältigenden Auflagen reguliert und nicht durch Regeln, die für Großbanken erdacht wurden, benachteiligt werden.

Handel entschleunigen und transparenter machen

Der Finanzsektor bezieht sich immer stärker auf sich selbst. Die großen Banken sind nicht etwa deshalb so riesig, weil sie so viele Kredite an Unternehmen oder Haushalte vergeben. Bei der Deutschen Bank zum Beispiel macht das klassische Kreditgeschäft weniger als ein Viertel des gesamten Geschäftsvolumens aus. Den weitaus umfassenderen Teil ihrer Aktivitäten macht der Handel mit Wertpapieren aus, die sie meist nur kurze Zeit auf ihrer Bilanz halten, und vor allem mit Derivaten, also denjenigen schwer zu bewertenden Finanzinstrumenten, die Warren Buffett als »Zeitbomben« und »finanzielle Massenvernichtungswaffen« bezeichnet hat.

Die Verbindungen zur Realwirtschaft werden zusehends gekappt. So lassen sich 80 Prozent der Preisbildung auf dem Aktienmarkt auf das Verhalten anderer Finanzmarktteilnehmer zurückführen. Ein gutes Beispiel dafür ist der Hochfrequenzhandel: Die Akteure sind nur darauf aus, durch immer schnellere Computer Zeitvorsprünge im Millisekundenbereich zur Profitsteigerung zu nutzen und gleichzeitig völlig abgekoppelt von der Realwirtschaft zu agieren. Wir haben es hier mit Händlern zu tun, die sich nur noch auf andere Händler beziehen und gleichzeitig einen enormen Anteil des heutigen Handels ausmachen. Im Devisenhandel gehen bereits ca. 50 Prozent der Transaktionen auf ihr Konto. An der Deutschen Börse ist der Hochfrequenzhandel für rund 40 Prozent des Aktienhandels verantwortlich. Ähnliche Tendenzen, sich völlig von der Realwirtschaft abzukoppeln, lassen sich an vielen anderen Stellen beobachten – sei es bei der Nahrungsmittelspekulation, der Immobilienspekulation oder auch bei den Managergehältern und Bonuszahlungen.

Gesellschaftlich relevante Investitionen sind langfristige Investitionen. Die Kurzfristrenditen, die heute einen Großteil der Transaktionen ausmachen, wollen wir unterbinden. Dazu brauchen wir endlich eine umfassende Finanztransaktionssteuer, die auch Devisen- und Derivatehandel mit einbezieht und relevant besteuert. So könnte Deutschland, vorsichtig geschätzt, jährlich 18 Milliarden Euro einnehmen. Gleichzeitig wollen wir Hochfrequenzhandel und Nahrungsmittelspekulation eindämmen. Zum Beispiel durch eine komplette Umstellung des Handels auf feste Zeitintervalle, in denen »orders« ausgeführt werden (sogenannte »frequent batch auctions«). Schon eine Reduzierung auf eine Transaktion *nur jede Sekunde* würde helfen; besser wäre eine Transaktion *pro Minute*. Weitere notwendige Schritte zur Eindämmung von Kurzfristrenditen sind die Einführung einer »Strafsteuer« auf kurzfristige Refinanzierung (außer bei Kundeneinlagen) und Aktionärsrechte an Haltedauern zu knüpfen.

Trotz all dieser Maßnahmen werden Produkte bleiben, die so undurchsichtig sind, dass sich das Risiko von außen kaum abschätzen lässt. Viele dieser Produkte sind allein deshalb so kompliziert konstruiert, damit potenzielle Abnehmer getäuscht werden. Solche intransparenten Produkte sind gänzlich zu verbieten. Die BaFin muss die ihr gegebene Verantwortung wahrnehmen und den Verkauf von für Verbraucherinnen und Verbraucher ungeeigneten Produkten unterbinden. Aber der Weg für die Aufsicht ist langwierig und mühsam, wenn für jedes einzelne intransparente oder schädliche Produkt ein Vertriebsverbot zu erlassen ist. Bei großen Produktgruppen wie den Zertifikaten ist gute Gesetzgebung effizienter als punktuelles Eingreifen der Aufsicht.

Finanzverbrechen aufklären und unterbinden
Die Finanzmärkte sind offen für illegale und halblegale Praktiken. Dies ist nicht nur ein Problem der Justiz, es ist auch ein wirtschaftspolitisches Problem. Denn durch die Praktiken werden ehrliche Marktteilnehmer und gesellschaftlich wichtige Investitionen verdrängt. Ein Beispiel: Wenige Superreiche und große Banken haben mit sogenannten Cum-Ex-Geschäften zehn Jahre lang eine Gesetzeslücke genutzt und den Steuerzahler geschätzt um mindestens 12 Milliarden Euro geprellt. Ein weiteres Beispiel: Deutschland gilt international als Paradies für Geldwäsche. Kriminelle Organisationen, Terroristen und korrupte Autokraten nutzen Deutschland, um Gelder zu waschen und zu investieren. Mangelnde Bekämpfung der Geldwäsche erleichtert den Drogen- und Menschenhandel und die Terrorismusfinanzierung. Die großen Bankhäuser sind bei Finanzverbrechen nicht nur Gehilfen, sondern auch Täter. Die Deutsche Bank musste sich in den letzten Jahren wegen der Manipulation des sogenannten Libor-Referenzzinssatzes verantworten. Der Libor hat großen Einfluss auf eine Vielzahl anderer Finanzmarktgeschäfte. Die Liste ließe sich fortsetzen. Das Geld, das durch diese Aktivitäten falsch gesteuert wird oder verloren geht, fehlt letztlich für sinnvolle Investitionen.

Finanzmärkte krisenfest zu machen, bedeutet zum einen, kompromisslos gegen legale und halblegale Machenschaften vorzugehen, die die Allgemeinheit um viel Geld bringen. Cum-Ex-Geschäfte und andere Wirtschaftsverbrechen, mit denen der Allgemeinheit Milliarden Euro entwendet wurden, müssen schonungslos aufgeklärt werden. Und Bund und Länder müssen wirksam gegen Geldwäsche vorgehen. Die Mafia der Gegenwart kennt keine Landes- und Staatengrenzen und nutzt bürokratische Hürden gezielt aus, um der

Strafverfolgung zu entgehen. Geldwäschesachverhalte sind regelmäßig länderübergreifend und bedienen sich zunehmend moderner Informationstechnologien wie Blockchain oder des Dark-Nets, um illegale Gelder zu verschleiern und zu investieren. Um bei der Strafverfolgung Anschluss halten zu können, muss eine Bundesbehörde für Geldwäschebekämpfung im Nichtfinanzbereich geschaffen werden und die Kooperation mit unseren europäischen Partnern verstärkt werden. Im Finanzbereich muss die BaFin mit genug Geld und Personal ausgestattet werden, um ihren Aufgaben besser als bisher nachkommen zu können und Betrügern auf Augenhöhe zu begegnen.

Verbrauchermacht stärken

Um ein Gegengewicht zur Marktmacht der großen Konzerne und Finanzinstitute zu schaffen, muss die Position von Verbraucherinnen und Verbrauchern gestärkt werden. Diese Notwendigkeit ist nicht zuletzt durch die massiven Probleme bei der Riesterrente auch einem breiteren Publikum bewusst geworden. Dazu brauchen wir mindestens eine deutliche Einschränkung der provisionsgetriebenen Beratung. Die Alternative ist die unabhängige Beratung, die wir stärken wollen, um Interessenkonflikte bei der Beratung zu unterbinden. Außerdem darf gegenüber Kunden nur mit der Nettorendite von Produkten geworben werden, das heißt mit der tatsächlichen Rendite nach Abzug aller Kosten. Die Kosten bei der Riesterrente sollte man deckeln und ein staatlich bereitgestelltes Basisprodukt als transparente Alternative für den Verbraucher einführen. Zusätzlich muss die Finanzaufsicht ihre Zuständigkeit für den kollektiven Verbraucherschutz effektiv wahrnehmen; die Rechtsposition der Verbraucherinnen und Verbraucher muss gestärkt werden, damit sich Falschberatung und Betrug am Finanzmarkt nicht lohnen.

Wege zu einer nachhaltigen Finanzwirtschaft

Die Krisenanfälligkeit der Finanzbranche zu reduzieren, ist notwendig, reicht jedoch nicht aus, um die Finanzwende zu vollziehen. Wir brauchen zusätzlich Regeln, die eine systematische Berücksichtigung ökologischer und sozialer Kosten im Finanzsystem sicherstellen, damit auch längerfristige Risiken ordentlich bewertet und eingepreist werden.

Treibhausgasemissionen sind ein wichtiger Bereich, in dem die Bepreisung langfristiger Risiken im Finanzmarkt nicht adäquat funktioniert. Milliardenbeträge sind über Kredite, Anleihen und Aktien in Unternehmen investiert, deren Geschäftsmodell im Wesentlichen auf der Ausbeutung fossiler Brennstoffe beruht. In der Vergangenheit versprachen solche Investitionen gute Renditen. Doch mit der wachsenden Dringlichkeit des Klimaschutzes werden solche Geschäfte immer riskanter. Denn im Pariser Klimaabkommen vereinbarten die Vertragsstaaten, die menschengemachte Erwärmung der globalen Mitteltemperatur bei deutlich unter 2 Grad Celsius zu stabilisieren. Etwa 80 Prozent der bekannten fossilen Brennstoffe werden dafür im Boden bleiben und ihren Wert verlieren müssen. Den Betreibern von Kohlekraftwerken & Co. erodiert daher zunehmend die Geschäftsgrundlage.

Trotzdem fließt weltweit weiterhin das meiste Geld in den fossilen Sektor. So schätzt die Internationale Energie-Agentur, dass 2015 rund 900 Milliarden US-Dollar in die Förderung von Kohle, Öl und Gas investiert wurden. Kraftwerksinvestitionen kommen noch hinzu. Das entspricht der Hälfte aller Investitionsflüsse im Energiesektor (siehe Abbildung 1). Laut Weltklimarat der Vereinten Nationen wäre jedoch das Gegenteil sinnvoll: Eine kosteneffektive Stabilisierung des Klimasystems bei +2 °C erfordert durchschnittlich einen jährlichen Investitionsabfluss (gegenüber Referenzszenario) aus dem fossilen Sektor von knapp 400 Milliarden US-Dollar. Fossile Unternehmen wetten mit ihren Investitionen einerseits auf die Unfähigkeit von Politik und Gesellschaft, das selbstgesteckte Klimaziel zu erreichen, andererseits ignorieren sie offensichtliche Erfolge bei der Kostenentwicklung Erneuerbarer Energien. Einer wird die Zeche letztlich zahlen müssen – die Energiekonzerne oder aber die Bürgerinnen und Bürger mit ihren Steuern, Ersparnissen und ihrer Gesundheit.

Es besteht dringender Handlungsbedarf, damit es keine abrupten Strukturbrüche gibt. Der Übergang in eine nachhaltige Finanzwirtschaft muss verantwortungsvoll gestaltet werden. Im Umfeld des Pariser Klimagipfels hatten private Investoren mit einem verwalteten Kapital von 3,4 Billionen Euro zugesagt, aus fossilen Investitionen auszusteigen. Um eine effiziente Kapitalallokation im Finanzmarkt sicherzustellen, muss zunächst Klarheit darüber geschaffen werden, wie treibhausgasintensiv Firmen und die mit ihnen verbundenen Kapitalströme sind.

Transparenz herstellen

Finanzwende heißt, das Finanzsystem mit den Zielen nachhaltiger Entwicklung in Einklang zu bringen. Anleger müssen dazu in die Lage versetzt werden, die öko-sozialen Risiken im Finanzmarkt ordentlich zu bewerten. Transparenz entsteht durch vier aufeinander aufbauende Maßnahmen: der Einführung von Messstandards für Nachhaltigkeit, Berichtspflichten für Unternehmen, einem staatlichen Nachhaltigkeitssiegel und der Hinweispflicht in der Anlageberatung.

Zunächst zu den Messstandards: Um beispielsweise Klimarisiken in Finanzanlagen zu bewerten, muss man messen, inwiefern ein Unternehmen eine Dekarbonisierung seines Geschäftsmodells vorantreiben kann und wird. Wichtige Maßzahlen in diesem Kontext könnten sein: die Treibhausgasintensität von Lieferkette, Produktion und Produktnutzung sowie die Investitionen in Forschung und Entwicklung klimafreundlicher Produktion und Produkte. Jede dieser Maßzahlen kann auf die unterschiedlichsten Weisen berechnet werden. Vorstände großer institutioneller Anleger wie Allianz und Axa fordern die Politik deshalb dazu auf, endlich für vergleichbare Berichtstandards für Unternehmen in Bezug auf Klimarisiken zu sorgen.

Im zweiten Schritt erfordert Transparenz verbindliche Berichtspflichten. Wissen muss verfügbar sein. Laut einer Emnid-Umfrage fanden 86 Prozent der Befragten die Berücksichtigung von Umwelt- und Menschenrechtsaspekten bei der Veranlagung ihrer Pensionsgelder wichtig oder sogar sehr wichtig. Es ist daher unerfreulich, dass der Gesetzgeber zum 1.1.2017 die bis dahin bestehende vorvertragliche Informationspflicht über ethische, soziale und ökologische Belange bei staatlich geförderten Altersvorsorgeprodukten gestrichen hat. International wirbt die Bundesregierung für mehr Transparenz bei Klimarisiken im Finanzmarkt, zuhause verschlechtert sie bestehende Standards.

Nach Einführung umfassender Berichtspflichten auf Grundlage klar definierter Indikatoren für ethische, soziale und ökologische Belange ist ein dritter wichtiger Schritt zu definieren, ab wann ein Finanzprodukt insgesamt als »nachhaltig« bezeichnet werden darf. Die abgeschaffte Berichtspflicht bei der staatlich geförderten Altersvorsorge war ohnehin weitgehend wirkungslos, weil unklar blieb, was »nachhaltig« bedeutet. Welche wirtschaftlichen Sektoren müssen bei der Kapitalanlage ausgeschlossen oder einbezogen werden? Ab wann gilt ein Unternehmen als Rüstungskonzern, ab 10 Prozent Umsatzanteil oder bei 30 Prozent oder mehr? Solange der Begriff »nachhaltig« nicht definiert ist, bleibt es für Anleger und Anlegerinnen schwer, den Vorteil dieser Anlage zu erkennen.

Das Informationsproblem scheint vergleichbar mit der Lage auf dem deutschen Lebensmittelmarkt vor Einführung des staatlichen Bio-Siegels. Seit der Staat jedoch regelt, was »bio« ist und was nicht, steigt das Vertrauen in diesen Markt und damit auch die Nachfrage. Nötig ist deshalb eine Definition von Mindestkriterien für nachhaltige Geldanlagen, die den Ausschluss von bestimmten Investitionszielen beinhalten. Das heißt, dass zum Beispiel Investitionen in Rüstung, Anti-Personenminen und Streumunition, fossile Brennstoffe und Atomkraft ausgeschlossen sind, Normen wie die ILO-Kernarbeitsnormen und Umweltstandards eingehalten werden und Kinderarbeit untersagt sein muss. Um die Mindestkriterien auf dem Stand neuester Erkenntnisse zu halten, etwa über Klimawandel oder internationale Rüstungsabkommen, bedarf es einer Kommission, etwa in Form eines Ethikrates, die sie regelmäßig überprüft und aktualisiert.

Ein weiterer Schritt für mehr Transparenz besteht darin, regelmäßig auf die Möglichkeit einer nachhaltigen Geldanlage hinzuweisen.

Viele Anleger wissen gar nicht, dass ihre Altersvorsorge in Waffenhersteller investiert wird und dass es eine ethische Alternative dazu gibt. Richtig wäre es, dass in jedem Beratungsgespräch die Frage gestellt wird, ob die Verbraucherin oder der Verbraucher Wert darauf legt, dass Nachhaltigkeitskriterien berücksichtigt werden. Um dies zu ermöglichen, müssen diese Aspekte bereits in die Ausbildung von Finanzberaterinnen und Finanzberatern einfließen.

Öffentliche Gelder nachhaltig anlegen

Transparenz ist die Vorrausetzung gut informierter Anlageentscheidungen. Private können sich weiterhin innerhalb des legalen Rahmens gegen eine nachhaltige Anlage entschließen; wichtig ist, dass dies bewusst geschieht. Für öffentliche Gelder ist Nachhaltigkeit jedoch keine Option, sondern Gebot; dies aufgrund direkter und indirekter Ziele staatlichen Handelns am Kapitalmarkt.

Zunächst zu den indirekten Zielen. Derzeit handelt der Staat auf einer systemischen Ebene in hohem Maße inkonsistent. Einerseits gibt er sich Nachhaltigkeitsziele, andererseits fließen öffentliche Gelder in Aktivitäten, die diese Ziele konterkarieren, indem beispielsweise die Versorgungsrücklage des Bundes in treibhausgasintensive Sektoren investiert wird. Volkswirtschaftlich ergibt das keinen Sinn. Verbindliche Mindestkriterien wären hier nötig, damit der Staat nicht Investitionen fördert, die die Erreichung selbstgesteckter Ziele verteuern.

Doch wie sieht es aus, wenn man die Systemgrenze enger zieht und allein auf das direkte Ziel der Finanzanlage abstellt, nämlich ein ausgewogenes Verhältnis von Rendite und Risiko für den Investor? Die empirische Evidenz am Markt zeigt: Auch dann ist Nachhaltigkeit geboten. Laut einer umfangreichen Studie von Morgan Stanley von 2015 für den US-amerikanischen Finanzmarkt erwirtschaften Nachhaltigkeitsfonds zu 64 Prozent in den betrachteten Zeiträumen eine gleich hohe oder höhere Rendite als konventionelle Produkte. Die Volatilität, ein Risikomaß, war dabei gleich hoch oder geringer als bei konventionellen Produkten. Investitionen in nachhaltige Finanzprodukte sowie die betreffenden Firmen sind tendenziell ertragsstärker und risikoärmer als konventionelle Finanzanlagen. Eine Meta-Studie aus dem gleichen Jahr, die über 2.000 Einzelstudien auf den Zusammenhang von Nachhaltigkeit und unternehmerischen Erfolg untersuchte, kommt zum selben Ergebnis. Wollte der Staat seine treuhänderischen Pflichten beim Verwalten öffentlicher Vermögen erfüllen, müsste er nachhaltig anlegen.

Ein ähnliches Bild zeigt der europäische Aktienmarkt (siehe Abb. 1), mit wichtigen Implikationen für die Altersvorsorge der deutschen Beamtenschaft. Anlagen in Aktien nachhaltig arbeitender Unternehmen (zusammengefasst im Euro Stoxx ESG Leaders 50) erzielten über die letzten Jahre eine deutlich bessere Rendite als Anlagen in konventionell wirtschaftende Unternehmen (zusammengefasst im Euro Stoxx 50). Diese Erkenntnis ist brisant, denn der Aktienanteil öffentlicher Kapitalanlagen wie etwa die Versorgungsrücklage für Beamtenpensionen des Bundes und auch der meisten Länder orientiert sich am konventionellen Index Euro Stoxx 50. Weil die öffentliche Hand nicht nachhaltig investiert, müssen Beamte Einbußen bei ihren Altersbezügen hinnehmen und/oder es müssen die Steuerzahler die Deckungslücken stopfen. Ausnahme: das Land Hessen, das seine Versorgungsrücklage bereits seit 2012 in den Euro Stoxx ESG Leaders 50 investiert. Die mit der Altersvorsorge verbundenen Kapitalströme können einen wichtigen Beitrag zur Grünen Transformation leisten.

Abbildung 1   Die Kursentwicklung europäischer Aktien in den letzten drei Jahren
Quelle: www.stoxx.com

Ohne Finanzwende keine Grüne Transformation   **149**

Nachhaltigkeit im Kreditgeschäft

Eine weitere Großbaustelle der Finanzwende betrifft das klassische Kreditgeschäft öffentlicher Banken. Mit knapp 400 Milliarden Euro Ausleihe ist die Sparkassen-Finanzgruppe der wichtigste Kreditgeber der inländischen Wirtschaft. Ein Teil dieses Geldes fließt heute noch in Wirtschaftsbereiche, die hohe soziale Kosten generieren wie etwa die Herstellung von Dieselmotoren. Diese Kosten müssen dann an anderer Stelle beglichen werden, im Beispiel durch höhere Krankenkassenbeiträge. Deshalb sollten sich öffentliche Banken wie die KfW, Sparkassen und Landesbanken an der offiziellen Nachhaltigkeitsstrategie der Bundesregierung orientieren. Durch eine klare Ausrichtung auf Nachhaltigkeit im Kreditgeschäft und in anderen Geschäftsbereichen können sie die Finanzwende an entscheidender Stelle voranbringen.

Es entbehrt daher nicht einer gewissen Ironie, dass die Neufassung der Nationalen Nachhaltigkeitsstrategie durch die Bundesregierung mit keiner Silbe den Beitrag der Finanzmärkte thematisiert. Dabei liegt auf der Hand, dass die Energiewende, die Agrarwende, die Verkehrswende und viele andere Großbaustellen der Grünen Transformation nur gelingen können, wenn die Finanzwirtschaft das hierfür notwendige Kapital bereitstellt. Die Finanzwende muss kommen.

Anmerkungen

1 Für eine umfassendere Darstellung der Argumente siehe Giegold, Sven/Philipp, Udo/Schick, Gerhard (2016): Finanzwende – Den nächsten Crash verhindern. Berlin.

Mobilität: Der Veränderungsdruck ist dramatisch

Von Weert Canzler und Andreas Knie

Verkehr ist mehr als Autoverkehr. Aber gerade die Autoindustrie spielt in Deutschland eine enorme wirtschaftliche Rolle. Und jetzt steht diese Mega-Branche vor gewaltigen Veränderungen: Elektroantriebe, scharfe Emissionsgrenzwerte in den Kommunen und neue Konkurrenz durch globale Software-Konzerne. Ob sie diese Herausforderung besteht, ist völlig offen. Klarer ist, wie die Zukunft der Mobilität aussehen wird.

Die Autoindustrie ist eine der Schlüsselindustrien Deutschlands. Ein großer Teil des Exports und Millionen Arbeitsplätze hängen an ihr. Gleichzeitig gehört der Verkehrssektor zu den größten Treibhausgasemittenten und Rohstoffverbrauchern in Deutschland und weltweit. Ohne Zweifel müssen die Emissionen auch in diesem Sektor in den nächsten Jahrzehnten auf »null« sinken; eine Dekarbonisierung des Verkehrs ist unvermeidlich.

Die Ausgangsposition ist jedoch nicht gerade einfach: Die Treibhausgasemissionen des Verkehrssektors – und das ist zu über 80 Prozent der motorisierte Individual- sowie der Güterverkehr – stagnieren seit Jahren, während in allen anderen Sektoren Reduktionserfolge zu verzeichnen sind (siehe Abbildung 1). Schuld an dieser ernüchternden Bilanz sind neben einem weiteren moderaten Wachstum des Verkehrsaufwands vor allem die Aufrüstung der Fahrzeugmotoren, die Segmentverschiebung von der Klein- und Mittelklasse hin zu spritfressenden SUVs sowie ein seit Jahren stagnierender Anteil der Erneuerbaren Energien an den Kraftstoffen. Auch hier das gleiche Bild: Während im Strom- und mit einigem Abstand auch im Wärmesektor der Anteil der emissionsarmen Erneuerbaren Energien in den letzten Jahren gestiegen ist, verharrt er im Verkehr bei dürftigen 5 Prozent (siehe Abbildung 2). Der Druck für die Fahrzeughersteller, auf dem Weg der Dekarbonisierung voranzukommen, steigt also enorm.

Mobilität: Der Veränderungsdruck ist dramatisch **153**

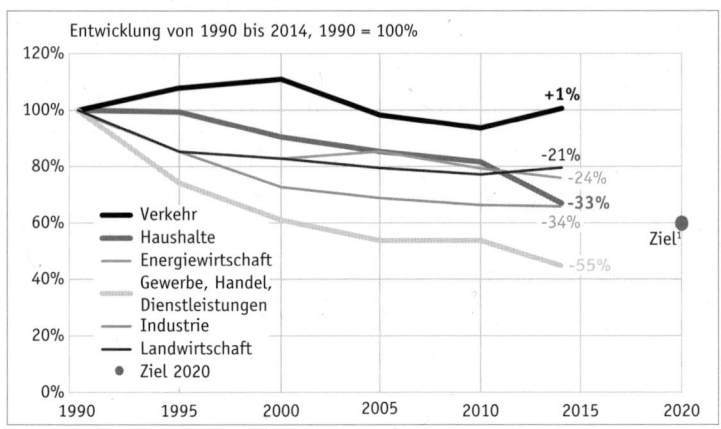

Abbildung 1 Treibhausgasemissionen in Deutschland nach Sektoren; 1990 = 100 %
Quelle: Allianz pro Schiene, Datenbasis UBA März 2015.

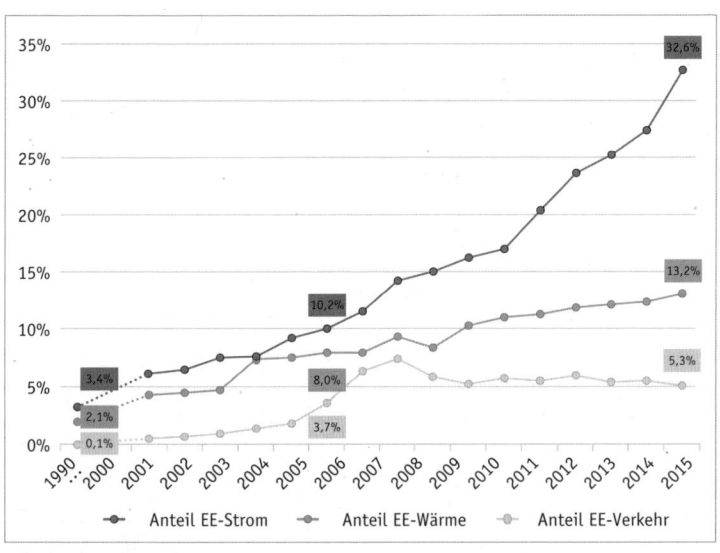

Abbildung 2 Anteil der Erneuerbaren Energien am Bruttostromverbrauch in Deutschland für die Sektoren Strom, Wärme und Verkehr
Quelle: Bundesministerium für Wirtschaft und Energie, Datenbasis AGEE-Stat, Stand: Februar 2016

Festhalten an einer Sackgassentechnik

Der Verkehr ist zu über 90 Prozent vom Öl abhängig und darum von der notwendigen Transformation zu einer postfossilen Ökonomie besonders betroffen. Die Herausforderungen sind im Weißbuch der Europäischen Kommission von 2011 klar beschrieben: Bis spätestens 2050 müssen die Treibhausgasemissionen im Verkehr um mindestens 60 Prozent gegenüber dem Stand von 1990 reduziert werden. Schon bis 2020 sollen die verkehrsbedingten CO_2-Emissionen um 20 Prozent gegenüber dem Vergleichsjahr 2008 sinken.[1]

Zwar ist die E-Mobilitäts-Rhetorik der Autohersteller seit einigen Jahren kaum zu überhören, faktisch jedoch waren die Forschungs- und Entwicklungsaktivitäten – mit der Ausnahme von BMW, wo mit dem I3 und dem I8 eine eigene E-Auto-Linie im sogenannten »purpose design« entwickelt wurde – eher bescheiden. Nach wie vor wird in der Autoindustrie vor allem an der Optimierung der konventionellen Antriebstechnik gearbeitet. Dabei stehen die Verbrauchsreduktion und die Minimierung von Schadstoffemissionen im Vordergrund. Allerdings werden die Einsparerfolge bei Antriebsaggregaten und durch Leichtbau von der verbreiteten PS-Zunahme, von mehr und schwereren Zusatzausstattungen und durch immer mehr Sport Utility Vehicles (SUV) weitgehend kompensiert. Außerdem liegen die tatsächlichen Alltagsverbräuche und die Ergebnisse der zertifizierten Verbrauchstests teilweise weit auseinander.[2]

Schließlich hat der Dieselgate-Skandal gezeigt: Zusätzliche Effizienzgewinne sind in der Verbrennungsmotortechnik nur noch mit erheblichem Aufwand zu erzielen, nach mehr als hundert Jahren ist die Technik ausgereift und bleibt gegenüber der Elektromobilität im Nachteil, denn der Verbrennungsmotor hat einen Gesamtwirkungsgrad von bestenfalls 20 Prozent, während die direkte elektrische Energiewandlung 70 Prozent seiner   potenziell regenerativ erzeugten – Primärenergie ausnutzt und sogar die Brennstoffzelle noch auf einen Gesamtwirkungsgrad von 26 Prozent kommt.[3] Schon aus Klimaschutzgründen hat also die Verbrennungsmotortechnik keine Zukunft, sie ist offenkundig eine Sackgassentechnik.

Biodiesel ist keine Option mehr

Um den Verkehr zu dekarbonisieren, ist es unerlässlich, seine Elektrifizierung voranzutreiben. Da eine Substitution der fossilen durch biogene Kraftstoffe in großem Maßstab aufgrund von Nutzungskonkurrenzen von landwirtschaftlichen Flächen nicht zu erwarten und auch nicht wünschenswert ist, wird der Energiebedarf des Verkehrs zunehmend mithilfe von regenerativ erzeugtem Strom gedeckt werden müssen. Da werden sich voraussichtlich batterieelektrisch betriebene Fahrzeuge und Fahrzeuge, die mit Kraftstoffen auf der Basis von den Verfahren »power to liquid« und »power to gas« betankt werden, ergänzen.

Für kurze Strecken hat die direkte Stromnutzung in der Elektrotraktion den größten Vorteil, während für längere Strecken und auch in Lkws und Fernbussen Energieträger wie synthetische Gase oder Wasserstoff mit einer gegenüber der Batterie deutlich höheren Energiedichte sinnvoller sind. Statt einer vermeintlichen Konkurrenz zwischen den postfossilen Antriebsvarianten ist vielmehr davon auszugehen, dass von verschiedenen technischen Konzepten ganz unterschiedliche Anwendungssektoren abgedeckt werden können. Das gilt im Übrigen auch für ihre jeweilige Einbindung im Erneuerbare-Energien-System. Als Speicher haben sie unterschiedliche Rollen: Während Batteriespeicher für eine kurzfristige Balance im Stromnetz nützlich sind und zudem durch gesteuertes Laden kurzzeitige Stromüberproduktionen – wie die Photovoltaik-Mittagsspitze – dämpfen können, erlauben Power-to-X-Verfahren auch eine Speicherung über Tage und Wochen. Methan und Wasserstoff beispielsweise sind zeitlich flexible Speichermedien.

Nicht nur neue Motoren, auch neue Angebote

Doch geht es nicht allein um neue Antriebe und um eine postfossile Energiebasis, sondern auch um neue attraktive Angebote des »Gemeinschaftlichen Verkehrs«: Neben einer Konsolidierung von ÖPNV-Angeboten in vielen Städten, vor allem durch verbesserte

Stadt- und Regionalbahnverbindungen, neue Straßenbahnen sowie eine Beschleunigung von Bussen durch eigene Spuren und Ampelvorrangschaltungen, geht es eben auch um neue Sharing-Angebote wie Carsharing und Public-Bike-Services. In der gelungenen Integration von ÖPNV und zusätzlichen Auto- und Fahrradleihangeboten können die Mobilitätsbedürfnisse der Stadtbewohner zu einem großen Teil abgedeckt werden, so kann auch die »letzte Meile« in vielen Wegeketten ohne eigenes Auto bewältigt werden. Hinzu kommen Ride-Sharing-Plattformen, die ein einfaches und kostengünstiges Mitnehmen von Fahrgästen in Mietfahrzeugen und/oder privaten Fahrzeugen vermitteln. Hier tummeln sich derzeit neben Global Playern wie Uber, Blabacar oder Gett auch eine Reihe von ambitionierten Startups wie in Deutschland allygator, clever shuttle oder flinc.

Letztlich sind mit einem integrierten intermodalen Verkehrsangebot Netzwerkeffekte zu erzielen, die im bisherigen fahrplan- und haltestellengebundenen ÖPNV nicht zu erreichen waren. Auf mittlere und längere Sicht können auch autonom fahrende Fahrzeuge sowohl dem öffentlichen Verkehr als auch den zusätzlichen Sharing-Diensten weitere Vorteile bescheren. Autonom fahrende Kleinbusse können beispielsweise den ÖPNV zu Tagesrandzeiten oder in schwächer besiedelten Stadtlagen flexibilisieren, weil sie einen »transport on demand« attraktiv machen können. Das Carsharing könnte noch einmal erheblich attraktiver werden, wenn die gemieteten autonomen Fahrzeuge den Kunden abholen und eigenständig ans Ziel bringen oder zumindest sich nach einer aktiven Kundenfahrt selbstständig einen Parkplatz suchen.

Ein zukünftiger nachhaltiger Verkehr bedeutet mehr als einen Wechsel in der Antriebstechnik. Es geht um die Abkehr vom dominanten Leitbild des privaten Autos. Wir beobachten eine Änderung bei den Einstellungen zum Auto, gerade bei den Jüngeren. Der Führerscheinbesitz geht bei den unter 26-jährigen in allen früh industrialisierten Ländern signifikant zurück.[4] Bei der Autoverfügbarkeit als einem weiteren Indikator für eine mehr oder weniger große Autoaffinität sehen wir eine Schere zwischen den Generationen: Während die »Jungen Alten« mit dem Auto alt werden und dort die Autoverfügbarkeit zunimmt, sinkt sie bei den Jüngeren (siehe Abbildung 3).

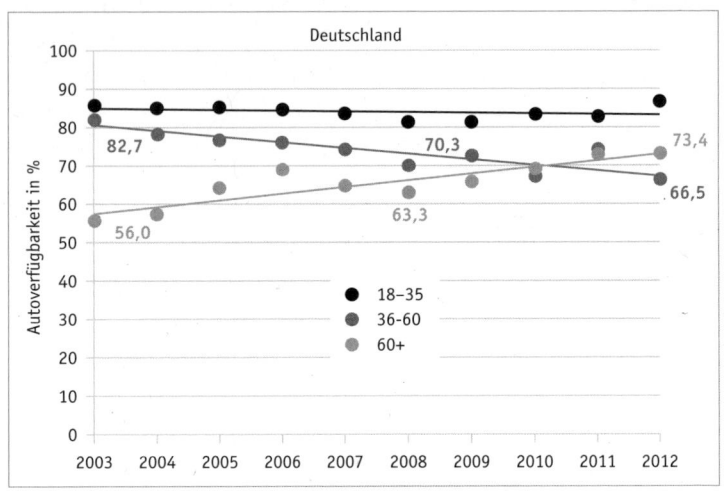

Abbildung 3 Autoverfügbarkeit nach Altersgruppen
Quelle: SRV (2013); Gerd-Axel Ahrens, Dresden 2014

Das Auto hat als Statussymbol und als Instrument des demonstrativen Konsums zunehmend Konkurrenz erhalten. Schicke Mobiltelefone und Computer eignen sich ebenso als Distinktionsmerkmale. Der Bedeutungsverlust des privaten Autos in den früh motorisierten Weltregionen ist offenbar. Doch was ist mit den Regionen, wo die Motorisierung erst ganz am Anfang steht? Trotz des forcierten Aufbaus einer eigenen Autoindustrie und trotz der teils staatlich geförderten Einführung eigener Modelle in China und Indien versprechen die etablierten Marken und Modelle aus den klassischen Wohlstandsregionen des Westens die höchsten Prestigegewinne. Ein Grund dafür ist die anerkannte Qualität der Produkte, aber mindestens so relevant sind das Image und der Markenmythos westlicher Autofirmen. Andererseits sind die digitalen Optionen im Verkehr auch in den Ländern der nachholenden Motorisierung auf dem Vormarsch, und auch Sharing-Angebote erfreuen sich dort wachsender Beliebtheit. Doch gilt diese Tendenz zur Konvergenz in den Konsum- und Präferenzstrukturen auch für neue intermodale Verkehrsangebote und für postfossile Fahrzeuge jenseits der Rennreiselimousine, also des übermotorisierten Allzweckautos? Viel spricht dafür, denn nicht primär die technische Brillanz des Autos, sondern die mit ihm verknüpften kollektiven Erwartungen, Wertschätzungen und Distinktionsgewinne machen seine Attraktivität und Ausstrahlungskraft aus.

Fahrzeuge verlieren durch die Digitalisierung an Bedeutung

Die Digitalisierung ändert alles. Die digitale und die physikalische Welt sind in weiten Bereichen des Alltagslebens bereits eng miteinander verkoppelt. Man schaue zum Beispiel auf das moderne Free-Floating-Carsharing. Seit mehreren Jahren stehen in etlichen großen Städten in Europa und in Nordamerika Mietautos »einfach so« auf der Straße. Ist man einmal registrierter Kunde, kann man sich spontan mittels Smartphone oder Chipkarte Zugang verschaffen und so lange fahren, wie man will. Man stellt das Auto am Ende einfach an einem geeigneten Platz in der gleichen Stadt wieder ab. Die Realisierung dieser flexiblen Form des länger bekannten stationsgebundenen Carsharings war nur möglich, weil das Auffinden der Fahrzeuge mit dem Smartphone einfach und bequem wurde. Ein Blick auf die App zeigt, welche Fahrzeuge wo stehen. Das Angebot ist nur durch die digitalen Medien verfügbar, wenn man nicht zufällig an einem der Fahrzeuge vorbeikommt. Wer über kein Smartphone verfügt, kann die flexiblen Angebote gar nicht erkennen und faktisch auch nicht nutzen. Die ersten Anbieter sind bereits dabei, den Zugang zum Fahrzeug zukünftig ausschließlich mit dem Smartphone zu erlauben.[5]

Zwar ist das Carsharing nur eine Nische und das private Auto nach wie vor der Normalfall. Doch sind die Zuwachsraten der letzten Jahre beeindruckend (siehe Abbildung 4), ein weiteres Wachstum des Free-Floating-Carsharing wird derzeit vor allem durch prohibitive Gebührenforderungen vieler Kommunen für das Parken auf öffentlichen Straßen gebremst. Dies ist verkehrspolitisch geradezu absurd, wenn die gleichen Kommunen von privaten Autonutzern keine oder nur symbolische Gebühren verlangen.

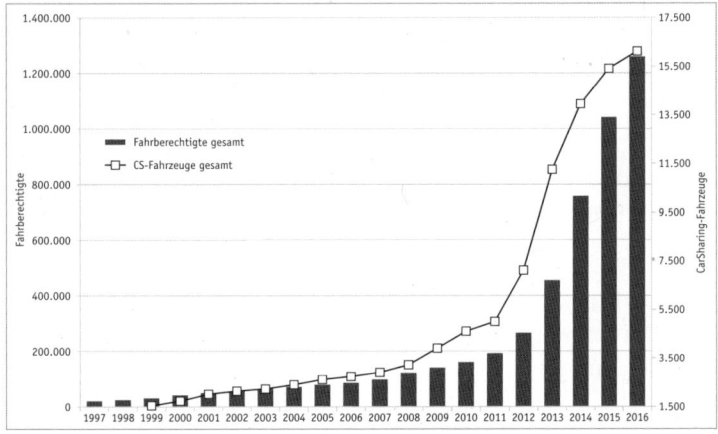

Abbildung 4 Carsharing-Entwicklung in Deutschland
Quelle: bcs (2016).

Das Carsharing-Beispiel zeigt aber nicht nur die Chancen des digitalen Zugangs zu Verkehrsmitteln, es deutet auch eine Revolution in der Verkehrsmittelwahl generell an. Ursprünglich war die physische Beschaffenheit eines Fahrzeugs ein – und oft sogar der wichtigste – Auswahlgrund. Handelt es sich um ein Auto, ein Fahrrad, einen Bus oder die Bahn, die technische Beschaffenheit eines Geräts hatte enorme Auswirkungen auf seine Wahl. Beim Auto waren es darüber hinaus auch noch die Marken, die ein wichtiges Unterscheidungsmerkmal ausmachten. Die Marken bezogen ihre Identität – »Vorsprung durch Technik« oder »Aus Freude am Fahren« – im Wesentlichen auf tatsächlich oder vermeintlich besondere technische Merkmale und Eigenschaften. Der unmittelbare Zugang zu den Verkehrsgeräten war für den Nutzer hinsichtlich Verfügbarkeit, Preis und Qualität möglich. In aller Regel sicherte man sich dann ihre Nutzung durch exklusiven Zugang, also durch Kauf oder Leasing. Das Beispiel des Free-Floating-Carsharing zeigt, dass sich hier ein Wandel auf der Wahrnehmungs- und Entscheidungsebene vollzieht – so ähnlich, wie wir es bei den digitalen Buchungsplattformen für Hotels oder Appartements bereits seit längerem beobachten.

Für die Nutzer von flexiblen Carsharing-Systemen ist es wichtig, hier und jetzt ein Fahrzeug zu bekommen – nicht in einer Stunde und auch nicht morgen. Die Entscheidungen werden in Sekundenbruchteilen getroffen. Das Angebot, jederzeit und fast überall in der Stadt Zugang zu einem Fahrzeug zu bekommen, ändert auch die Sicht auf die Dinge und vor allen Dingen die Bedürfnisstrukturen. Weder die Marke des Fahrzeugs noch die des Carsharing-Anbieters ist dabei noch entscheidend. Der unmittelbare Fahrtenwunsch und dessen sofortige Ermöglichung sind vordringlich.

In der Konsequenz verschieben sich damit nicht nur die Wettbewerbsordnung, sondern auch die Wertschöpfungsanteile. Die Automobilmarken verblassen, Autos werden zu einfachen Gerätschaften, und über ihre Nutzung wird auf einem digitalen Marktplatz entschieden. Eine traditionsreiche, stolze Industrie wie die der Fahrzeugbauer wird über Nacht von kleinen App-Entwicklungsfirmen beherrscht, weil sich schlicht das Steuerungszentrum verschiebt. Es gehört zu den subtilen Wirkungen der digitalen Marktplätze: Wünsche und Bedürfnisse, ja das Konsumverhalten insgesamt, werden durch die Nutzung der Smartphones verändert, ohne dass dies den Einzelnen immer bewusst ist. Mit den digitalen Zugängen lassen sich mittlerweile alle entscheidungsrelevanten Informationen zu sämtlichen Verkehrsoptionen schnell und bequem mit dem Smartphone beschaffen. Das Smartphone wird zum digitalen Schlüssel der intermodalen Welt.

Fahren wird Infotainment

Ist das nicht etwas zu viel Digitalisierungsoptimismus? Schließlich transportiert eine App keinen Menschen von A nach B. Das konkrete Transporterlebnis bleibt relevant und es wird auch in der digitalen Zukunft sicherlich noch Unterscheidungsmerkmale geben.

Es ist etwas anderes, ob man in einem offenen Wagen in einer lauen Sommernacht durch die Landschaft fährt oder in einem vollen Zug dichtgedrängt mit anderen Reisenden unterwegs ist. Aber, so unsere These, das Fahr- und Reiseerlebnis wird von der digitalen Präsenz als bisher dominantes Entscheidungskriterium abgelöst werden. Dies liegt sicherlich auch daran, dass mit Hilfe der digitalen Medien auch das Fahr- und Reiseerlebnis selbst sich ändert. Die Zeit authentischer Erfahrungen wird zunehmend durch das Digitale überblendet, denn gerade die Raumüberwindung wird mehr und mehr dazu genutzt, online zu sein. Fahrten im öffentlichen Nah- und Fernverkehr sind gute Gelegenheiten für Kommunikation und Information, wohlgemerkt nicht mit den Mitreisenden, sondern mit den Freunden und Verwandten irgendwo in der Welt. Außer dem Sonderfall der Urlaubs- und anderen Erlebnisreisen verwandelt sich die Verkehrsmittelnutzung mehr und mehr zu einem ganz individuellen Infotainment.

Ein weiteres Phänomen kommt hinzu. Seit Jahren nimmt in allen großen Städten Europas und Nordamerikas – und zunehmend auch in anderen Regionen der Welt – mit dem Anwachsen der Fahrzeugmengen auch die Kritik an den Nachteilen des Automobils zu.[6] Der enorme Platzverbrauch, aber auch die Belastungen durch Lärm, Abgase sowie der Ausstoß klimagefährdender Treibhausgase sind besonders in der Kritik. Mit der steigenden Zahl der Fahrzeuge wird auch das Fahrerlebnis selbst eingeschränkt. Vielfach weichen Autofahrer auf andere Verkehrsmittel aus oder beginnen zumindest über Alternativen nachzudenken. Besonders hoch im Kurs steht dabei das Fahrrad, gefolgt von den Angeboten des Schienenverkehrs. Die einst zarten Pflanzen der Inter- und Multimodalität sind mittlerweile in den großen Städten ansehnlich gewachsen. In Berlin und Hamburg, aber auch in London, Paris, Zürich oder Kopenhagen beispielsweise ist die Zahl der Menschen, die mehrere Verkehrsangebote nutzen, bereits größer als die Zahl derjenigen, die sich immer nur auf ein Fahrgerät konzentrieren.[7] Der Trend zur Multi- und Intermodalität wird in den großen Städten stärker, obwohl es dafür bisher nur vereinzelt attraktive professionelle Dienstleistungen gibt.

Auch in der Autoindustrie ist die Digitalisierung ein Thema. Aber unter welchen Vorzeichen und mit welchen Zielen? Die Mentalität der Branche bleibt geprägt vom »Gerät Automobil«, der technische Blick dominiert. Die Sicht auf die Welt und auf die Lösung der Probleme der Welt vollzieht sich immer aus und um das Auto herum. Auch die Optionen des Digitalen werden immer nur durch die Windschutzscheibe betrachtet. Die digitalen Möglichkeiten werden als Assistenzhilfen genutzt, mehr und mehr Unterstützungsleistungen lassen sich dabei gut integrieren. Das automatische Parken gilt als nützlich und die vielen digitalen Helfer zum Schutz von Insassen und zur Verbesserung des Fahrkomforts werden gerne gesehen.

Das wirklich automatische, also selbstfahrende Auto wird jedoch von den Herstellern selbst gar nicht proaktiv vorangetrieben. Zwar wird auch die Vernetzung propagiert, gemeint ist dabei aber vor allen Dingen die Kommunikation mit anderen Fahrzeugen, die sogenannte Car2Car-Kommunikation. Ziel ist es, den Verkehrsfluss und die Verkehrssicherheit zu erhöhen. Und angestrebt wird auch, die angedeuteten Unzulänglichkeiten des selbstfahrenden Menschen technisch zu überwachen und im Grenzfall auch korrigieren zu können. Aber eben immer nur als Ausnahme. In der Regel bleibt auch im digitalen Zeitalter die Zukunft der Mobilität in der engen Interpretation der Automobilindustrie das Gerät als Fixpunkt aller Strategien. Dabei kommen die enormen Möglichkeiten des automatisierten Fahrens für die Verknüpfung der Verkehrsmittel und für intermodale Dienstleistungen gar nicht in den Blick.[8] Und die sind eigentlich immens. So lassen sich autonom fahrende Kleinbusse dort als Zubringerfahrzeuge für schnelle Bahnverbindungen einsetzen, wo sich zeitplangebundene Standardbusse niemals lohnen würden. Oder Carsharing-Fahrzeuge könnten mit wenigen Klicks eigenständig zum Nutzer fahren und nach Ende des Tripps sich selbstständig einen Parkplatz suchen. Erste Fahrzeuge wie der »Olli« vom amerikanischen 3-D-Pionierunternehmen local motors sind bereits im Test und Daimler experimentiert mit dem automatisierten Einparken des Car2go-Smarts in Parkhäusern.

Die Aussichten: digital und postfossil

Führt man sich die Probleme der Städte vor Augen, wo eine steigende Zahl an Fahrzeugen knappen Raum in Anspruch nehmen und dabei die Lärm- und Schadstoffemissionen zunehmen, kann man in einem fahrzeugorientierten Innovationsansatz alleine kaum eine Lösung erkennen. Auch die Menge der Fahrzeuge ist ein großes Problem für viele Städte. Das gilt vor allem für die Mega-Cities dieser Welt: Dort ist schlichtweg nicht genug Platz für eine Motorisierung nach amerikanischem oder europäischem Vorbild.

Nur mit neuen sauberen Antrieben lassen sich die dringend benötigten umwelt- und verkehrspolitischen Fortschritte nicht erreichen. Solange ein Privatauto im Durchschnitt mehr als 23 Stunden am Tag nicht genutzt wird, ist auch ein E-Auto vor allem ein Stehzeug, das Platz beansprucht. Eine drastisch höhere Effizienz im Verkehr muss vielmehr das Ziel sein. Gesucht werden Strategien einer besseren Auslastung der Fahrzeuge, einer stärkeren Vernetzung mit anderen Verkehrsmitteln und einer Stärkung des nichtmotorisierten Verkehrs. Genau deshalb setzen fast alle wachsenden Städte sowohl auf einen starken öffentlichen Verkehr als auch auf eine Förderung des Fahrradverkehrs. Nicht nur London, Paris oder New York, auch viele chinesische Millionenstädte investieren massiv in Public-Bike-Systeme und machen es den privaten Autos zunehmend schwerer.

Vor diesem verkehrs- und stadtentwicklungspolitischen Hintergrund sind die möglichen gravierenden Folgen der Digitalisierung im Verkehr zu sehen. Ihr disruptiver Charakter zeichnet sich in den Beispielen des Free-Floating-Carsharings, der digitalen Plattformen und des Autonomen Fahrens bereits ab. Zusätzliche Dynamik erhält der zukünftige Verkehr durch die absehbare Konvergenz zwischen den Sektoren Strom und Verkehr durch die Elektrifizierung auf der Grundlage Erneuerbarer Energien.[9] Weil die Solar- und Windenergien fluktuierend auftreten, brauchen sie Puffer und Speicher, je höher ihre Anteile an der Stromproduktion werden. E-Autos bieten sich als Partner der Erneuerbaren an. Batteriebetriebene E-Fahrzeuge können als Teil von sogenannten »Smart Grids«, intelligenten Stromnetzen, dann Strom aufnehmen, wenn er im Überfluss vorhanden ist, und idealerweise zurückspeisen, wenn er knapp ist.[10] Von Brennstoffzellen betriebene Elektrofahrzeuge können »grünen Wasserstoff« verwenden, der aus überschüssigem EE-Strom gewonnen wird. »Birektionales Laden«, »Vehicle-to-grid« und »power-to-x« heißen hier die Schlagwörter. Eine postfossile Mobilität auf der Basis von »Fast-null-Grenzkosten« im Betrieb[11] setzt allerdings einen hohen Anteil von Anlagen zur Erzeugung Erneuerbarer Energien voraus, die in Smart Grids mit verschiedenen Verbrauchern digital vernetzt sind.

Technisch zeichnen sich in dieser Konvergenzbewegung viele aussichtsreiche Lösungen ab; wirtschaftlich werden diese dann lukrativ, wenn die Erzeugungskosten der Erneuerbaren Energien und die Kosten der Speicher bzw. der Elektrolyse weiter sinken (zur Kostenentwicklung bei den Li-Ion-Batterien siehe Abbildung 5). Das ist zu erwarten, schon in den nächsten Jahren werden Skaleneffekte zu erheblichen Kostenreduktionen führen.[12]

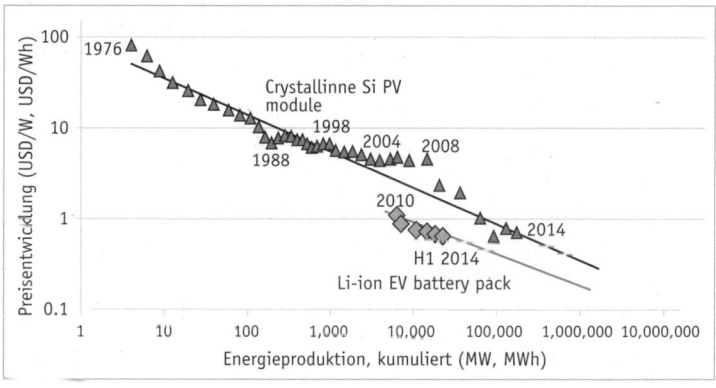

Abbildung 5 Erwartete Kostensenkung bei Lithium-Ionen-Batterien
Quelle: Liebreich (2015).

Insbesondere in einigen asiatischen Ländern wie Japan[13] und China[14] wird intensiv daran gearbeitet. Die entscheidende Frage ist, wie die vernetzten E-Autos genutzt werden. Eine simple Substitution des bisher privat genutzten Universalautomobils mit Verbrennungsmotor durch ein E-Auto ist weder realistisch noch wünschenswert. E-Fahrzeuge, also nicht nur E-Autos, sondern auch Scooter, Pedelec und neue Geräteformate, werden zu Elementen intermodaler Angebote. Sharing-Modelle spielen darin eine zentrale Rolle, erste vielversprechende Erfahrungen gibt es bereits.[15]

Aus der Nische kommen solche Angebote aber nur, wenn die Rahmenbedingungen dafür geschaffen werden. Nötig ist eine Verkehrswende – diese fällt jedoch nicht vom Himmel. Sie kann nur gelingen, wenn die bisherigen Privilegien des privaten Autos – angefangen vom freien Parken im öffentlichen Raum über das Dienstwagenwesen bis hin zur Entfernungspauschale – beschnitten werden und wenn umgekehrt gemeinschaftlich genutzte Autos Vorteile erhalten. Steuerungsmöglichkeiten für die Verkehrswende liegen zwar in erster Linie in den Kommunen und Regionen, diese müssen allerdings sowohl die rechtlichen Befugnisse vom Bund erhalten als auch den Mut aufbringen, oft für selbstverständliche gehaltene Privilegien für private Autobesitzer zu kappen. Das ist nicht einfach, bisher verharrt die Verkehrspolitik – sowohl auf der Bundesebene als auch in den Kommunen – in höchst wirksamen »lock ins«, sprich: in Stagnation.

Am Beispiel der im Mai 2010 von der Bundesregierung eingerichteten »Nationalen Plattform Elektromobilität« (NPE), die international eine hohe Beachtung fand und mehrfach kopiert wurde, zeigt sich, wie schwierig es ist, die Verkehrswende einzuleiten. Um mehr elektrische Fahrzeuge in den Verkehr zu bringen, reichen Technologieprogramme nicht mehr aus – es müssen für die Käufer und Nutzer dieser Fahrzeuge wirkliche Vorteile eingeräumt werden. Die NPE hat eine Reihe von finanz-, ordnungs- und umweltpolitischen Maßnahmen vorgeschlagen, beispielsweise Sonderabschreibungen für Flottenfahrzeuge sowie eine Bevorzugung von E-Fahrzeugen im öffentlichen Raum, die aber von der Politik nicht umgesetzt werden.

Alle Beteiligten scheinen in der »Lock-in«-Situation verhaftet zu sein, die Sicherung ihrer strategischen Interessen erlaubt kaum Veränderungen. Denn Veränderungen gehen immer zunächst zu Lasten des Bestehenden und die möglichen Vorteile bleiben für einen wirksamen Politikansatz zunächst abstrakt. Die Autoindustrie verdient aktuell ihr Geld mit Fahrzeugen, die mit Verbrennungsmotoren ausgestattet sind. Gleichzeitig wird die E-Traktion entwickelt und in kleiner Menge vermarktet; daneben erprobt man Carsharing-Konzepte, um für einen Wandel vorbereitet zu sein, den man selbst aber gar nicht einleiten kann. Staatliche Politik wiederum tut sich schwer, den Funktionsraum der etablierten Antriebsformen einzuschränken, weil damit Eingriffe in die bisherigen Freiheitsrechte verbunden sind. Und die Vertreter der neuen »disruptiven« Industrien können unter den bestehenden Umständen mit einer unterentwickelten Infrastruktur nicht wirklich prosperieren. Die Zivilgesellschaft selbst wiederum ist nicht einheitlich organisiert und daher nicht handlungsfähig. Neue Initiativen sind unter den bestehenden Regelungen nicht realisierbar.

Es mangelt schlicht an »Agenten des Umbaus« und an einem entsprechend moderierten Prozess. In dieser Lage ist die Initiative eines »unabhängigen Dritten« gefragt, der den Paradigmenwechsel forciert. Er kann vor allem dazu beitragen, eine unabhängige Wissensbasis aufzubauen und als neutraler Makler den festgefahrenen Übergang in eine klimaverträgliche Verkehrszukunft zu beschleunigen. Eine neue Initiative muss versuchen, unter dem Dach eines breiten, anschlussfähigen Konsens die vorhandenen Reformpotenziale zu aktivieren. Dahinter steht die Zukunftseinschätzung, dass die technischen und wirtschaftlichen Chancen der E-Mobilität rechtzeitig ergriffen werden müssen. Das ist nicht zuletzt auch ein industriepolitischer Imperativ.

Konkret bedeutet das, die notwendige Elektrifizierung aktiv zu betreiben und dafür die Unterstützung in den verschiedenen Branchen, in der Politik und in der Zivilgesellschaft zu organisieren. Diese Aufgabe will die jüngst ins Leben gerufene »Agora Verkehrswende« leisten.[16] Sie kann Teil einer breiten Verkehrswende-Initiative sein, in der es sowohl um künftige Rahmenbedingungen einer vernetzten postfossilen Mobilität als auch um neue Innovationsräume geht. Eine intelligente Flottenförderung gehört ebenso dazu wie die Erprobung von Speicherleistungen für die Erneuerbare Stromwirtschaft. Dafür braucht es organisierte Gelegenheitsräume, in denen fernab von der strategischen Interessenssicherung Verhandlungen über technische Einsatzkonzepte, politische Rahmenbedingungen und eine neue Verkehrskultur unter kontrollierbaren Bedingungen geführt und am Ziel der Emissionsminderung ausgerichtet werden können. Gleichzeitig muss ein solcher Experimentierraum auch das Versprechen auf den großen Durchbruch (»Tipping Point«) aktivieren können und mit attraktiven globalen Leitbildern verbunden werden.

Sicherlich ist nach wie vor Kalifornien die Weltregion, in der globale Leitbilder entstehen. Doch ist auch hier wie in anderen Regionen Nordamerikas die Dominanz des motorisierten Individualverkehrs weiterhin übermächtig. Gleichzeitig sind dort alle anderen Formen verkehrlicher Praxis – ob zu Fuß, mit dem Fahrrad oder im öffentlichen Nah- und Fernverkehr – so unterentwickelt, dass Blaupausen für die zukünftige Welt einer nachhaltigen Mobilität nicht zu erwarten sind.

In einzelnen Regionen Skandinaviens ist bereits ein hohes Maß an neuer Verkehrskultur entstanden, die die Dominanz des Autos mit Verbrennungsmotor relativiert. Allerdings eignet sich dieser vernunftbasierte Lebensstil nicht ohne Weiteres für eine weltweite Verbreitung.

Vor diesem Hintergrund könnte mit Blick auf verschiedene verkehrspolitische Parameter Europa mit Deutschland, den Niederlanden, Dänemark, der Schweiz und Österreich als zentrale Referenz dienen. Deutschland gilt weltweit als Erfinder des Automobils und der Autobahnen. Wenn ein Umbau der Mobilität in Richtung »Dekarbonisierung« ausgerechnet im Mutterland des Automobils gelingt, wird dem in China und in anderen Regionen der nachholenden Motorisierung vermutlich jene hohe Aufmerksamkeit zuteilwerden, die unsere gemeinsame Zukunft braucht.

Anmerkungen

1 EU-Com (2011) (European Commission): White Paper on transport. Roadmap
   to a Single European Transport Area – Towards a competitive and resource
   efficient transport system. (144 final) Brussels. http://ec.europa.eu/transport/
   themes/strategies/doc/2011_white_paper/white-paper-illustrated-brochu-
   re_en.pdf.
2 Vgl. ICCT (2014): The International Council of Clean Transportation: From
   Laboratory to Road. A 2014 update of Official and »real-world« Fuel Consumption and CO_2 Values for Passenger Cars in Europe, White Paper, September
   2014, Berlin.
3 Vgl. Canzler, Weert/Knie, Andreas (2015): Die neue Verkehrswelt. Mobilität im
   Zeichen des Überflusses: schlau organisiert, effizient, bequem und nachhaltig
   unterwegs. Eine Grundlagenstudie im Auftrag des Bundesverbandes Erneuerbare Energien, Bochum. http://www.bee-ev.de/fileadmin/Publikationen/Studi-
   en/BEE_DieneueVerkehrswelt.pdf.
4 Vgl. Ifmo (2013) (Institut für Mobilitätsforschung): 'Mobility Y' – The Emer-
   ging Travel Patterns of Generation Y. München. http://www.ifmo.de/tl_files/
   publications_content/2013/ifmo_2013_Mobility_Y_en.pdf.
5 Vgl. Canzler, Weert/Knie, Andreas (2016): Die digitale Mobilitätsrevolution.
   Vom Ende des Verkehrs, wie wir ihn kannten, München.
6 Vgl. Dennis, Ken/Urry, John (2009): After the Car, Cambridge.
7 Rode, P./Floater, G./Thomopoulos, N./Docherty, J./Schwinger, P./Mahendra, A./
   Fang, W. (2014): Accessibility in Cities: Transport and Urban Form. NCE Cities
   Paper 03. LSE Cities. London School of Economics and Political Science. http://
   newclimateeconomy.report/wp-content/uploads/2014/11/Transport-and-ur-
   ban-form.pdf; Gehl, Jan (2010): Cities for People, Washington.
8 Siehe dazu: Bertoncello, Michele/Wee, Dominik (2015): Ten ways autonomous
   driving could redefine the automotive world. http://www.mckinsey.com/
   insights/automotive_and_assembly/ten_ways_autonomous_driving_could_re-
   define_the_automotive_world; OECD/International Transport Forum (2015):
   Urban Mobility System. How shared self-driving cars could change city traffic.
   Paris. http://www.internationaltransportforum.org/Pub/pdf/15CPB_Self-dri-
   vingcars.pdf.
9 Siehe ausführlich dazu: Canzler, Weert/Knie, Andreas (2015): Die neue Verkehrswelt; Ecofys (2014): Flexibility options in electricity systems. http://www.
   ecofys.com/files/files/ecofys-eci-2014-flexibility-options-in-electricity-systems.
   pdf; Transport & Environment (2014): Electric Vehicles in 2013: A Progress
   Report. http://www.transportenvironment.org/sites/te/files/publications/Elec-
   tric%20Vehicles%20in%202013_full%20report_final_final.pdf.
10 Vgl. Canzler, Weert/Knie, Andreas (2013): Schlaue Netze. Wie die Energie- und
   Verkehrswende gelingt, München.
11 Rifkin, Jeremy (2014): The Zero Marginal Cost Society. The Internet of Things,
   the Collaborative Commons, and the Eclipse of Capitalism, London/New York.

12 Vgl. für Photovoltaik: Fraunhofer ISE (2015); bei den Batterien siehe: Nykvist, Björn/Nilsson, Mans (2015): Rapidly falling costs of battery packs for electric vehicles, in: Nature Climate Change (5), S. 329-332.

13 Automotive News (2014); D'Arcier, Bruno Faivre/Lecler, Yveline (2014): Promoting next generation vehicles in Japan: the smart communities and experimentations, in: Int. Journal Automotive Technology and Management, Vol. 14, Nos. ¾, special issue edited by Hildermeier, Julia and Weert Canzler, S. 324-346.

14 Kimble, Chris/Wang, Hua (2013): Innovation and Leapfrogging in the Chinese Automobile Industry: Examples From Geely, BYD, and Shifeng. Global Business and Organizational Excellence, 32(6), 2013, S. 6-17.

15 Siehe Ruhrort, Lisa/Steiner, Josephine/Graff, Andreas/Hinkeldein, Daniel/ Hoffmann, Christian (2014): Carsharing with electric vehicles in the context of users' mobility needs – results from user-centred research from the BeMobility field trial (Berlin), in: Int. J. Automotive Technology and Management, Vol. 14, Nos. 3/4, special issue, hrsg. von Hildermeier, Julia und Weert Canzler, S. 286-305. Scherf, Christian/Steiner, Josephine/Wolter, Frank (2013): E-Carsharing: Erfahrungen, Nutzerakzeptanz und Kundenwünsche, in: Internationales Verkehrswesen, Jg. 65, Heft 1, S. 42-44.

16 Siehe: www.agora-verkehrswende.de.

Weitere Quellen

Liebreich; Michael (2015), siehe: www.bloomberg.com

LSE Cities and InnoZ (2015): Towards New Urban Mobility. The case of London and Berlin. London, Berlin. http://www.innoz.de/fileadmin/INNOZ/pdf/New-Urban-Mobility-London-and-Berlin.pdf.

NPE (2014): Nationale Plattform Elektromobilität. Fortschrittsbericht 2014 – Bilanz der Marktvorbereitung. Berlin. http://www.bmbf.de/pubRD/NPE_Fortschrittsbericht_2014_barrierefrei.pdf.

Foto: Rolf Heinrich, Köln

Zukunft Schiene: Keine Verkehrswende ohne Güterverkehr

Von Martyn Douglas und Daniel Sutter

Der Güterverkehr wächst immer weiter. Und der Anteil der LKW-Transporte geht – aller Bekenntnisse der Verkehrspolitik zum Trotz – nicht zurück. Das ließe sich durch eine neue Kostenstruktur für Straße und Schiene und den Ausbau der nötigen Infrastruktur relativ preiswert ändern. Damit wäre dann auch der erste Schritt zur lange ersehnten Verkehrswende im Güterverkehr getan.

Die Relevanz einer Verkehrswende im Güterverkehr wird durch ein paar Zahlen schnell deutlich: Pro Tonne und Kilometer transportierter Güter rechnet man heute beim LKW-Transport mit rund 125 Gramm CO_2, beim Schienentransport dagegen nur mit 25 Gramm CO_2. Die notwendigen Veränderungen zu einer umweltverträglichen Gestaltung des Güterverkehrs haben aber erhebliche Auswirkungen auf andere Bereiche, denn sie stellen die Voraussetzungen: Wenn nicht ausreichend Strom aus Erneuerbaren Energien für den Verkehrssektor zur Verfügung steht, sind auch die Perspektiven für einen vollständigen Umstieg von fossilen Kraftstoffen auf strombasierte Kraftstoffe wie etwa Power-to-Gas (PtG) und Power-to-Liquid (PtL) nicht möglich. Aus diesem Grund ist es sinnvoll, nicht nur über eine *Energie*wende im Verkehr nachzudenken, sondern auch über eine *Verkehrs*wende, also eine Verlagerung von Transporten auf den Schienengüterverkehr. Eine Verkehrsverlagerung vom Straßenverkehr auf den Schienengüterverkehr benötigt zwar auch Strom aus Erneuerbaren Energien für den Antrieb der Güterbahnen; eine direkte Verstromung ist jedoch wesentlich effizienter (und günstiger) als eine Umwandlung in strombasierte Kraftstoffe.

Die Verkehrswende im Güterverkehr

Der Begriff »Verkehrswende« bezieht sich – anders als die Energiewende im Verkehr – auf Überlegungen, wie Gütertransporte auf um-

*Zukunft Schiene: Keine Verkehrswende ohne Güterverkehr***173** weltverträglichere Verkehrsmittel verlagert, durch räumlich konzentrierte Wertschöpfungsprozesse ganz vermieden oder optimiert werden können (etwa durch gebündelte Transporte).

Dabei steht außer Frage, dass Transporteure heute von sich aus bemüht sind, ihr Transportgeschäft mit geringem Kraftstoffverbrauch und möglichst effizient abzuwickeln – einfach um Kosten zu sparen. Diese betrieblichen Optimierungen werden auch zunehmend von IT-Systemen und einer Digitalisierung im Verkehr unterstützt. Die Informationstechnik soll oft auch schon die An- und Ablieferungen optimal mit der Produktion in den Fabriken verknüpfen. Das hilft – durch hohe Auslastungen und Vermeidung von zusätzlichen Wegen – auch dem Umwelt- und Klimaschutz.

Die Verkehrsmittelwahl, also die Beschaffungs- und Distributionslogistik, orientiert sich dabei nicht nur an den Transportkosten, sondern auch an der Zuverlässigkeit der Transporte, an dem Angebot an ergänzenden Logistikdienstleistungen und an dem Wissen über Alternativen in der Verkehrsmittelwahl.

Diese verschiedenen Kriterien sind für jedes Unternehmen anders und von einem zum anderen kaum übertragbar. Verkehrsmengen lassen sich zwar auf den übergeordneten Verkehrsnetzen messen oder modellieren. Die Entscheidungen, die jedem einzelnen Transport vorangegangen sind, bleiben jedoch intransparent.

Da die Transporteure ihre Transporte also schon im Eigeninteresse optimieren und es von außen wenig Anknüpfungspunkte an die unternehmerischen Betriebskonzepte gibt, kann eine Verkehrswende kaum auf der betrieblichen Ebene ausgelöst werden. Von außen stehen häufig Forderungen nach einer höheren Volumenoder Gewichtsauslastung der Fahrzeuge im Vordergrund, die in realen Transportvorgängen nicht immer eingelöst werden können. Dies gilt vor allem mit Blick auf anspruchsvolle Kundenanforderungen wie kurzfristige »Ad-hoc«-Aufträge oder eine geringe »Paarigkeit« der Transporte, also Transporte mit geringer Auslastung auf dem Hin- oder Rückweg.

Auf der überbetrieblichen Ebene lässt sich eine Verkehrswende deutlich leichter anschieben. Zentrale Voraussetzung hierfür wäre eine überregionale Festlegung von logistikrelevanten Verkehrskorridoren oder »Güterverkehrsachsen«. Bislang existiert jedoch nur eine überschaubare Anzahl an Korridorkonzepten, die plausibel nachweisen können, welche großräumigen Relationen für den Güterverkehr tatsächlich relevant sind.

Innerhalb solcher Korridore kann vor allem die *Konkurrenzfähigkeit der Güterbahnen* gegenüber dem Straßengüterverkehr verbessert werden; insbesondere mit Blick auf Strecken und Korridore, auf denen beide Verkehrsträger die gleichen Transportwege anbieten können. Entsprechende Ansätze zur Umsetzung eines Korridorkonzepts sind in der Politik in Deutschland aber bisher kaum zu finden; die Neuaufstellung des Bundesverkehrswegeplans 2030[1] wäre für die Etablierung eines Korridorkonzepts eine sinnvolle Gelegenheit gewesen.

Zudem ließe sich die *Gewerbeflächenentwicklung* – sprich: die zukünftigen Quellen und Ziele im Güterverkehr – innerhalb dieser Korridore »weich« *steuern*. Denkbar ist eine punktuelle, gemeindeübergreifende Entwicklung von Gewerbeflächen in den Knoten der Güterverkehrsachsen. Eine räumlich konzentrierte Wertschöpfung kann dabei sowohl die Auslastung (und Paarigkeit) der Transporte erhöhen als auch Wege verkürzen oder sogar vermeiden.

Ein Korridorkonzept für eine Verkehrswende erscheint jedoch nur dann sinnvoll, wenn die Kapazitäten für den Schienengüterverkehr deutlich erhöht werden. Entscheidend für die Umsetzung sind dabei zwei Elemente: Der Ausbau des Angebots im Schienengüterverkehr muss finanziert und fiskalisch unterstützt werden; und die verkehrsträgerübergreifende Umsetzung sollte in einer Organisation institutionalisiert werden, die sowohl (zweckgebundene) Mittel im Rahmen eines Infrastrukturfonds verwaltet als auch die Mittelverwendung verkehrsträgerübergreifend organisiert.

Zunächst müssten jedoch die Abgaben in den einzelnen Verkehrssystemen – etwa die LKW-Maut – zweckgebunden für einen verstärkten Ausbau der »Verlagerungsinfrastruktur« verwendet werden. In einem zweiten Schritt erscheint es ratsam, die volkswirtschaftlichen Auswirkungen von einer größeren Angebotssteigerung im Schienengüterverkehr zu messen – und den konkreten ökologischen Nutzen zu zeigen.

Sollte es dabei Hinweise geben, dass eine Verkehrsverlagerung vom Straßengüterverkehr auf den Schienengüterverkehr langfristig zulasten der Beschäftigtenzahlen in den betreffenden Branchen wie Fahrzeugindustrie oder Verkehrswegebau geht, sind die Zielkonflikte nahezu unüberbrückbar.

Im Rahmen des aktuellsten Bundesverkehrswegeplans 2030 wurde eine detaillierte Prognose der Verkehrsentwicklung von 2010 bis 2030 erarbeitet.[2] Diese Prognose geht von einem weiterhin sehr deutlichen Wachstum der Transportleistung im Güterverkehr von fast 40 Prozent bis 2030 im Vergleich zu 2010 aus. Diese Zuwachsraten fallen auf der Straße und der Schiene in etwa gleich hoch aus; folglich verharrt der Schienenanteil gemäß Prognose bis 2030 bei etwas mehr als 18 Prozent (in Bezug auf die Tonnenkilometer), während auf der Straße gut 72 Prozent und mit Binnenschiffen 9 Prozent der Transportleistung abgewickelt werden. Trifft diese Entwicklung wie prognostiziert ein, werden die Treibhausgasemissionen des Güterverkehrs in Deutschland bis 2030 gemäß Prognose weiterhin leicht steigen.

Damit wird klar, dass mit dem gewohnten »Weiter-wie-bisher« die Klimaziele für 2050 nicht annähernd erreicht werden können. Mit energetisch-technologischen Maßnahmen wie zum Beispiel neuen, strombasierten Kraftstoffen kann zwar – im Sinne einer Energiewende im Verkehr – ein wichtiger Schritt gemacht werden. Allerdings zeigen Studien, dass, wie schon angedeutet, die Energiewende alleine nicht ausreichen wird, sondern auch zusätzlich eine Verlagerung des Güterverkehrs von der Straße auf die umweltfreundlichere Schiene erfolgen muss.[3]

Diese »Verkehrswende im Güterverkehr« kann mit verschiedenen Mitteln unterstützt werden. Die Palette möglicher Maßnahmen reicht von Geboten und Verboten über infrastrukturelle Maßnahmen (Ausbau des Angebots) bis zu finanziellen Instrumenten.

Finanzielle Maßnahmen stellen dabei einen besonders wichtigen Anknüpfungspunkt für einen stärker auf Nachhaltigkeit ausgerichteten Güterverkehr dar. Einerseits können finanzielle Instrumente wie die LKW-Maut die Nachfrage spürbar beeinflussen. Andererseits bietet eine Anpassung des Finanzierungssystems eine Chance, einen Beitrag zur Verringerung der momentan erheblichen Lücken bei der Finanzierung der (Güter-)Verkehrsinfrastruktur zu leisten.

Ein Teil der Handelnden im Güter- und im Personenverkehr reagiert durchaus auf finanzielle Signale und Anreize. Preiserhöhungen im Güterverkehr können beispielsweise dazu führen, dass
- Transporte effizienter abgewickelt werden (etwa durch Erhöhung der mittleren Zuladung, Wahl anderer Transportwege);
- ein Teil der Verkehre auf einen anderen Verkehrsmodus verlagert wird (etwa von der Straße auf die Schiene);
- langfristig auch andere Standortentscheide gefällt werden.

Praktische Beispiele im In- und Ausland bestätigen diese Erkenntnis. Beispielsweise konnte in der Schweiz bei der Einführung der flächendeckenden und sehr teuren LKW-Maut eine Verlagerung auf die Schiene (Nachfragerückgang Straße kurzfristig um 5 Prozent) sowie eine Erhöhung der mittleren Zuladung der LKW beobachtet werden. Finanzielle Instrumente entfalten also eine Wirkung insbesondere, wenn damit zusätzlich infrastrukturelle oder regulatorische Maßnahmen einhergehen.

Eine nachhaltige Finanzierung für die Güterverkehrsinfrastruktur

Das folgende notwendige Finanzierungsmodell[4] für die zukünftige (Güter-)Verkehrsinfrastruktur in Deutschland orientiert sich an folgenden Grundsätzen:
- Der Schienenverkehr soll gestärkt werden, insbesondere der kombinierte Verkehr.
- Die Nutzerfinanzierung im Güterverkehr soll ausgebaut und die Verursachergerechtigkeit des Abgabe- und Finanzierungssystems soll erhöht werden.
- Die Finanzierung der Verkehrsinfrastruktur soll stabiler sowie mittel- und langfristig gesichert werden.

- Die externen Kosten sollen in bestehende Abgabesysteme integriert werden.
- Bei der Straßeninfrastruktur soll der Fokus in erster Linie auf dem Substanzerhalt liegen, dann auf Ausbauten und erst zuletzt auf Neubauten.

Die Tabelle 1 zeigt die wichtigsten Maßnahmen und Instrumente des Zielszenarios. Die Änderungen im Finanzierungssystem sollen möglichst verursachergerechte Abgaben etablieren. Das Angebot an Infrastruktur soll den Modalsplit des Schienenverkehrs erhöhen.

Maßnahme	Beschreibung	Direkte Wirkung
A. Finanzierungssystem		
LKW-Maut: Ausweitung und Differenzierung	› Ausweitung auf alle Straßen › Einbezug leichte Nutzfahrzeuge ab 3,5 t › Erhöhung Abgabesatz durch umfassende Berücksichtigung externer Kosten	Zusätzliche Einnahmen ggü. 2014: ca. gut 6 Mrd. € pro Jahr (davon ca. 2,5 Mrd. € inzwischen bereits realisiert); Beitrag zur Sicherstellung der Straßenfinanzierung; Stärkung Nutzerfinanzierung
Teil-Zweckbindung der Mautzuschläge (zum Ausbau der Verlagerungsinfrastruktur)	› Finanzielle Förderung des kombinierten Verkehrs, v. a. von KV-Umschlaganlagen (durch Erhöhung Investitionszuschüsse) › Förderung Schienenverkehr in der Fläche (z. B. Umschlagzentren, Anschlussgleise) › Evtl. Finanzierung Lärmschutzmaßnahmen	Zusätzliche Fördermittel im Bereich von 0,2 Mrd. € pro Jahr Fördergelder unterstützen Ausbau der Verlagerungsinfrastruktur
Trassenpreise Schienenverkehr: Erhöhung und Differenzierung	› Moderate Erhöhung der Trassenpreise um ca. 10 % › Stärkere Differenzierung nach Umweltaspekten	Zusätzliche Erlöse von ca. 0,1 Mrd. € pro Jahr. Stärkung Nutzerfinanzierung Schiene
Erweiterung Finanzmittel der Bahnen für Infrastrukturen	› Erhöhung der Bundesmittel der Leistungs- & Finanzierungsvereinbarung (LuFV) der Bahnen	Erhöhung der Mittel um ca. 1,25 Mrd. € pro Jahr (inzwischen bereits realisiert); Sicherstellung Schieneninfrastrukturfinanzierung

Maßnahme	Beschreibung	Direkte Wirkung
Bahninfrastrukturfonds	› Erstellung eines Fonds zur Finanzierung aller Ausgaben für Schieneninfrastruktur (Erhalt, Neu-/Ausbau, ungedeckte Betriebs- & Unterhaltskosten): direkte Verbindung Kosten – Finanzierung	Langfristig sichere Finanzierung der Infrastrukturausgaben Schiene; erhöht Planbarkeit und Flexibilität (kann ausgabenseitige Schwankungen auffangen)
B. Infrastrukturangebot		
Ausbau Schienengüterverkehrsachsen	› Verstärkter Ausbau des Schienennetzes mit Fokus auf Güterverkehrsachsen › Zusätzlich betriebliche Optimierungen zur Kapazitätserhöhung (z. B. Bevorzugung Güterverkehr bei Trassenvergabe, Harmonisierung Geschwindigkeit)	Erhöhung der Gesamtkapazität des Güterverkehrs um 60-70 % Investitionsbedarf knapp 1 Mrd. € pro Jahr (bzw. total 11 Mrd. €)
Straßennetz: Substanzerhalt vor Ausbau und Neubau	› Substanzerhalt hat bei Straßeninfrastruktur oberste Priorität › Aus- und Neubau Straßennetz unverändert wie geplant	Gleiches Investitionsvolumen Straßenverkehr wie im Referenzszenario
Ausbau Infrastruktur kombinierter Verkehr (KV)	› Starker Ausbau der Verlagerungsinfrastruktur: Neu- und Ausbau von KV-Terminals	Erhöhung KV-Umschlagkapazität Straße – Schiene um mind. 70 % Investitionsbedarf ca. 0,2 Mrd. € pro Jahr

Tabelle 1   Maßnahmen für eine nachhaltige Finanzierung im Gütertransport

Regulatorische Maßnahmen können ergänzend einen wichtigen Beitrag zur Erhöhung der Umwelt- und Energieeffizienz leisten. Das sind etwa die weitere Senkung der CO_2-Emissionsgrenzwerte bei neuen LKWs oder eine CO_2-Differenzierung der Kfz-Steuer.

Veränderungen der Verkehrsnachfrage

Die Maßnahmen für eine nachhaltige Finanzierung der Verkehrswende – insbesondere der nötigen Infrastruktur – im Gütertransport haben verschiedene Wirkungen. Einerseits beeinflussen der

Ausbau der Infrastruktur und erhöhte Förderbeiträge die Verkehrsnachfrage direkt: als angebotsorientierte *Pull*-Maßnahmen. Andererseits führen die Anpassungen des Finanzierungssystems – als preisliche *Push*-Maßnahmen – zu einer Erhöhung der Transportkosten und somit der Produktionskosten des Güterverkehrs und der Dienstleistungen in dieser Branche. Dies führt zu einer Veränderung der Verkehrsnachfrage.

Die Verkehrsnachfrage kann grundsätzlich auf verschiedenen Stufen beeinflusst werden:
1. Veränderung der gesamten Gütermenge (Tonnage),
2. modale Verschiebungen von der Straße auf die Schiene,
3. Veränderung der mittleren Transportweite und somit der Verkehrsleistung (Tonnen-km),
4. Veränderung der mittleren Beladung (Auslastung) und somit der Fahrleistung (Fahrzeug-km).

Eine Verringerung der Gesamtnachfrage bzw. Gütermenge im Sinne einer echten »Nachfragevermeidung« wird nicht im nennenswerten Ausmaß erreicht. Die preislichen Maßnahmen wirken deshalb hauptsächlich auf die oben erwähnten Stufen 2 bis 4. Aufgrund der steigenden Preise des Güterverkehrs auf der Straße – insbesondere bei den bahnaffinen Warengruppen – wird ein Teil der Nachfrage von der Straße auf die Schiene verlagert. Zudem führen Effizienzsteigerungen (bessere Auslastung, Verringerung der Leerfahrten etc.) und mittelfristig eine angepasste Verkehrsmittelwahl entlang der Wertschöpfungskette (z. B. Produktionsstandorte, Art und Ort der Zulieferer und Vorleistungserbringer) zu einer Verringerung von Verkehrsleistung (Tonnen-km) und Fahrleistung (Fahrzeug-km).

Ein nachhaltiges Finanzierungsmodell führt insgesamt zu einer deutlichen Verlagerung der Verkehrsnachfrage von der Straße auf die Schiene (siehe Abbildung 1). So nimmt die Transportleistung des Straßengüterverkehrs bis 2030 im Vergleich zu heute zwar weiterhin zu (+ 26 Prozent), liegt aber im Jahr 2030 rund 9 Prozent niedriger als in der prognostizierten Referenzentwicklung. Dagegen steigt die Transportleistung der Schiene im Zielszenario deutlich stärker und wird bis 2030 rund 25 Prozent höher liegen als im Referenzszenario. Das Güterverkehrswachstum auf der Schiene wird im Zielszenario mit einer Zunahme von knapp 80 Prozent bis 2030 im Vergleich zu heute sehr stark sein. Insgesamt resultiert damit im Zielszenario eine Zunahme des Modalsplits der Schiene (Anteil Schienenverkehr an der Transportleistung) um fünf Prozentpunkte auf über 23 Prozent im Vergleich zu 18 Prozent in der Referenzentwicklung.

Die Steigerung der Nachfrage beim Schienengüterverkehr unterscheidet sich je nach Branche und Warengruppe. Aufgrund der starken Förderung des kombinierten Verkehrs findet eine Verlagerung von der Straße auf die Schiene vor allem bei den bahnaffinen Warengruppen statt: Dazu gehören nebst den Sammelgütern Post und Pakete, chemische Erzeugnisse und Mineralerzeugnisse sowie Mineralölprodukte, Erdgas und Kohle.

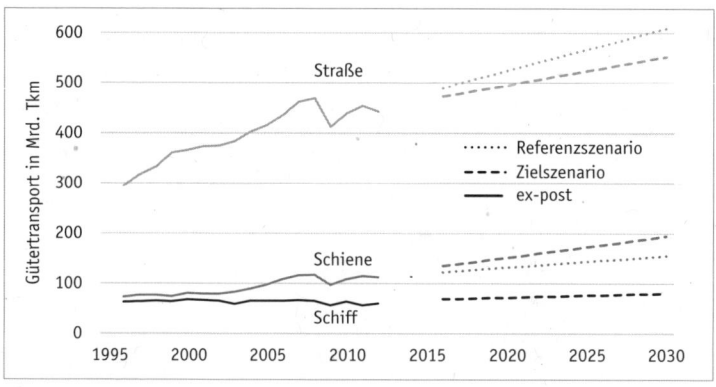

Abbildung 1 Zuwachs des Gütertransports auf der Straße verlangsamt – Veränderung der Transportleistung (Tonnen-km) im Zielszenario im Vergleich zur Referenzentwicklung
Quelle: INFRAS, Fraunhofer-JSI

Das skizzierte Maßnahmenpaket wirkt sich deutlich positiv auf die Umwelt aus. Bei den Treibhausgasemissionen führt es zu einer Trendumkehr (siehe Abbildung 2): Während die gesamten CO_2-Emissionen inklusive Vorprozesse in der Energiebereitstellung ohne diese Maßnahmen von 2010 bis 2030 weiter leicht steigen, wird im Zielszenario eine deutliche Emissionsminderung erreicht: ein Minus von 17 Prozent im Vergleich zu heute.

Diese Verringerung der Emissionen ist primär eine Folge der Verlagerung von der Straße auf die klimafreundlichere Schiene. Ein weiterer Grund sind technologische und regulatorische Maßnahmen, die zu einem breiteren Einsatz umweltfreundlicher Antriebstechnologien und einem Rückgang der durchschnittlichen Treibhausgasemissionen je Fahrzeugkilometer führen.

Auch im Endenergieverbrauch führen die vorgeschlagenen Maßnahmen zu einer Trendumkehr und einem leichten Rückgang bis 2030 (siehe Tabelle 2). Bei den Luftschadstoffemissionen wie den Stickoxiden führt die technologische Entwicklung der Motoren sowieso zu einer deutlichen Verringerung der Emissionen bis 2030. Die Reduktion ist in diesem Szenario noch etwas deutlicher als in der Referenzentwicklung.

Die umweltseitigen Verbesserungen führen zusätzlich zu einer Verringerung der Umweltkosten für die Volkswirtschaft, das heißt der Klimafolgekosten und der Gesundheitskosten durch Luftschadstoff- oder Lärmemissionen. So können die Umweltkosten bis 2030 um knapp 1,8 Milliarden Euro pro Jahr reduziert werden.

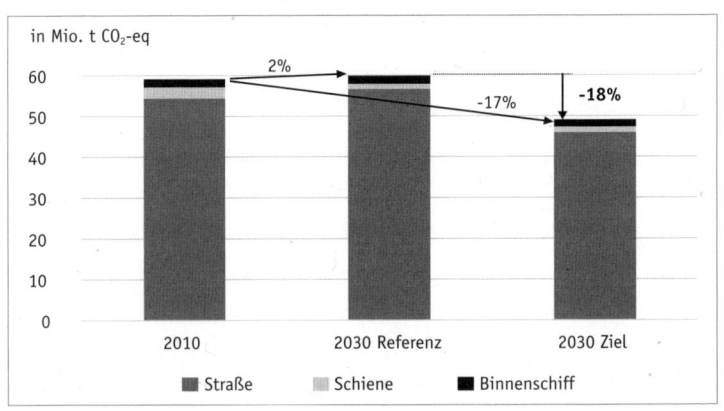

Abbildung 2 CO_2-Emissionen sinken deutlich: Entwicklung der Treibhausgasemissionen bis 2030
Quelle: INFRAS, Fraunhofer-ISI

	Veränderung 2010 bis 2030		Unterschied Zielszenario vs. Referenz 2030 (in %)
	Referenz-entwicklung	Zielszenario	
Treibhausgasemissionen (wie oben in Abb. 2)	+2 %	-17 %	-18 %
Endenergieverbrauch	+5 %	-5 %	-10 %
Stickoxidemissionen	-75 %	-78 %	-10 %

Tabelle 2 Auch der Energieverbrauch geht zurück: Veränderung verschiedener Umweltparameter
Quelle: INFRAS, Fraunhofer-ISI

Folgen für die (Volks-)Wirtschaft

Die deutliche Erhöhung der LKW-Maut führt zu höheren Transportkosten im Straßengüterverkehr von 10 bis 14 Prozent. Beim Schienenverkehr hat die Erhöhung der Trassenpreise eine Zunahme der Transportkosten von 1 bis 2 Prozent zur Folge. Diese Veränderung der Transportkosten ist der zentrale Treiber bei der Verlagerung eines Teils des Gütertransports. Der Ausbau der Infrastruktur führt außerdem zu einer Erhöhung der Investitionen beim Schienenverkehr und im kombinierten Verkehr. Davon sind auch die Fahrzeughersteller (Straße und Schiene) betroffen.

Die Wirkung der Maßnahmen der Tabelle 1 auf die gesamte deutsche Volkswirtschaft ist insgesamt leicht positiv. Sowohl die Beschäftigung als auch die Wertschöpfung sind danach leicht höher (siehe Tabelle 3). Zwischen den einzelnen Verkehrsbranchen gibt es allerdings erhebliche Unterschiede. Im Straßengüterverkehr liegen Beschäftigung und Wertschöpfung aufgrund der geringeren Nachfrage um rund 5 Prozent unter der Referenzentwicklung, was gut 25.000 Beschäftigten entspricht. Diese Veränderung ist zwar erheblich; allerdings handelt es sich dabei nicht um einen Verlust von Arbeitsplätzen, sondern lediglich um ein geringeres Wachstum als bei einem »Weiter-wie-bisher«-Szenario. Im Schienengüterverkehr würden Beschäftigung und Wertschöpfung um ein Drittel steigen. Eine etwas höhere Wertschöpfung und Beschäftigung weisen im Zielszenario auch die Schieneninfrastruktur- sowie die Logistikbranche auf. Aufgrund der erheblichen Mehrinvestitionen in Infrastrukturen profitiert zudem auch die Baubranche in spürbarem Umfang.

Branche	Veränderung Ziel- vs. Referenzszenario (2030), in %	
	Beschäftigte	Wertschöpfung
Straßengüterverkehr	-5 %	-5 %
Schienengüterverkehr	+33 %	+33 %
Schieneninfrastruktur, Frachtumschlag, Lagerei, Logistik	+1 %	+2 %
Hoch- und Tiefbau	+1 %	+1 %
Total (alle Branchen)	+0,03 % ca. +11.000 Beschäftigte	+0,07 % ca. +1,6 Mrd. €

Tabelle 3 Schienenverkehr gewinnt deutlich: ökonomische Gesamtwirkung des Zielszenarios
Quelle: INFRAS, Fraunhofer-ISI

Die stärker verursachergerechten Preise führen zu einer Steigerung der Effizienz in der Transportwirtschaft. Durch die Erhöhung der Nutzerfinanzierung durch Instrumente wie die LKW-Maut werden zudem die ausländischen Akteure (Verlader, Empfänger, Transportunternehmen) stärker an der Infrastrukturfinanzierung beteiligt, während die Entlastung des allgemeinen Staatshaushalts vollständig zugunsten der inländischen Einwohner anfällt.

Dies ist ein wichtiger Grund für die positive gesamtwirtschaftliche Wirkung des Maßnahmenpakets. Außerdem ist es nachhaltig: Durch die Mehrerträge durch eine höhere Maut und (zum kleineren Teil) eine höhere Schienennutzungsgebühr wird die Finanzierung der Verkehrsinfrastruktur langfristig sicherer.

Die (leicht) positive volkswirtschaftliche Gesamtwirkung auf Wertschöpfung und Beschäftigte, die verbesserte Umsetzung des Verursacherprinzips und die daraus folgenden Effizienzanreize sowie die langfristige Sicherung des Finanzierungsbedarfs zeigen, dass die Verkehrswende basierend auf dem skizzierten Modell aus ökonomischer Sicht insgesamt positiv zu beurteilen ist.

Verkehrswende als Teil der Energiewende

Bei dem Versuch, steigende Güteraufkommen zu bewältigen und gleichzeitig eine Verkehrswende einzuleiten, müsste das Angebot des Güterverkehrs auf der Schiene besser und billiger werden. Der Vorteil der fiskalischen Steuerung liegt darin, dass sich im Gegensatz zu Ver- und Geboten die gesamte Logistikbranche über einen erforderlichen Zeitraum auf die Veränderungen einstellen kann.

Der Volkswirtschaft als Ganzes würde diese Wende sogar noch einen geringen Gewinn einbringen. Das heißt jedoch nicht, dass die Verkehrswende nichts kostet. Denn auch bei einem behutsamen und angebotsorientierten Ansatz sind die Veränderungen etwa im Fahrzeug- oder Straßenbau erheblich. Eine Verkehrswende verlangt die Bereitschaft, diesen Prozess mitzutragen und mitzugestalten. Dem gegenüber steht die ökologische Entlastung um über 10 Mio. Tonnen Kohlendioxid im Jahr 2030.

Bis 2050 muss auch im Güterverkehr eine Energiewende stattfinden; die Verkehrswende hin zu mehr Bahn statt Straße kann schon bis 2030 eingeleitet werden. Es ist ein erster Schritt, der aber Kosten und Aufwand der gesamten Energiewende im Verkehr senkt.

Anmerkungen

1 Siehe: http://www.bmvi.de/DE/VerkehrUndMobilitaet/Verkehrspolitik/Verkehrsinfrastruktur/Bundesverkehrswegeplan2030/bundesverkehrswegeplan2030_node.html.
2 BVU et al. (2014): Prognose der deutschlandweiten Verkehrsverflechtungen 2030. http://www.bmvi.de/SharedDocs/DE/Anlage/VerkehrUndMobilitaet/verkehrsverflechtungsprognose-2030-schlussbericht-los-3.pdf?__blob=publicationFile.
3 Vgl. IFEU et al. (2016): Klimaschutzbeitrag des Verkehrs bis 2050. https://www.umweltbundesamt.de/publikationen/klimaschutzbeitrag-des-verkehrs-bis-2050.
4 Vgl. INFRAS, Fraunhofer-ISI (2016): Finanzierung einer nachhaltigen Güterverkehrsinfrastruktur: https://www.umweltbundesamt.de/publikationen/finanzierung-einer-nachhaltigen.

Foto: Teppo Kotirinta

Luftfahrt: Aus allen Wolken

Von Dietmar Bartz

Die Luftfahrtbranche sucht nach Konzepten für das Fliegen der Zukunft. Trotz aller Effizienzgewinne gehen die Emissionen insgesamt nach oben. Dabei steigt der Zeitdruck, den Luftverkehr nachhaltig zu machen.

Die Luftfahrt, insbesondere der Flugzeugbau, gehört zu den boomenden Branchen der Weltwirtschaft. Um von einem Weg in eine grüne industrielle Revolution sprechen zu können, müsste die Branche die klimaschädliche Dimension des Fliegens zumindest verringern. Doch bei einem Wachstum des globalen Luftverkehrs von jährlich sieben Prozent und einer Reduktion des Kerosinverbrauchs von jährlich 1,5 bis 2 Prozent pro Passagierkilometer klafft eine Lücke von mehr als fünf Prozent. Wie diese Lücke durch inkrementelle, also schrittweise Innovationen in den nächsten zwei Jahrzehnten verringert und die Energieeffizienz des Fliegens deutlich gesteigert werden kann, ist noch nicht abzusehen.

Die bisherigen Anstrengungen reichen nicht aus. Disruptive Innovationen – gemeint sind technologische Durchbrüche, die das Fliegen vollkommen verändern und nachhaltig machen – werden erst nach dem Jahr 2035 erhofft. Die Gründe für das am Wachstum gemessene langsame Innovationstempo sind vielfältig. Dazu gehören:

- International bleibt der Innovationsdruck zu niedrig, weil eine gezielte, weltweite Verteuerung des Treibstoffs politisch nicht durchsetzbar ist. So fehlen Anreize für einen effizienteren Kerosineinsatz und damit für eine schnellere Senkung der Emissionen.
- Die deutsche Branche ist in den europäischen und globalen Markt der Flugzeugbauer, Fluglinien und Flughäfen eingebettet. Eigenwege sind daher schwer vorstellbar, zudem die Klimapolitik in die Kompetenz der EU fällt.
- Der Luftverkehr gehört in Europa inzwischen zu den etablierten Mobilitätsformen und er wächst vor allem in Asien, im Mittleren Osten und in anderen aufstrebenden Regionen rasant.

Nachhaltigkeitsziele und Innovationsfelder, die Struktur der deutschen Luftverkehrsbranche und Handlungsmöglichkeiten der Politik sind in der nachfolgenden Übersicht dargestellt.

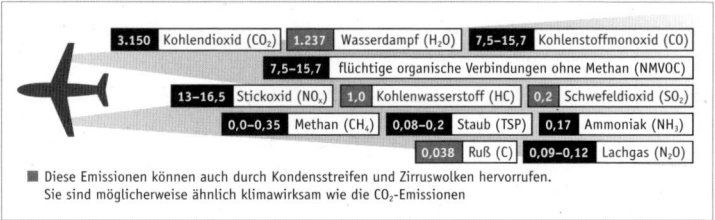

■ Diese Emissionen können auch durch Kondensstreifen und Zirruswolken hervorrufen. Sie sind möglicherweise ähnlich klimawirksam wie die CO₂-Emissionen

Abbildung 1   Emissionen durch die Verbrennung (in Gramm pro Kilogramm Kerosin); Mix aus Start, Flug und Landung, Prognosen für 2016
Quelle: IFEU/UBA

Deadline 2050 – noch ohne echten Druck

Wie relevant ist die Luftfahrt für das Klima? Weltweit ist die Branche für mehr als zwei Prozent des Ausstoßes von Kohlendioxid verantwortlich. Doch Triebwerksemissionen in großer Höhe sind weitaus klimaschädlicher als am Boden. Daher entfallen etwa fünf Prozent der globalen Treibhausgasemissionen auf das Fliegen. Zugleich wächst die Branche schneller als prognostiziert.

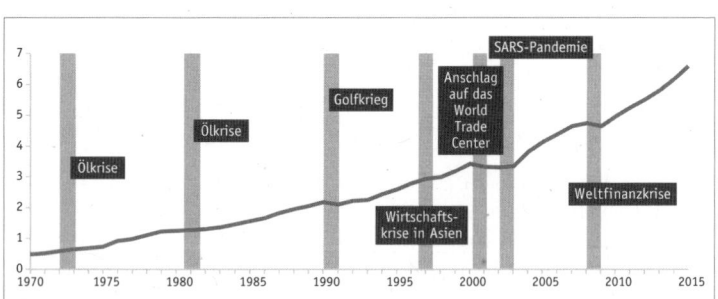

Abbildung 2   Zunahme im Flugverkehr und die Auswirkung von Krisen (in Milliarden Passagierkilometern)
Quelle: ICAO/Airbus

Gingen viele Analysen der letzten Jahre noch von einem linearen Wachstum von rund 5 Prozent pro Jahr aus, steigt die Passagierkilometerleistung seit 2012 progressiv und durchbrach 2015 bereits die Marke von 7 Prozent.

Bis 2030/34 werden sich die Zahl der Passagiere, der Flüge und der Flugzeuge verdoppelt haben. Die Fachleute sind sich daher einig, dass das Fliegen des Jahres 2050 vollkommen anders aussehen muss als heute, wenn diese Entwicklung so weitergeht.

Wie stark die Emissionen des Luftverkehrs gesenkt werden sollen, ist bestimmend dafür, wie weit eine ökologische Transformation der Branche gehen muss und wie viel Zeit ihr dafür zur Verfügung steht. Es liegen mehrere Emissionsziele vor:

1. Eine Selbstverpflichtung der Luftfahrtindustrie von 2008 setzte die Ziele, ab 2020 CO_2-neutral zu wachsen und bis 2050 den CO_2-Ausstoß im Vergleich zu 2005 um 50 Prozent zu senken.[1] Explizit wird darauf aufmerksam gemacht, dass das Ziel nur mit technischen Innovationen zu halten ist, die jetzt noch unbekannt sind.

2. Inlandsflüge, auf die 40 Prozent der weltweiten Emissionen entfallen, unterliegen dem 2016 in Kraft getretenen Klimaabkommen von Paris und fallen damit in die nationale Verantwortung.[2] Jedes Land kann also selbst entscheiden, ob und wie es diese Emissionen senkt, damit um 2050 herum der Netto-Ausstoß ihrer Treibhausgase bei null liegt. Das Abkommen geht also über die Selbstverpflichtung hinaus, wenn die Regierungen ihren nationalen Flugverkehr anteilig verpflichten und sie nicht über die Dekarbonisierung anderer Sektoren subventionieren. In der EU unterliegen die innergemeinschaftlichen Flüge dem Emissionshandelssystem (ETS).

3. Internationale Flüge sind für 60 Prozent der Emissionen verantwortlich und unterliegen einem im Oktober 2016 gefassten Beschluss der UN-Luftfahrtorganisation ICAO. »Erlaubt« bleibt an Emissionen alles auf dem Stand von 2020. Nur Steigerungen über diesen Sockel hinaus werden durch Zahlungen für Klimaprojekte kompensiert.[3] Von 2027 bis 2035 wird »Corsia« (Carbon Offset and Reduction Scheme for International Aviation) die Fluggesell-

schaften mit etwa einem Prozent ihres Umsatzes belasten. Noch dazu ermöglicht es das Basisjahr 2020, bis dahin besonders viele Emissionen zu produzieren, um danach leichter einsparen und so auch noch die Offset-Zahlungen verringern zu können. Vermutlich werden weniger als 80 Prozent der internationalen Flüge abgedeckt, denn einige Länder werden den Beschluss nicht umsetzen. Strafen dafür sind nicht vorgesehen. Mit der Kompensation will die Industrie Zeit bis 2035 gewinnen, um ihre Selbstverpflichtung erfüllen zu können.

Es liegen also eine Absichtserklärung der Industrie und zwei freiwillige, bindende Vereinbarungen (Paris, ICAO) vor. Für keine der drei besteht ein Verknappungsmechanismus, eigentlich die Standardlösung zur Verteuerung und innovativen Senkung von Emissionen. Ebenso wenig wird eine Übererfüllung der Ziele belohnt. Die globale Luftfahrtindustrie macht hingegen geltend, dass der Preisdruck durch den Treibstoff ohnehin Innovationen bewirke.

Kerosin trägt zu ungefähr 50 Prozent zu den Flugkosten bei. Hier überdecken sich die Interessen von Ökonomie und Ökologie: Zwischen 2000 und 2012 sind Kerosinverbrauch und CO_2-Emissionen pro Passagier und Flugkilometer um je 31 Prozent gefallen, wenn auch ein Teil der Ersparnis auf bessere Auslastung zurückgeht.

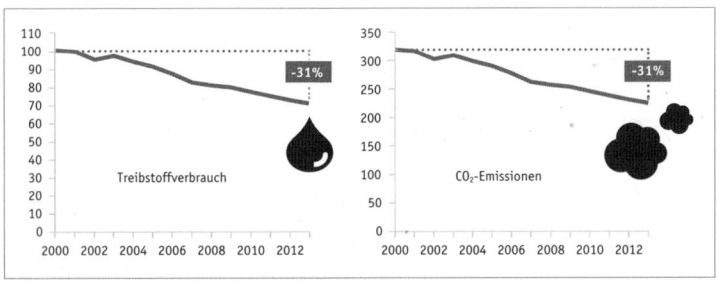

Abbildung 3 Sinkender Treibstoffverbrauch und Rückgang der CO_2-Emissionen (in Kilogramm pro Passagier und Flug, Durchschnitt)
Quelle: Airbus

Der Treibstoffverbrauch neuer Flugzeugmodelle fällt um etwa 1,5 Prozent im Jahr. Aber diese Einsparungen sind nicht nur deutlich geringer als das Wachstum des Luftverkehrs insgesamt, so dass die Gesamtbelastung des Klimas deutlich steigt.

Innovationen

Zehn bis 20 Jahre beträgt die Entwicklungszeit für ein ganz neues Flugzeug, den Aufbau von Fabriken und Lieferantennetzen. Die wirtschaftlichen Risiken sind inzwischen immens. Technische Probleme in der Produktion können auch ein Großunternehmen wie Airbus oder Boeing an den Rand einer Pleite bringen. Auch der Markt kann sich schneller verändern, als ein Flugzeug fertig wird. Die gesunkene Nachfrage nach sehr großen Passagierflugzeugen, die zwischen Drehkreuzen verkehren, und der Boom mittelgroßer Direktverbindungen hat Airbus' Großraumflugzeug A 380 zu spüren bekommen.

Der Verzicht auf Neukonstruktionen führte seit 2010 zur »Neo«- bzw. »Max«-Generation von Airbus und Boeing. Sie stellen lediglich eine Ertüchtigung älterer Modelle mit einer Verbrauchsreduktion von 15 Prozent gegenüber dem Vorläufermodell dar. Zu wenig, bedauern Branchenexperten: Wegen fehlender Anreize, noch stärker in neue Technologien zu investieren, sei hier auf eine theoretisch erreichbare Reduktion von 40 Prozent gegenüber den Vorläufermodellen verzichtet worden. Die Fluglinien – also die Kunden – hätten solche Neuentwicklungen nicht verlangt und weder Airbus noch Boeing hätten sie offensiv angeboten, sagen Insider.

Innovative Konzepte liegen in den Schubladen der Ingenieure und Manager: vollständig aus Verbundwerkstoffen hergestellte Flugzeuge, in sich verwirbelungsloses Strömen und widerstandsreduzierte Aerodynamik durch verformbare Flügelteile, Triebwerke mit deutlich besserem Nebenstromverhältnis (Very High Bypass Turbofans). Doch solche erforschten, aber wegen der Kosten noch nicht entwickelten Technologien werden auch für eine weitere Generation nicht realisiert werden, wenn die Rentabilitätsvorgaben für die

Innovationen unverändert bleiben. Ebenfalls bleibt die Suche nach weniger klimaschädlichen Kraftstoffalternativen ohne substanziellen Durchbruch – trotz aller Experimente in kleinem oder größerem Maßstab. Für neue Flugzeugmodelle, die jetzt geplant werden und bis 2035 auf den Markt kommen könnten, ist jedenfalls kein zusätzlicher innovationsfördernder Faktor in Sicht.

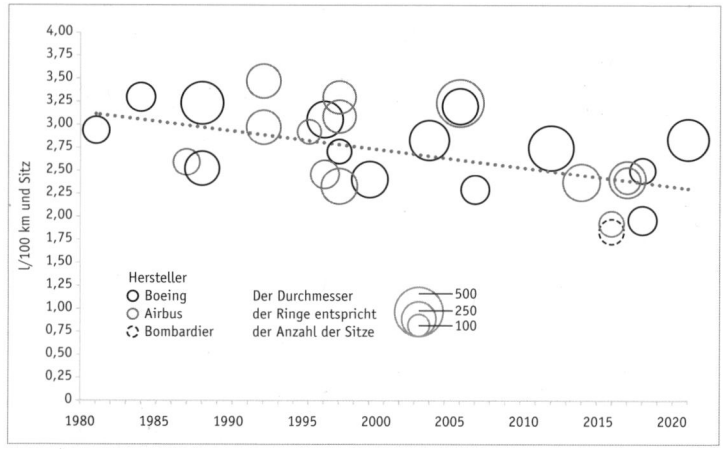

Abbildung 4 Treibstoffverbrauch ausgewählter Flugzeugtypen nach Jahr des Erstflugs (Auswahl)

An Ideen für einen technologischen Durchbruch hin zur Nachhaltigkeit des Luftverkehrs mangelte es in den vergangenen Jahren nicht. Auch Modellversuche gab und gibt es in großer Zahl. Doch nach jahrelanger intensiver Berichterstattung verschwinden große Entwürfe immer wieder in Schubladen oder Papierkörben. Riesige Ganzflügler wurden von Airbus und Boeing aus konstruktiven Gründen verworfen. Der Solarantrieb taugt nur bei leichten Flugzeugen. Der über Jahre populäre Biokraftstoff aus der Jatropha-Pflanze ist auf den gesamten Produktzyklus gesehen klimaschädlicher als Kerosin aus Erdöl. Algen verbrauchen aberwitzig viel Platz: Um den Bedarf an Algenkerosin in den Vereinigten Staaten zu erfüllen, müsste eine Fläche so groß wie Florida in Speicherbecken verwandelt werden; in

Europa wäre es ganz Portugal. Kerosin aus tierischen Fetten, ebenfalls eine Weile in der Diskussion, basiert zwar auf bereits vorhandenen Substanzen aus der Massentierhaltung, erfordert aber Infrastrukturkosten von mehr als zehn Milliarden Dollar – und hat einen zu hohen Gefrierpunkt. Wasserstoff als Stromspeicher ist als Idee immer noch populär. Er benötigt aber in den Flugzeugen viel Speicherplatz, ließe sich jedoch umweltneutral mit Erneuerbaren Energien herstellen.

Um die Firma Sunfire in Dresden, einen Hoffnungsträger der grünen Wirtschaft, ist es bezüglich ihres synthetischen Kerosins aus Wasser und CO_2 still geworden. Diese »Power to liquids«-Lösung, aus dem Fischer-Tropsch-Verfahren entwickelt, ist teuer. Die Versuchsanlage (die bislang kein Kerosin, sondern nur Diesel und Wachs hergestellt hat) wurde abgestellt. Am Preis des synthetischen Diesels orientiert, würde das Sunfire-Kerosin ca. das Dreifache des Marktpreises kosten. Auf dem Weltmarkt entspräche dies etwa 9 US-Dollar pro Gallone – etwas unter 3 Dollar kostet es derzeit, 4 waren es im Höchstpreisjahr 2008. Weil Kerosin in Deutschland nicht der Mineralölsteuer und der Mehrwertsteuer nur bei Inlandsflügen unterliegt und eine Kerosinsteuer nicht erhoben wird, ist hier auch keine fiskalische Bevorzugung des synthetischen Kerosins möglich, um unter den Weltmarktpreis zu gelangen. Dabei übt der Ansatz, CO_2 zu verbrauchen statt zu produzieren, weiterhin enorme Anziehungskraft aus.

Der Ressourcenverbrauch durch den Flugzeugbau ist als eigenes Thema und im Vergleich der Konkurrenten Airbus und Boeing durchaus von Bedeutung. Langstreckenflugzeuge mit einem Gewicht bis deutlich über 100 Tonnen und einem Stückpreis deutlich über 100 Millionen Euro sind hochtechnologische Produkte aus komplexen Bauteilen. Im Vergleich mit dem Kerosinverbrauch während des Flugs tritt allerdings das Material, aus dem ein Flugzeug besteht, deutlich zurück. Wirtschaftlich liegen Einkaufspreis, Modernisierungs- und Abwrackkosten im einstelligen Prozentbereich der Gesamtbetriebskosten über die Lebensdauer eines Passagierjets.

Deutschland – eine kleine Ecke im globalen Fluggeschäft

Die deutsche Luftverkehrswirtschaft ist übersichtlich. Sie besteht aus drei großen Sektoren: dem Flugzeugbau, den Fluglinien und den Flughäfen. Im Flugzeugbau ist zudem eine deutliche Rüstungskomponente auszumachen, die sich einer ökologischen Transformation weitgehend entzieht. Ähnliches gilt für den militärischen Flugverkehr und seine Infrastruktur.

Eine Untersuchung für das Jahr 2012 beziffert die Zahl der direkt in der deutschen Luftfahrtbranche Beschäftigten mit 324.500; die Zahl wird auch vom Branchenverband BDLI benutzt. Die Hersteller kommen auf 70.500 Arbeitsplätze, die Fluglinien auf 105.800 und die Flughäfen auf 141.000. Auf 6.100 Jobs bringt es die Flugsicherung. Nach den von den deutschen Wirtschaftsverbänden gemeldeten Zahlen lag der Gesamtumsatz der zivilen Luftfahrt 2015 bei rund 60 Milliarden Euro. Auf direkte Bestellungen für die Zivilluftfahrt entfielen 14 Milliarden Euro, auf Zulieferer 11 Milliarden. Der Exportanteil lag 2015 bei 70 Prozent. Der Sektor wird in Deutschland und Europa vom Airbus-Konzern dominiert, weltweit von Boeing.

In Deutschland gab es Mitte 2016 sechs Fluglinien. Die Lufthansa, nach eigener Aussage das größte Luftverkehrsunternehmen Europas, verfügt über 700 Flugzeuge. Weitere 300 Flugzeuge entfallen auf die anderen Gesellschaften: Air Berlin, die Ferienflieger Condor und TUIfly, der Ferien- und Charterflieger Germania sowie das Luftfrachtunternehmen DHL (mit über 70 Maschinen). Damit umfasst die Luftflotte der relevanten deutschen Unternehmen etwa 1.000 Maschinen. Nach Verbandsangaben entfallen grob gerechnet auf jedes Flugzeug deutlich mehr als 100 Beschäftigte, ein wichtiger Faktor für die Standortdiskussion. Ausländische Fluglinien haben in Deutschland einen Marktanteil von 40 Prozent.

Von den 22 internationalen Flughafenstandorten in Deutschland vereinigen sieben rund 88 Prozent des Passagierverkehrs auf sich. Betriebswirtschaftlich gesehen, schreiben sechs von ihnen schwarze Zahlen: die Drehkreuze Frankfurt am Main und München sowie die

Flughäfen in Düsseldorf, Hamburg, Stuttgart und Köln/Bonn. Der Standort Berlin ist wegen des Flughafenneubaus ein Sonderfall. Die kleineren Flughäfen arbeiten allesamt unrentabel. In der Branche waren 2016 schon rund 160.000 Personen beschäftigt. Der Umsatz lag bei 5,5 Milliarden Euro.

Hinsichtlich der umweltrelevanten Innovationen und gar einer ökologischen Transformation der Branche kommt dem Flugzeugbau die entscheidende Rolle zu. Der Hersteller Airbus ist dabei ein internationales Gemeinschaftsunternehmen, dessen Produktions- und Entwicklungskapazitäten in Deutschland, Frankreich und weiteren Ländern liegen. Deutschland, Frankreich und Spanien haben als Airbus-Aktionäre eine Sperrminorität.

Das Management ist überwiegend in Frankreich angesiedelt. Der Turbinenbau für die größten und wichtigsten Airbus-Modelle und die wichtigste Forschung finden außerhalb Deutschlands statt – überwiegend bei General Electric in den USA und bei Rolls-Royce in Großbritannien. Die Kapazitäten von MTU Aero Engines und Rolls-Royce in Deutschland beziehen sich auf kleinere Aggregate.

Keine Chance auf Öko-Alleingänge

Die möglichen und gewünschten Innovationen werden in der Konzeptionsphase eines Flugzeugs zwischen Flugzeugbauer und Fluglinien festgelegt. Selbst ein Großkunde wie Lufthansa kann hier nicht isoliert agieren, sondern teilt Forderungen und Pläne mit anderen großen Fluglinien, um den erforderlichen Nachdruck zu entwickeln und kostengünstige Lösungen zu erreichen. Ein isoliertes Vorgehen, etwa die Bestellung eines deutlich modifizierten Modells, ist unwirtschaftlich und damit unrealistisch.

Der Markt für Flugzeuge ist möglicherweise nicht mehr lange ein Duopol. Auf Boeing entfällt die Weltmarktführung, der Anteil von Airbus liegt bei über einem Drittel. Aber Flugzeughersteller in Brasilien (Embraer), Kanada (Bombardier), China (Comac) und Russland (Irkut) wollen in der kommenden Dekade auf den Markt der großen Passagierflugzeuge vorstoßen. Selbst für den unwahrscheinlichen Fall, dass es bei den Emissionen zu gemeinsamen Zielsetzungen von Boeing und Airbus käme, würden sie vermutlich von den aggressiv nach wirtschaftlichem Erfolg suchenden neuen Herstellern mit ihren hohen Entwicklungskosten unterlaufen. Daher hätten marktferne Kooperationen von Airbus und Boeing, die ökologische Vor- und ökonomische Nachteile mit sich brächten, schon heute wahrscheinlich keine Chance mehr.

Der Markt für Flugzeuge ist globalisiert und in Deutschland noch zusätzlich durch die historische Mehrländer-Konstruktion der Airbus-Eigentümer und -Standorte sowie durch die vergemeinschaftete Klimapolitik der EU geprägt. Das Unternehmen Airbus kann insofern durchaus unabhängiger von politischen Vorgaben oder von an Rüstungsaufträge gebundene Koppelgeschäften agieren, als wenn es einer einzelnen Regierung gegenüberstünde (auch wenn der traditionelle industriepolitische Einfluss der französischen Regierung nicht zu übersehen ist).

Fliegen bleibt populär

Ein nennenswerter gesellschaftlicher Druck für einen ökologischen Umbau der Luftfahrtbranche, unter Beteiligung der fliegenden Kundschaft oder der Zivilgesellschaft, existiert in Deutschland nicht. Eine Transformation müsste vor allem zwischen Industrie, Wissenschaft und Politik ausgehandelt werden, von der bislang solche Impulse kaum ausgegangen sind.

Fliegen ist in Deutschland populär und für viele eine etablierte Form individueller Mobilitätsgestaltung. Dabei dürfte die klimapolitische Problematik vielen Passagieren durchaus klar sein. Dazu gehört der große ökologische Fußabdruck einer Fernreise. Eine Wahl zwischen unterschiedlichen Angeboten, um wenigstens eine Verminderung des Fußabdrucks zu erreichen, gibt es de facto nicht, weil Fluglinien ihre Angebote nicht konkurrierend nach dem abschreckenden Schadstoffausstoß vermarkten. Bei Fernreisen (nach Zielen außerhalb Europas) und auch bei Flügen mittlerer Distanz sind also Kundenentscheidungen anhand von Schadstoffemissionen keine

Treiber für den Einsatz weniger umweltschädlicher Technologien oder gar Anreiz für die Entwicklung umweltfreundlicher Produkte. Nur Reisen über kurze Distanzen können anhand der Verkehrsträgerkonkurrenz zugunsten der Bahn entschieden werden. Ansonsten ist der Preis des Tickets ausschlaggebend. Er drückt den Treibstoffverbrauch nur verschleiert aus, weil der Preis auch andere Faktoren enthält.

Mit dem Fliegen als neuer Alltagsform der Fortbewegung hat sich ein Widerspruch entwickelt. Flugreisen sind unter den Umweltbewussten populärer als im Bevölkerungsdurchschnitt, weil die Umweltbewussten zugleich weltoffener, neugieriger, besser ausgebildet und auch beruflich häufiger per Flugzeug unterwegs sind. Dies gilt auch für Medienschaffende und zivilgesellschaftliche Akteure. Daher kommt eine *Problematisierung* im öffentlichen Raum kaum voran, auch wenn die *Problematik* bekannt ist. Ein Verzicht auf Flüge bleibt individuell und ist als gesellschaftliche Lösung wirklichkeitsfremd.

Gelegentlich diskutierte Verbotskonzepte ersparen sich die Frage nach den Akteuren und politischen Bedingungen, mit und unter denen sie realisiert werden könnten. In der Vergangenheit stießen politische Vorstöße, die die Notwendigkeit von Urlaubsflügen hinterfragten, auf sehr starke Ablehnung. Bei den alltäglichen kritischen Diskussionen um den Luftverkehr stehen traditionell lokale und regionale Fragen von Fluglärm und Landschaftsverbrauch im Vordergrund, sei es wegen persönlicher Betroffenheit, sei es wegen der sinnlichen Erfahrbarkeit. Die indirekten, klimawirksamen Auswirkungen des Fliegens treten dahinter zurück.

Handlungsfelder der Politik

Im Jahr 2050 muss die Luftfahrt den größten Teil des Weges in die Nachhaltigkeit bereits gegangen sein. Nur so trägt sie ihren Teil dazu bei, im Rahmen der Beschlüsse von Paris die Erderwärmung auf 1,5 bis 2 Grad zu begrenzen. Es stehen also nur noch etwas mehr als 30 Jahre zur Verfügung. Trotzdem wird auch im politischen Raum zu viel Zeit vergeudet.

Die Luftfahrtorganisation ICAO ist mit ihren unzureichenden Beschlüssen über Offset-Lösungen bis 2035 bislang keine Hilfe. Seit die ICAO im Kyoto-Protokoll von 1990, vor 27 Jahren also, mit der Entwicklung eines eigenen Modells zur Reduktion der Emissionen im Luftverkehr beauftragt wurde, sind keine angemessenen Lösungen präsentiert worden. Die ICAO bedarf einer grundlegenden Reform. Nach dem Zweiten Weltkrieg zur technischen Koordination gegründet, beruht sie noch immer auf verschwiegener Diplomatie hinter den Kulissen, als sei der Kalte Krieg nicht längst vorbei. Die nächste ICAO-Versammlung soll 2019 stattfinden. Bis dahin sind Initiativen für mehr Transparenz und neue klimapolitische Strategien der Mitgliedsländer nötig, damit die ICAO ihre Verantwortung auch wahrnimmt.

Die EU muss das dysfunktionale Emissionshandelssystem (ETS), dem die Emissionen des innergemeinschaftlichen Luftverkehrs unterliegen, verbessern, um Anreize für mehr Innovationen zu geben. Nur dann kann das ETS auch eine Strahlkraft entwickeln, die eine Übernahme in anderen Regionen der Welt denkbar macht. Ein erneuter Anlauf, das ETS auch auf Flüge in und aus der EU anzuwenden, wird ohne ein attraktives Gesamtpaket bei vielen Fluglinien und anderen Staaten wie schon 2012 scharfe Proteste und Boykottdrohungen auslösen.

Der Einheitliche Europäische Luftraum (SES) ist ein Projekt der EU-Kommission von 2001, das das umständliche und umweltschädliche europäische Luftverkehrssystem mit seinen Korridoren und Umwegen harmonisieren soll. Fünf Prozent der gesamten Flugemissionen in Europa könnten so eingespart werden. Der mühsame Reformprozess ist aber ins Stocken geraten. Neben den politischen Problemen sind auch die technischen enorm. Die Flüge sollen möglichst kurz sein und zugleich sollen Steig- und Sinkverläufe sowie die Flughöhen je nach Wetter und Verkehr optimiert werden. Die einheitliche Kommunikations- und Steuerungstechnik fehlt bisher. Ihre Einführung wird einen zweistelligen Milliardenbetrag kosten.

Auch in Deutschland besteht Nachholbedarf. Seit 2013 konzipiert die Bundesregierung ein Luftverkehrskonzept, das vor allem der Standortsicherung dienen soll. Sinnvoller ist es, den Luftverkehr in eine alle Verkehrsmittel abdeckende Mobilitätspolitik einzubinden und sie auf Nachhaltigkeit auszurichten. Die Bahn, Verkehrssystem im Bundesbesitz, hat Kurzstreckenflüge noch immer nicht ersetzt. Zehntausende von Zubringerflügen und Städteverbindungen in Deutschland und dem nahen Ausland können jährlich auf die Schiene verlagert werden, wenn das Angebot hinreichend attraktiv ist. Noch immer gibt es für mehrere deutsche Flughäfen keinen Fernbahnanschluss, darunter München, Stuttgart und Hamburg. Derzeit kommt allerdings ein bequemerer Zugang zum Flughafen unterschiedslos allen Flügen zugute – auch den ökologisch nicht erwünschten.

Die Flughäfen, in Deutschland überwiegend in Landesbesitz, haben eine Schlüsselrolle bei der CO_2-Reduktion und der Umsetzung von Nachhaltigkeitskonzepten. Von verbesserten Start- und Landeverläufen über elektrisches Flugzeugschleppen auf dem Vorfeld bis hin zur Senkung des eigenen Energieverbrauchs und zur Infrastruktur für neue Kraftstoffe und Antriebsformen reichen die Aufgaben. Noch sind die Erfolge bei der Reduktion des Fluglärms nicht so groß, dass die Nachtflugverbote verkürzt oder gar aufgehoben werden könnten. Die allesamt defizitären Regionalflughäfen sind allerdings zu schließen.

Technische Innovationen werden auch von Subventionen aus Steuergeldern vorangetrieben. Bei Airbus werden Neuerungen zu erheblichen Teilen aus staatlichen und EU-Kassen bezahlt. Bislang hat die Herstellerseite nicht öffentlich darüber geklagt, dass weitere innovative Ansätze wegen mangelnder Beihilfen nicht erforscht werden könnten. Insbesondere die Fluglinien klagen aber über Nachteile gegenüber der Konkurrenz außerhalb der EU und fordern dafür »Entlastungen«. So hat der Bund Ende 2016 deren Flugsicherungsgebühren von 213 Millionen Euro jährlich übernommen. Sie argumentieren, dass sie umso mehr umweltrelevante Produkte nachfragen könnten, je höher ihre Gewinne seien. Doch mittels der Zahlen aus den Geschäftsberichten eine Balance von Subventionen und Steuern zur optimalen Innovationsförderung zu finden, ist schwer, wenn die Unternehmen zugleich mit Standorten in den Steueroasen vertreten sind.

Fazit

Nicht nur die Industrie, auch die Politik hat ihre Hausaufgaben zu erledigen. Doch bei derzeitigem Entwicklungstempo wird dies nicht ausreichen, um die verlangten Reduktionsziele im Jahr 2050 zu erreichen, zumal der Rebound-Effekt die Einsparungen kompensieren könnte. Die Luftfahrtindustrie steht damit unter erheblichem Druck, mit technologischen Innovationen etwaigen klimapolitisch bedingten Eingriffen in den Flugverkehr zuvorzukommen. Angesichts der drängenden Zeit braucht der Luftverkehr neue Visionen.

Anmerkungen

1 ATAG (2010): The Right Flightpath to reduce aviation emissions, Genf. http://bit.ly/2hUEiMy, bzw. www.atag.org/component/downloads/downloads/72.html.
2 ICSA (2016): Frequently Asked Questions: http://bit.ly/2igHHnX, bzw: http://icsa-aviation.org/wp-content/uploads/2016/03/ICSA_FAQs2.pdf
3 ICAO Newsroom (2016): Historic agreement reached to mitigate international aviation emissions: http://bit.ly/2dy8lbv, bzw. http://www.icao.int/Newsroom/Pages/Historic-agreement-reached-to-mitigate-international-aviation-emissions.aspx

Foto: Xavi

Maschinenbau: Radikales Umdenken in der Produktion

Von Alexander Sauer, Thomas Bauernhansl und Jörg Mandel

Dauerhafte Kreisläufe: Für die Fabriken, in denen die in aller Welt so stark nachgefragten deutschen Maschinen und Anlagen gebaut werden, planen Forscher eine Revolution – eine klimaneutrale Produktion, deren Produkte und Hilfsmittel zu 100 Prozent recycelt werden können. Jenseits von Verzicht und Effizienz propagieren sie Effektivität als Dritten Weg. Doch noch bleiben viele Herausforderungen.

Der Maschinen- und Anlagenbau ist gerade für Deutschland eine zentrale Branche, die alle Sektoren der Wirtschaft durchdringt. Er ist fundamental abhängig vom Ressourcen- und Energieeinsatz. Auf der anderen Seite gibt es genau in dieser Branche auch ein besonders hohes Potenzial für Effizienz. In beiden Feldern, Energie und Ressourcen, versucht man seit Jahren, die Effizienz zu steigern, und den Erfolg geben die entsprechenden Indikatoren auch wieder: Der Stoff- und Energieeinsatz je produzierter Einheit sinkt ständig, auch die CO_2-Emissionen und besonders die klassischen Schadstoffemissionen an Schwefel und organischen Emissionen gehen zurück (siehe Abbildungen 1 und 2). Außerdem sind die absoluten Emissionen stark gesunken, bei SO_2 etwa auf ein Siebtel gegenüber 1995.

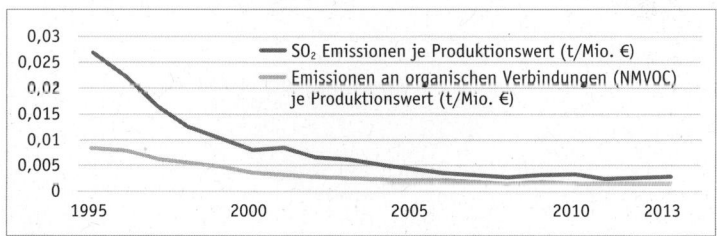

Abbildung 1 Entwicklung der Emissionen an SO_2 und organischen Lösemitteln aus dem Produktionsbereich Maschinenbau in Deutschland
Quelle: Statistisches Bundesamt; Luftemissionen: Deutschland, Jahre, Luftemissionsart, Produktionsbereiche

Maschinenbau: Radikales Umdenken in der Produktion **203**

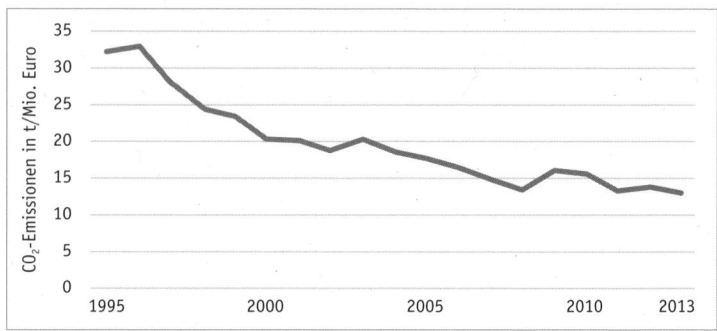

Abbildung 2 CO_2-Emissionen aus dem Maschinenbau bezogen auf den Umsatz (t/Mio. Euro Bruttoproduktionswert)
Quelle: Statistisches Bundesamt; Luftemissionen: Deutschland, Jahre, Luftemissionsart, Produktionsbereiche.

Die CO_2-Emissionen sind im Maschinenbau, gemessen am Umsatz, gegenüber 1995 um mehr als die Hälfte gesunken; allerdings stagnieren die absoluten Emissionen seit dem Jahr 2000 bei etwa 30 Millionen Tonnen pro Jahr.

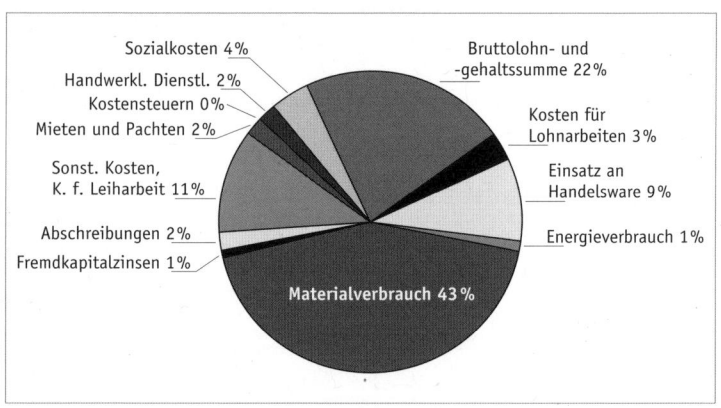

Abbildung 3 Kostenanteile im verarbeitenden Gewerbe (2014); Materialkosten dominieren, Energiekosten sind minimal
Quelle: Statistisches Bundesamt (2014): Kostenstrukturerhebung im verarbeitenden Gewerbe, Bergbau

Eine Studie des VDI-Zentrum Ressourceneffizienz[1] hat in einer groß angelegten Befragung in Betrieben des Mittelstands folgende Ergebnisse zum Stand der Ressourceneffizienz veröffentlicht: Aktuell setzen mindestens die Hälfte bis zu zwei Drittel der kleinen und mittleren Unternehmen (KMU) einzelne Maßnahmen der Ressourceneffizienz um. In der Hälfte der Unternehmen gibt es im Betrieb keine Nacharbeit, Bauteile werden also materialsparend ohne nachgeschaltete Fräsprozesse so gegossen, wie sie gebraucht werden; und weniger als ein Prozent des Materialwerts muss entsorgt werden. Dies gilt für Betriebe aller Größen. Für den Großteil der befragten Branchen liegen weitere Chancen zur Schöpfung von Effizienzpotenzialen in der Umsetzung zusätzlicher Maßnahmen.

Ich nenne Ihnen nun einige Aussagen, die unterschiedliche Unternehmenssituationen beschreiben: Skala: 1 = »trifft voll und ganz zu« ... 5 = »trifft gar nicht zu«	Top-2-Werte bundesweit	Chemie	Kunststoff	Metallbearbeitung	Metallerzeugnisse	Maschinenbau	Steuertechnik	Fahrzeugbau	Elektrotechnik
Der Materialwert unserer jährlichen Verluste durch Rüstvorgänge ist im Unternehmen bekannt und wird regelmäßig optimiert	66,8	69,5	62,6	76,8	67,6	65,6	63,6	74,2	56,4
Der geplante Verlust in der Produktion wird systematisch reduziert	69,5	73,5	71,7	73,4	69,3	66,6	72,5	72,7	62,8
Bei uns gibt es fast keine Nacharbeit	55,4	51,1	46,7	52,6	59,5	51,5	65,1	61,7	57,2
Wir entsorgen weniger als 1 % des eingekauften Materialwerts pro Jahr	50,8	54,3	46,9	56,3	57,4	46,6	53,4	39,4	47,1
Der Energieverbrauch aller relevanten Energieverbraucher ist transparent und vollständig bekannt	63,5	71,2	63,9	63,5	69,7	57,0	66,7	55,4	57,8
Veränderungsprozesse wie auch die Umsetzung von Ressourceneffizienzmaßnahmen erfolgen in unseren Unternehmen unter Einbeziehung aller Mitarbeiter	61	67,6	70,7	56,7	57,7	56,0	70,6	68,4	55,1

Tabelle 1 Status quo der Ressourceneffizienz nach Branchen, Antworten in Prozent
Quelle: VDI-Zentrum Ressourceneffizienz

Als Treiber für Ressourceneffizienz-Aktivitäten über alle Branchen werden von den kleineren und mittleren Unternehmen folgende Aspekte genannt:

- Kosteneinsparpotenziale heben,
- Wettbewerbsfähigkeit sichern,
- Erfüllung von Kundenanforderungen (im Maschinenbau fordern das 51,7 Prozent bzw. 47,2 Prozent der Kunden),
- Einhaltung künftiger gesetzlicher Vorgaben.

Konsum statt Verzicht

Von der Wiege bis zur Wiege (»cradle to cradle«) soll der Lebenszyklus von Produkten gestaltet werden – so lautet das Prinzip, das der Chemiker Michael Braungart[2] bereits in den 1990er-Jahren formuliert hat. Ein Forschungsprojekt am Fraunhofer IPA geht deutlich weiter und betrachtet in dieser Weise neben den Lebenszyklen der Produkte auch die Technologien und Fabriklebenszyklen, die Fabriken, die Fertigung, die Produktionsabläufe.

Im Zentrum einer industriellen Revolution im Namen des neuen radikalen Nachhaltigkeitsparadigmas steht die ökologisch effektive und sozio-ökonomisch erfolgreiche Produktionsweise: Produkte werden so konzipiert, dass sie nicht zu Abfall werden, sondern dass nach Gebrauch die enthaltenen Rohstoffe wieder in gleicher Qualität zu möglichst hundert Prozent erneut einsetzbar sind. Aber nicht nur die Produkte, auch die Produktion selbst, das Bildungssystem und die (Organisations-)Kultur sollen nach diesem Konzept gestaltet werden, damit die Menschheit »nützlich anstatt weniger schädlich« ist. Das heißt, dass sie die Erde nicht langsamer zerstört und immer weniger Ressourcen verbraucht, sondern dass sie – wie die Natur selbst – der Erde nützt und »Abfälle« als Ressourcen zurückgibt.

Für Maschinen und Anlagen bedeutet dies, dass auch sie einer ganz neuen Betrachtung und Gestaltung unterzogen werden müssen. Am Fraunhofer IPA werden daher insbesondere solche innovativen Produktionsweisen erforscht, die sehr wenig oder keine Energie verbrauchen, etwa durch Nutzung der Abwärme als Heizenergie oder – umgewandelt – als Kühlung. Oder auch mit der im Maschinen- und Anlagenbau bedeutsamen selektiven Beschichtung ohne Maskierungsaufwand, also ohne zusätzliches Aufkleben von Schutzfolien. Eine sogenannte Mikrocoat-Anlage (Mikrocoat: sehr dünne Schicht) ermöglicht beispielsweise verlustfreie und maskierungsfreie Beschichtungsverfahren, ohne Overspray, Material und Energieverlust. Der arbeitende Roboter ist in einer Kabine mit regelbarer Zu- und Abluftmenge untergebracht, sodass Lösemittel und Partikel zuverlässig abgesaugt werden.[3]

Konsum statt Verzicht, so lautet die optimistische Parole. Der Cradle-to-Cradle-Ansatz wird jedenfalls im Maschinen- und Anlagenbau dergestalt angepasst, dass Produktionssysteme durch konsequente Standardisierung und Modularisierung enorm wandlungsfähig werden: Weniger Maschinen aus leichteren Materialien und ausgestattet mit mehr Intelligenz können variantenreicher produzieren und benötigen dafür weniger Material und Energie unter Ausschluss jeglicher Art von Verschwendung. Langfristiges Ziel ist es, dafür zu sorgen, dass hundert Prozent der eingesetzten Produktionsfaktoren im Produkt landen und nicht zu Abfall oder Emissionen werden.

Das Prinzip der Öko-Effektivität ist der Hauptpfeiler der neuen Denk- und Produktionsweise. Im Gegensatz zur Öko-Effizienz mit dem Prinzip »je *weniger*, desto besser«, also »die Dinge richtig machen«, geht die Öko-Effektivität einen neuen Weg. Sie zielt ab auf die komplette Umwandlung von Produkten und Materialströmen: »Die richtigen Dinge machen«. Nicht das schrittweise Downcycling von der mechanischen bis hin zur thermischen Verwertung von Abfällen ist das Ziel, sondern das Erzeugen von biologischen und technischen Kreisläufen mit der Folge »je *mehr*, desto besser«.

Zwei geschlossene Kreisläufe bestimmen demnach den neuen effektiven Produktionszyklus. Der technische Kreislauf führt komplexe Gebrauchsgüter und mineralische Ressourcen zu hundert Prozent einer erneuten Verwendung zu. Der biologische Kreislauf für Verbrauchsprodukte sorgt nach dem Gebrauch für eine sichere und vollständige Rückkehr in die Umwelt.

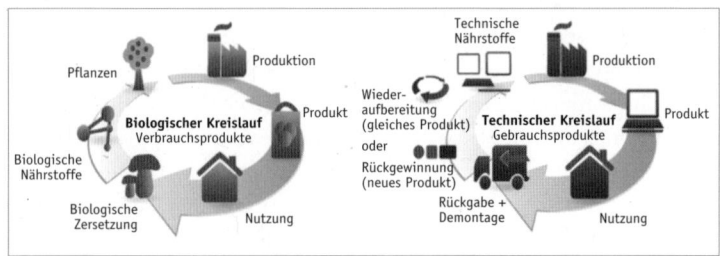

Abbildung 4 Dauerhafte Kreislaufwirtschaft: biologische Kreisläufe – auch für technische Güter
Quelle: RITTWEGER und TEAM Cradle to Cradle® Design Consultant

In vielen Fällen werden biologische und technische »Nährstoffe« in einem Produkt kombiniert, was das Produkt in der Regel leistungsfähiger macht. Für solche komplexen Produkte sieht das Cradle-to-Cradle-Prinzip eine sorgfältige Planung des Lebenszyklus jedes einzelnen Bestandteils und die Entwicklung von Strategien für die Materialtrennung vor. Am Fraunhofer IPA entwickeln wir darüber hinaus Recyclingverfahren und -anlagen zur Rohstoffrückgewinnung aus komplexen Produkten. So arbeitet die Abteilung Galvanotechnik an der Rückgewinnung von Seltenen Erden aus Elektronikschrott, zum Beispiel aus Mobiltelefonen. Schon seit vielen Jahren befassen wir uns in der Projektgruppe Bayreuth mit Refabrikation, also beispielsweise mit der Demontage und Aufarbeitung von komplexen Produkten wie der Lichtmaschine im Auto.

Die drei wichtigsten Merkmale der naturnahen Produktion nach Braungart lauten:

- Abfall als Nahrung: In der Natur ist der Abfall einer Pflanze oder eines Tieres Nahrung für Pflanzen und Tiere. Bei den Materialflusssystemen der Cradle-to-Cradle-Wirtschaft gilt das gleiche Prinzip. Alle Stoffe werden zu hundert Prozent dem Kreislauf wieder zugeführt.

- Nutzung von Sonnenenergie: Da Systeme, die von Sonnenenergie betrieben werden, weder die Ressourcen der Vergangenheit aufbrauchen noch die Zukunft belasten, sind nur sie wirklich nachhaltig. Zu diesen Systemen gehören auch die Windkraft, die durch

Thermik als Folge der Sonneneinstrahlung entsteht, und die Biomasse, die die Sonnenenergie in Pflanzen speichert.

- Förderung von Vielfalt: Produktgestalter können aus der Vielfalt der Natur lernen, immer wieder neue Nischen für vielfältige Lösungen von Designproblemen zu schaffen. Braungart führt als Beispiel über 10.000 Ameisenarten an, die jeweils in Nischen genau an ihre jeweilige Umgebung angepasst leben.

Neue Bewertung von Profitabilität

In der Zukunft wird Wachstum und damit der Erhalt von Wohlstand laut Braungart generiert, indem wir »die Systeme und Produkte hinsichtlich ihrer ökonomischen, sozialen, ökologischen und kulturellen Verträglichkeit klassifizieren, mit dem Ziel der gleichberechtigten Förderung und des Ausbaus jedes einzelnen dieser Aspekte«. Die Entkopplung von Wachstum und Ressourcenverbrauch wird so zur Realität. Im Rahmen der Energiewende wurde diese Entkopplung ja bereits eingeleitet, auch wenn sie bisher hinter den Erwartungen zurückblieb. Jedenfalls sank seit Mitte der 1990er-Jahre der Pro-Kopf-Energieverbrauch in Deutschland bei steigendem Wohlstand.[4]

Abbildung 5 zeigt, dass bis zum Jahr 2000 auch die materielle Ressourcenentkopplung Wirkung gezeigt hat, das beschleunigte Wirtschaftswachstum jedoch die bisherigen Entkopplungserfolge aufbraucht. Erfolge in Europa und Nord-Amerika werden durch stärkere Entwicklung und einhergehenden Ressourcenverbrauch in der restlichen Welt überholt.

Wir brauchen also neben der Energiewende dringend: eine Materialwende (für Produkte und Produktionsmittel), eine Personalwende und schließlich wohl auch eine Finanzwende.

In fünf Schritten kann es laut Braungart Unternehmen gelingen, ihre Produktion öko-effektiv umzugestalten. Der erste wichtige Schritt ist der Verzicht auf schädliche Stoffe. Dann folgt die Ermittlung der persönlichen Präferenz aufgrund von wissenschaftlicher Erfahrung. Will heißen, die Wahl zwischen zwei Übeln: Wer die Abfallmenge verringern möchte, kauft vielleicht recyceltes Papier. Doch dieses Papier kann Chlor und Dioxine enthalten.

Die dann entstehenden Positivlisten führen schließlich zur »Neuerfindung« des Produkts als letztem Schritt. Nach der Entfernung aller Substanzen, die die spätere Stofftrennung stören (wir nennen das eine »passive Positivliste«), folgt die Planung, wie der spätere Abfall als Nährstoff in den biologischen oder technischen Kreislauf eingehen kann (»aktive Positivliste«).

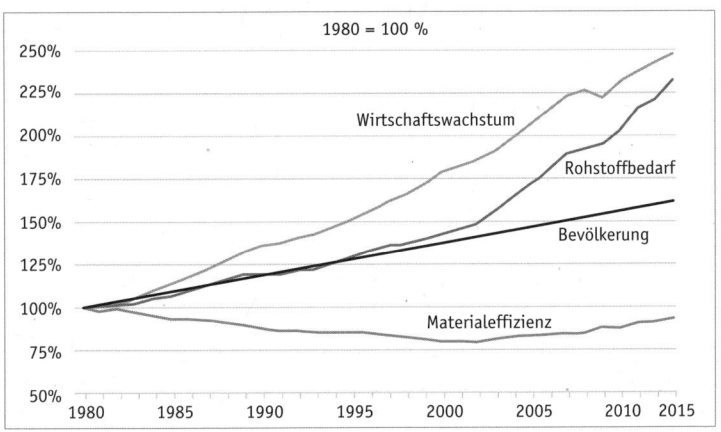

Abbildung 5 Weltweiter Materialverbrauch – die Materialeffizienz kann mit dem Wachstum nicht mithalten, der Materialverbrauch steigt weiter
Quelle: Wirtschaftsuniversität Wien auf Basis von Destatis 2015.

Echte Innovation würde der Industrie und damit den Menschen und schließlich auch der Natur ein gesundes Wachstum ermöglichen. Mit Innovationen und sinnvollem Design ist es möglich, Wohlstand für alle zu generieren. Das mag illusionär klingen oder überoptimistisch. Doch insbesondere in den Niederlanden und den USA haben zahlreiche Unternehmen bereits auf Öko-Effektivität im Sinne von Cradle-to-Cradle umgestellt. Aber auch in Deutschland gibt es vielversprechende Ansätze.

Die Firma Trigema in Burladingen beispielsweise stellt unter anderem Sportbekleidung her und gilt als *der* T-Shirt-Macher Deutschlands. Es ist bekannt, dass die Trigema ausschließlich auf der Schwäbischen Alb produziert und dass sie ihren Mitarbeiterinnen und Mitarbeitern ebenso wie deren Kindern eine lebenslange Beschäftigungsgarantie gibt. Dass sie T-Shirts produziert, die voll kompostierbar und außerdem hautfreundlicher und langlebiger sind als konventionelle Hemden, mögen manche noch nicht wissen. Doch nicht nur T-Shirts, auch Sitzbezüge in Flugzeugen und Möbelstoffe können inzwischen nach Gebrauch als Torfersatz in Gärtnereien dienen und so einen positiven globalen Fußabdruck hinterlassen.

Auch die vollständige und dauerhafte Wiederverwertung von Gebrauchsgütern wie etwa Büromöbeln ist möglich. Dies zeigt das Beispiel des deutschen Tochterunternehmens der Firma Steelcase. Deren Büromöbel können am Ende ihres Lebens leicht zerlegt, recycelt und wiederverwendet werden, weil eine Materialbewertung und -analyse erfolgt, die bis zur molekularen Ebene geht. Dazuhin misst Steelcase die Umweltauswirkung ihrer Produkte auf jeder Stufe in deren Lebenszyklus.

Cradle-to-Cradle bietet aber nicht nur die Chance, ein Produkt, sondern auch die Produktion komplett neu zu denken. Effektivität statt Effizienz wirft beispielsweise im Bereich der Automobilindustrie Fragen auf wie: Sind mit den aktuellen Werkstoffinnovationen künftig noch zentrale Presswerke erforderlich? Ist die Arbeitsteilung zwischen Karosseriebau, Lackierung und Montage noch zeitgemäß? Ist die Arbeitsteilung zwischen Zulieferern und Erstausrüstern, so wie sie heute praktiziert wird, der Weisheit letzter Schluss?

Am Fraunhofer IPA arbeiten wir im Rahmen des kooperativen Forschungscampus ARENA2036 an der Universität Stuttgart an einer hochflexiblen und wandlungsfähigen montageintegrierten Fertigung von Automobilen. In einem solchen Konzept sind die Montagestationen nicht miteinander verkettet und neben Montageoperationen auch für Bearbeitungsumfänge zuständig. Deshalb bevorzugen wir den Begriff Prozessmodule für definierte Fertigungs- und Montageoperationen. Durch das Nebeneinander vieler solcher Prozessmodule lassen sich alle notwendigen Einzeltechnologien für den Fahrzeugbau vorhalten. Produktseitig wird das Auto bereits früh auf die Räder gestellt und mit entsprechender Steuerungs- und Kommunikationstechnik ausgestattet. Ohne dafür Fördertechnik oder Leitrechner zu benötigen, bewegt sich ein solch rollendes Chassis selbst zu den einzelnen Stationen und gibt dort den Impuls zum jeweils weiteren Aufbau. So erhalten wir ein dezentrales, sehr robustes System, das schnell auf Änderungen reagieren kann.

Warum aber werden diese Überlegungen, Ideen und Vorhaben, die vor fast dreißig Jahren entstanden sind, bisher nur in Nischen umgesetzt? Und warum sind sie nicht zu einem allgemeinen Prinzip geworden? Wie Untersuchungen des Stuttgarter Universitätsinstituts für Energieeffizienz in der Produktion (EEP), wie etwa dessen halbjährlich erscheinender Energieeffizienz-Index der deutschen Industrie[5], ergeben haben, liegt ein Grund sicher in der großen Zurückhaltung der Unternehmen, was insbesondere erst langfristig wirksame Investitionen angeht. Üblicherweise erwarten Unternehmen nach drei bis vier Jahren den vollen Rückfluss der Gelder, die sie in Effizienzmaßnahmen stecken. Insbesondere mit Bezug zur Energieeffizienz wurden dort folgende Gründe für nicht umgesetzte Effizienzmaßnahmen genannt (siehe Abbildung 6).

Aber auch fehlende Forschungsgelder und mangelnde politische Unterstützung sind Faktoren, die hier eine Rolle spielen.

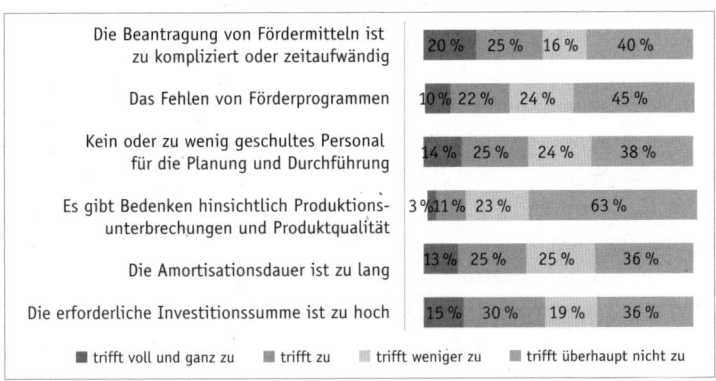

Abbildung 6 Gründe für nicht umgesetzte Effizienzmaßnahmen
Quelle: EEP

Die Fabrik der Zukunft: ultraeffizient

Die urbane Ultraeffizienzfabrik ist ein neuartiger Ansatz, um effizient mit so wenig Material und Energie wie nötig effektiv zu produzieren.[6]

Material und Energie fließen im Kreislauf und dienen immer wieder als Ausgangspunkt der Produktion. Die anpassungsfähige, emissionsfreie Fabrik sorgt so für ein verbessertes ökologisches und soziales Umfeld, integriert in die urbane Umgebung.

Mehr Effizienz bietet die Optimierung der existierenden Systeme etwa durch ein Energiemanagement, die Einbindung und Schulung der Mitarbeiter, die Optimierung des Verbrauchs der vorhandenen Systeme sowie die Verankerung der Lebenszykluskosten und der Gesamtbetriebskosten in die Investitionsrechnung und die Nutzung von Förderprogrammen. Hier steht Deutschland im internationalen Vergleich sehr gut da. Unsere Wirtschaft hat seit 1990 ihre Energieproduktivität um 47 Prozent gesteigert – wir setzen Energie sehr effizient ein. Allerdings haben wir auch unseren Verbrauch erhöht, sodass der Effekt fast verpufft. Wenn wir ein bestehendes System verbessern – zum Beispiel alte Maschinen mit neuen Komponenten bzw. Software ausstatten –, sind Einsparungen von bis zu 30 Prozent möglich. Doch dies ist technisch limitiert. Wer mehr will, muss eine komplett neue Systemarchitektur aufbauen.

Solch eine Entwicklung neuer effektiver Systeme erfordert allerdings:

- Transparenz in Quasi-Echtzeit,
- den Aufbau einer dezentralen Energieversorgung,
- die Nutzung von Technologien zur Energierückgewinnung,
- Entwicklung und Einsatz neuer verlustfreier und emissionsarmer Produktionstechnologien sowie
- die Offenheit für innovative Finanzierungsmodelle.

Ultraeffizienz als Verbindung von Effizienz mit Effektivität und dem (urbanen) Fabrikumfeld führt schließlich zum Ziel. Dazu benötigen wir die holistische Verknüpfung und Verankerung durch eine Vernetzung der Systeme, dezentrale Energiesysteme, eine Verbindung von Verfahrens- mit Produktionstechnologien, Weiternutzung etwa von Verpackungsmaterialien sowie die Verankerung neuer betriebswirtschaftlicher und organisatorischer Verfahren.

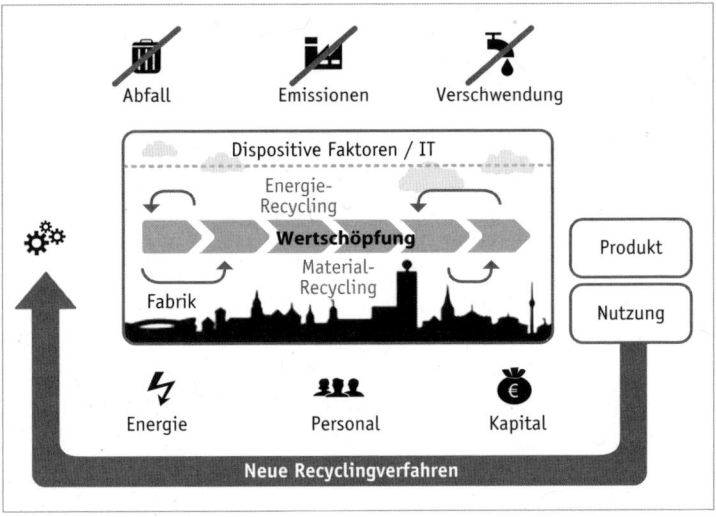

Abbildung 7 Von der Wertschöpfung zur Wertschaffung: das Konzept der Ultraeffizienz in der urbanen Produktion
Quelle: Fraunhofer IPA

Unternehmen können mit einem solchen Ansatz ihr Innovationspotenzial viel besser ausschöpfen, weil über das Bestehende hinausgedacht wird. Innovative Geschäftsmodelle (wie produktionsnahe Dienstleistungen) unterstützen die Sicherung ihrer Position auf dem Markt, auch bei sich wandelnden Bedingungen. Durch verschwendungsarme Prozesse und die Betrachtung des gesamten Fabrik-Produktlebenszyklus gelingt eine ganzheitliche Optimierung der Wertschöpfung. Der Wissensvorsprung gegenüber der Konkurrenz führt zur Verbesserung der Wettbewerbssituation und bringt einen Vorteil beim Ringen um Fachkräfte. Durch die Steigerung der Ressourcenproduktivität werden Energie- und Materialkosten gesenkt,

Abfall, Abluft und Abwasser in der Produktion werden weitgehend eliminiert.

Ein weiterer Vorteil für die Unternehmen: Die Ultraeffizienzfabrik ist mitarbeiterzentriert und übernimmt soziale Verantwortung. Damit bereitet sie sich auf zukünftige Entwicklungen wie den demographischen Wandel, den Fachkräftemangel und eine weitere Verstädterung vor. Sie achtet streng auf die Einhaltung regulatorischer Richtlinien (z. B. Herstellerverantwortung) und erzeugt Synergien und Symbiosen mit dem urbanen Umfeld.

Die Rückgewinnung von Energie aus Abwärme bietet enormes Potenzial für die Einsparung von Energie. Bislang verpufft die Wärme in die Atmosphäre, zusätzlich verschwendet man weitere Energie, um die Halle abzukühlen.

Antriebe, die dynamisch belastet werden, etwa in Hochregallagern, kann man mit sogenannten »Power Caps« ausrüsten. Strom kann beim Abbremsen der Antriebe rekuperiert und in diesen für den nächsten Anlauf gespeichert werden, um die Lastspitze beim Anlauf abzufedern.

Die Fabrik 4.0 vernetzt Anlagen in einem Betrieb über ein Micro Smart Grid, ein kleinteiliges dezentrales intelligentes Stromnetz, miteinander. In einem solchen Industrial Micro Smart Grid werden unterschiedliche Energiequellen, Verbraucher sowie Speicher miteinander verknüpft. Das Netzmanagement soll das schwankende Angebot regenerativer Energie mit dem aktuellen Stromverbrauch ökologisch und ökonomisch in Einklang bringen. So können Echtzeitdaten erfasst und Lastfälle intelligent gesteuert werden, um teure Spitzen zu vermeiden. Das geht auch im größeren Rahmen: In Dänemark haben das die Unternehmen eines Zulieferparks umgesetzt, indem sie ihren Verbrauch anpassen, um Lastspitzen innerhalb ihres Verbunds auszugleichen.

Wie lässt sich aber der Energieverbrauch weiter senken? Die meiste Energie wird für Vorprodukte wie Metalle, Baustoffe oder Chemikalien benötigt. Je weniger die verarbeitende Industrie hiervon einsetzt, desto weniger Energie verbraucht unsere Volkswirtschaft. Bis zu 40 Prozent Materialeinsparung sind möglich, zum

Beispiel durch die Verwendung nachwachsender Materialien oder durch Recycling. Die Ultraeffizienzfabrik berücksichtigt all diese Aspekte und ist eine Fabrik ohne Emissionen, Abfälle und Verschwendung.

Die lange Amortisationszeit ist für Effizienzmaßnahmen das größte Hindernis – und damit auch für diese Vision einer Ultraeffizienzfabrik. Die höchsten Einsparungen werden erzielt, wenn die Infrastruktur angefasst wird. Doch das ist teuer. Viele Unternehmen können oder wollen ihr Kapital nicht so lange binden – selbst wenn die Rendite sehr hoch ist. Hier sieht man allerdings einen Unterschied zwischen inhabergeführten Mittelständlern und extern geführten Kapitalgesellschaften: Langfristig denkende Unternehmer tun sich viel leichter als Konzerne, die ihren Shareholdern stets gute Quartalszahlen liefern müssen.

Man muss das Thema Effizienz in einen Systemkontext stellen. Von möglichen Einspareffekten profitiert schließlich die gesamte Wertschöpfungskette. Eine Chance für deutlich mehr Investitionen in Energieeffizienztechnologie liegt in der Standardisierung des Bewertungs- und Finanzierungsprozesses von Maßnahmen. So lassen sich aus Sicht der Fremdkapitalgeber die Transaktionskosten deutlich reduzieren und Risikozuschläge aufgrund von Bewertungsunsicherheit verringern. Die Last der Investition könnte auf mehrere Schultern verteilt werden, wenn sich Investmentfonds auf diese Weise beteiligen könnten. Der Wille hierzu ist bereits vorhanden – bei Renditen von bis zu 15 Prozent kein Wunder! Es scheitert aktuell an der operativen Umsetzung und fehlenden Instrumenten.

Die bisherigen Ansätze reichen zur Entkopplung des Wachstums vom Ressourcenverbrauch nicht aus. Zukünftig müssen Effizienztechnologien Effektivitätstechnologien finanzieren. Das Konzept der Ultraeffizienzfabrik kann hier als Ordnungsrahmen dienen.

Der Entwicklungsstand von Ultraeffizienzmaßnahmen in Unternehmen ist noch sehr niedrig. Bisher sind nur sehr wenige systemische Ansätze vorhanden. Der Schwerpunkt der Aktivitäten liegt – wie wir gesehen haben – auf der Energie, und es gibt kaum Maßnahmenprogramme im Bereich Material. In Bezug auf Emissionen gibt es, getrieben durch gesetzliche Vorgaben, viele Maßnahmen vom Arbeitsschutz im Betrieb bis hin zur Abwasserreinigung. Und das Handlungsfeld Mensch/Organisation wird nach wie vor vernachlässigt. Hier ist es erforderlich, dass die Fabrik nun als Subsystem des Systems Stadt betrachtet und die Interaktion der Produktion mit ihrem urbanen Umfeld sorgfältig erforscht und optimiert wird.

Der Maschinen- und Anlagenbau muss die aktuellen Kerntechnologien neu bewerten und Technologiesprünge rechtzeitig einleiten. Unter anderem ist dazu eine Innovationsoffensive im Bereich Energieeffizienz erforderlich.

Erforderlich sind steuerliche Vergünstigungen für Entwicklung und Einsatz effizienter Technologien, denn die Ressourceneffizienz wird zukünftig ein wichtiger Wettbewerbsfaktor sein.

Damit die Ultraeffizienzfabrik Wirklichkeit werden kann, muss sie wirtschaftlich arbeiten. Daher sollte sie zunächst einer wirtschaftlichen Bewertung unterzogen werden, um die Kosten zu optimieren. Bewertungsschemata für qualitative Kenngrößen und wirtschaftliche Potenziale sowie die Integration der wirtschaftlichen Faktoren in die Reifegradmethodik werden hier zu entwerfen sein. Für eine Zertifizierung und Schulung müssen ebenfalls standardisierte Bewertungen für Ultraeffizienz nach dem Reifegradmodell erarbeitet werden, dann kann man ein Ultraeffizienzzertifikat etablieren.

Darüber hinaus soll ein Demonstrationszentrum Best-Practice-Lösungen zur Schulung von Experten präsentieren. Die Forschung erfolgt in »Industry on Campus«-Projekten und ferner in sogenannten Produktionskliniken – das heißt vor Ort in den Unternehmen.

Auf drei Ebenen muss jedenfalls ein Umdenken erfolgen:

- Die Lokalverwaltung, also Gemeinden, Städte und Landkreise, muss sich dafür öffnen, dass die Separation von Leben und Arbeiten aufgehoben wird, damit die beiden Bereiche synergetisch zusammenwachsen können.
- Die Unternehmen müssen sich für das Thema Ultraeffizienz öffnen. Sie sollten die Potenziale erkennen und sich neue Bewertungskriterien für ihren Erfolg geben.

- Die Landes- und Bundesregierungen müssen sich für die Effizienzhandlungsfelder öffnen. Nach der Energiewende müssen nun rasch die Bereiche Material, Emission, Personal und Organisation angegangen werden, zum Beispiel in Form von nach dem Vorbild der Energienetzwerke systematisch aufgebauten und geförderten Ultraeffizienznetzwerken.

Anmerkungen

1   VDI-Zentrum Ressourceneffizienz (Hrsg.) (2015): Status quo der Ressourceneffizienz im Mittelstand. Befragung von Unternehmensentscheidern im verarbeitenden Gewerbe 2015. http://www.ressource-deutschland.de/fileadmin/user_upload/downloads/studien/Studie_VDI_ZRE_Status_quo_Ressourceneffizienz_2015.pdf.
2   Braungart, Michael; Donough, William (2008): Die nächste industrielle Revolution. Die Cradle to Cradle Community, Hamburg.
3   Fraunhofer-Institut für Produktionstechnik und Automatisierung IPA. http://www.ipa.fraunhofer.de/fileadmin/user_upload/Kompetenzen/Beschichtungssystem_ und_Lackiertechnik/Nassapplikation_u_Simulation/Produktblatt_Mikrocoat-Anlage.pdf.
4   Vgl. BMWi (2011): Forschung für eine umweltschonende, zuverlässige und bezahlbare Energieversorgung. Das 6. Energieforschungsprogramm der Bundesregierung: http://www.weltderphysik.de/fileadmin/user_upload/Redaktion/Schulung/PDF/Technik/Energie/6-energieforschungsprogramm-der-bundesregierung.pdf
5   Institut für Energieeffizienz in der Produktion (EEP): Der Energieeffizienz-Index der deutschen Industrie: http://www.eep.uni-stuttgart.de/eei/
6   Das Großprojekt Ultraeffizienzfabrik wird vom Stuttgarter Fraunhofer, IPA Fraunhofer IGB, Fraunhofer IAO mit Unterstützung des baden-württembergischen Umweltministeriums durchgeführt. http://wp12434357.server-he.de/ultraeffizienzfabrik/ultraeffizienz

Zum Schluss

Industrie 4.0: Ohne Internet geht gar nichts

Von Marcus Franken

Egal, ob Energiewende oder effizienter Umgang mit Ressourcen: In Zukunft werden Solaranlagen und Kühlschränke ihren Stromverbrauch untereinander absprechen. Auch in der Industrie sollen Maschinen sich zunehmend selbst organisieren – Industrie 4.0.

Es ist nicht das erste Mal, dass in Walldorf eine Revolution startet. Im Jahr 1972 haben hier fünf Mitarbeiter des Computerriesen IBM die Firma SAP gegründet – und damit in den folgenden Jahren den Weltmarkt für Unternehmenssoftware aufgerollt. Jetzt testen hier 40 Haushalte etwas, das ein Licht auf die Zukunft der Energiewirtschaft wirft.

Im Living Lab Walldorf sind die Solarzellen, Batteriespeicher und Wärmepumpen von 40 ganz normalen Haushalten und kleinen Firmen miteinander verschaltet. Die Idee ist einfach: Je stärker die Stromerzeuger und Speicher mit den Verbrauchern gekoppelt werden – Waschmaschinen, Warmwasserkessel, Kühlschränke – und je mehr sie miteinander »kommunizieren«, desto besser lässt sich die vorhandene Energie ausnutzen: Die Gefriertruhe kennt dann den Ladestand des großen Stromakkus (steht auf einem Parkplatz bei der Sporthalle) und schaltet den Kühlkompressor vor allem dann ein, wenn die Solaranlagen die Batterien vollgemacht haben. Neu sind hier nicht Solarzelle, Wärmepumpe oder Kühlschrank – und schon gar nicht die Batterie auf dem Parkplatz (das beteiligte Stadtwerk hat hier lediglich einen gebrauchten Akku beigesteuert). Neu ist: Die einst stummen und dummen Solarzellen und Waschmaschinen reden miteinander, senden und sammeln Informationen. Aus Maschinen werden Agenten, wie Computerwissenschaftler die zunehmend autonom handelnden Teile eines Netzwerks nennen.[1] Und die

Innovationen finden bei den kleinen IT-Firmen wie Beegy und den Fraunhofer-Instituten statt, die hier mitspielen. Sie forschen an der Software, die Erzeuger und Verbraucher wie ein feinmechanisches Uhrwerk aufeinander abstimmen soll.

Den eigenen Solarstrom an den Nachbarn verkaufen

Das Living Lab Walldorf ist nur eines von vielen Projekten in Deutschland. Als »Virtuelle Kraftwerke« ist die Vernetzung von kleinen Stromerzeugern landauf und landab bekannt. Und spätestens 2016 hat es das Thema »Internet meets Energiewirtschaft« durch die »Blockchain-Technologie« bis in die Schlagzeilen der großen Zeitungen und Internetangebote geschafft: Dank des digitalen Verschlüsselungs- und Kommunikationssystems soll jeder Besitzer einer Solaranlage in Zukunft den selbstgemachten Strom an seinen Nachbarn verkaufen – so die Vision. In den USA und Australien ist jeweils ein Nachbarschaftsprojekt mit dieser Technologie 2016 gestartet und erfreut sich der Aufmerksamkeit von Medien und Energieversorgungsunternehmen.

Damit verschiebt sich der Fokus bei der Entwicklung der Erneuerbaren Energien. In den ersten Jahrzehnten konzentrierten sich die Entwickler von Windrädern, Biomassekraftwerken und Solaranlagen auf die technische Machbarkeit – das ist allen Techniken gelungen. Dann ging es darum, den Preis des erzeugten Stroms zu senken. Da sind vor allem die Biogasanlagen als zu teuer und zu wenig ökologisch auf der Strecke geblieben. Schon seit 2014 ist deren Zubau auf 100 MW pro Jahr in Deutschland begrenzt, während Windenergie und Solarstrom 20- bis 40mal so stark ausgebaut wurden. Denn während Biomassekraftwerke ihren Strom immer noch für deutlich über 11 Cent je Kilowattstunde produzieren, liegt die Windkraft deutlich unter 7 Cent je Kilowattstunde.[2] Und noch beeindruckender ist der Preisverfall beim Solarstrom: 2004 bekam man für seinen Solarstrom noch deutlich über 50 Cent je Kilowattstunde. Ende 2016 liegen die Kosten in Deutschland im Schnitt bei 7,4 Cent.[3] Und in sonnenverwöhnten Ländern wie Chile und auf der arabischen Halbinsel sollen Solaranlagen gebaut werden, die für weniger als drei Cent je Kilowattstunde Strom produzieren. Da geht nach unten nicht mehr viel. Der Fortschritt muss künftig woanders stattfinden.

Die Aufgabe ist jetzt der Umbau eines zentralen Stromnetzes mit wenigen großen Produzenten und einer Masse von Nachfragern. Künftig werden viele kleine Anlagen Strom produzieren. Und die gehören nicht einigen wenigen Firmen, sondern einer unüberschaubaren Armada von Energieunternehmen, kleinen Stadtwerken, Rentenkassen (die ihr Geld in Energie angelegt haben), Bauern und Privatleuten mit Solaranlagen auf dem Dach. Dann muss die Energieverteilung ganz neu gedacht werden: technisch, wirtschaftlich und organisatorisch.

Banal ist das nicht: Denn verschiedene Erzeuger und Verbraucher in der neuen Energielandschaft müssen bei der Stromproduktion und beim Verbrauch darauf reagieren, ob der Strom gerade teuer oder billig ist – danach müssen Solaranlagen und Kühlschränke an- und abgeschaltet werden. Und das hängt wieder davon ab, ob viel oder wenig Strom am Markt ist. Und das wieder davon, ob gerade die Sonne scheint, der Wind weht und ob die Verbraucher gerade wenig Energiebedarf haben (beispielsweise nachts) oder großer Energiehunger besteht (morgens, wenn die Leute zur Arbeit gehen und die Fabriken die Produktion hochfahren). Und dann muss auch noch jederzeit sichergestellt sein, dass das Stromnetz technisch sicher betrieben werden kann – auch wenn die Sonne mal drei Wochen nicht scheint und der Wind nicht weht. Heute übernehmen Netzbetreiber diese Gesamtverantwortung; neben vielen anderen technischen Fragen bleibt offen, wer das in Zukunft tun kann.

Die Blockchain-Technologie ist dabei ein neues Abrechnungssystem im Internet. Es gilt als manipulationssicher, ermöglicht die Abrechnung von Mini-Beträgen und hilft bei der finanziellen Abrechnung zwischen den selbstständig handelnden Maschinen: Wenn eine Solaranlage Überschüsse produziert, dann kann dieser Strom an die Nachbarn weitergegeben und in Rechnung gestellt werden. Damit entfällt der Zwischenhandel, die Energiekosten sinken. Technik-Start-ups mit Namen wie Slock.it, Oneup[4] oder Powerpeers und viele andere treiben diese Entwicklung voran. Und wie bei Power-peers (Vattenfall) in den Niederlanden stehen die großen Energie-konzerne dabei oft schon als Investoren im Hintergrund.

Material besser ausnutzen

So klar die Vision für die Digitalisierung des Energiemarkts ist, so schwer fassbar ist der Fortschritt, den die Digitalisierung bei der Ein-sparung von Material bringen soll. Worum geht es hier eigentlich? Genau wie aus stummen Solaranlagen und Kühlschränken kommu-nizierende Einheiten werden, sollen auch die einzelnen Stationen wie Arbeitsplätze, Maschinen und Vorratslager in einer Fabrik mit-einander kommunizieren und sich quasi selbst organisieren – das nennt sich dann »Industrie 4.0«.

Ein gutes Beispiel ist die Produktion bei einem Zulieferer der Automobilindustrie: Die Maschinenbaufirma MSR Technologies in Laupheim/Schwaben[5] stellt Teile wie Turboladerkomponenten, Bau-teile für Doppelkupplungsgetriebe sowie Steuerventile und Hydrau-liksteuerblöcke her, die in Autos von Mercedes oder Audi verbaut werden. Das ist ganz klassischer Maschinenbau. In dem Betrieb ste-hen über hundert Anlagen wie Fräsen, Schleif- und Reinigungsma-schinen; es soll möglichst wenig teurer Ausschuss produziert werden.

Darum wird hier in einem »Industrie 4.0-Projekt« versucht, der Produktion Selbstorganisation einzuhauchen. Wenn etwa »eine Drehmaschine eine fehlerhafte Produktion von Teilen sofort meldet, verringert sich der Ausschuss und somit der Einsatz von Material. Wenn alle Maschinen auf Grund eines optimierten Produktionspla-nes ohne Stillstandzeiten fertigen, verringern sich die Anlaufver-luste und Energie wird eingespart«.[6] Das bringt – nach Angaben der Firma – eine konkrete Energieeinsparung von ca. 10 Prozent. Und man erwartet, dass durch die Digitalisierung die Stückkosten per-spektivisch um 10 bis 20 Prozent sinken. Das bringt einen Umwelt-vorteil, auch wenn das nicht der Grund ist, warum MSR sich mit der Digitalisierung der Produktion beschäftigt: Die Automobilkonzerne erwarteten von ihren Zulieferern, dass sie hier mitmachen, heißt es bei MSR Technologies. Denn so lässt sich die Produktion bei Zulieferern und Abnehmern besser abstimmen, auch die Qualität wird besser kontrolliert.

Anderes Beispiel: Die Firma J. Schmalz GmbH stellt 6.000 verschiedene Unterdrucksysteme und Komponenten für viele verschiedene Einsätze im Maschinen- und Anlagenbau her; meist geht es um kleine Stückzahlen, so dass die ganze Produktion eher an eine Manufaktur oder ein großes Labor erinnert.[7] Schmalz ist nicht irgendein Unternehmen, sondern schon lange ein leuchtendes Vorbild für den Einsatz von Erneuerbaren Energien in der Industrie – weit mehr als der Eigenbedarf wird von Solaranlagen, einem Holzheizkraftwerk und firmeneigenen Windrädern erzeugt. Bei Schmalz erfasst ein Warenwirtschaftssystem zudem genau, wie viele Einzelteile gerade in der Produktion benötigt werden. Genau genommen wird an den Montageplätzen ständig kontrolliert, wie viele Einzelteile vorhanden sind, und der Montageplatz »meldet sich« (im Sinne von Industrie 4.0), wenn er Nachschub braucht. So können die Montageplätze exakt beliefert werden, dadurch lassen sich auch die Lagerbestände reduzieren – um beachtliche 50 Prozent. Dadurch entsteht weniger Abfall: Denn die Lieferserien sind so spezialisiert und die Produkte ändern sich darum so oft nach den Kundenwünschen, dass manche Lagerteile veralten, bevor sie eingesetzt werden können. Zwischen 10 und 20 Prozent müssten verschrottet werden, heißt es bei Schmalz. Das sei eine Quote, die in der Industrie durchaus üblich sei.

Industrie 4.0 – Feilen an den Details

Obwohl Schmalz schon seit Jahren wie kaum ein anderes Unternehmen einen Schwerpunkt auf Umweltschutz und Energieversorgung legt, wird die Materialeinsparung durch die Digitalisierung der Produktion nicht erfasst. Denn die Ressourcenschonung steht auch hier nicht im Vordergrund der Digitalisierung, sie ist eher ein positiver Nebeneffekt des großen Digitalisierungstrends.

Das passt zu der Kritik, die Experten an »Industrie 4.0« üben: Der Begriff wurde nicht etwa von Mittelständlern oder gar von Ökologen erfunden, sondern von der Bundesregierung, großen Elektrokonzernen und Digitalverbänden und anlässlich der Hannover-Messe 2011 aus der Taufe gehoben. In »Illusion 4.0«[8] beschreiben Autoren der Hochschule Ansbach, wie wenig praktischen Nutzen die meisten Mittelständler in der totalen digitalen Kontrolle sehen – und dass sie sich darum kaum noch an den Projekten innerhalb der Hightech-Strategie der Bundesregierung beteiligen. »Industrie 4.0 wird vor allem von Fabrikausrüstern und Forschungseinrichtungen vorangetrieben. Sie sind es, die davon direkt profitieren.«

Schon seit einem halben Jahrzehnt treibt die Digitalisierung die Sharing-Economy voran: Über webbasierte Apps kann heute alles Denkbare geteilt und verliehen werden: Airbnb und Uber sind durchs Teilen von Wohnungen und Autos inzwischen zu Weltkonzernen geworden – negative Auswirkungen eingeschlossen. Carsharing gilt als ein Zukunftsmarkt der Automobilkonzerne. Das Auto-Teilen schafft die Autos zwar nicht ab; aber es bringt die Möglichkeit mit sich, dass weniger Autos intensiver genutzt werden (und damit die Räume in den Städten wieder offener werden) und auch neue Technologien wie batteriebetriebene Fahrzeuge sich schneller etablieren. Massiv Ressourcen sparen auch Kleider-Tauschkreise und Werkzeugverleihe oder die per Mitfahrgelegenheit geteilte Autofahrt, auch wenn diese Tauschangebote bisher vor allem bei den eher kleinen, öko-sozial engagierten Milieus in den Großstädten erfolgreich sind.

Allein durch Digitalisierung und Maschinen, die miteinander sprechen, werden nicht weniger Ressourcen verbraucht und auch die Abfallberge werden nicht kleiner. Aber für eine dezentrale, erneuerbare Energieversorgung ist die Digitalisierung eine notwendige Bedingung. Und ein Versprechen auf die Zukunft.

Anmerkungen

1 Michael Sonnenschein et al. (2015): Supporting Renewable Power Supply Through Distributed Coordination of Energy Resources, in: Hilty, L./Aebischer, B. (Hrsg.): ICT Innovations for sustainability. Heidelberg. S. 387-404.
2 Laut https://www.windindustrie-in-deutschland.de/interviews/eckhard-kuhnhenne-krausmann-ceo-enervis-wir-erwarten-gebotspreise-deutlich-unter-7-cent/.
3 Ausschreibungsergebnisse vom 1.4.2016, siehe: bundesnetzagentur.de.
4 http://www.pv-magazine.de/meinung/blogdetails/beitrag/blockchain-in-der-energiewirtschaft_100024099/#ixzz4J5e3ouqa
5 http://www.msr-tec.com.
6 http://www.ressource-deutschland.tv/themen/allgemeines/schnell-genau-und-effizient-mit-daten-monitoring/.
7 http://www.ressource-deutschland.tv/themen/allgemeines/perfekter-material-strom-im-schwarzwald.
8 https://www.cetpm.de/aktuell.id.119.Neuerscheinung__Illusion_4_0_-_Deutschlands_naiver_Traum_von_der_smarten_Fabrik.html.

Autorinnen und Autoren

Dietmar Bartz berichtete schon als taz-Wirtschaftsredakteur von 1988 bis 1991 über die deutsche und europäische Industriepolitik, die den heutigen Airbus-Konzern formte. Er war Redakteur beim *Atlas der Globalisierung* und produziert für die Heinrich-Böll-Stiftung deren politische Atlanten (Fleisch-, Europa-, Boden-, Konzernatlas). 2016 verfasste er das Magazin OBEN, das die Inhalte einer gemeinsamen Gesprächsreihe von Heinrich-Böll-Stiftung und Airbus über die Zukunft des Fliegens vorstellte.

Prof. Dr.-Ing. **Thomas Bauernhansl** ist Leiter des Fraunhofer-Instituts für Produktionstechnik IPA und des Instituts für industrielle Fertigung und Fabrikbetrieb IFF der Universität Stuttgart.

Dr. habil. **Weert Canzler**, geb. 1960, Politikwissenschaftler, Promotion in Soziologie an der Technischen Universität Berlin. Habilitation mit Lehrbefugnis für »Sozialwissenschaftliche Mobilitätsforschung« an der Technischen Universität Dresden. Seit 1993 als Wissenschaftler am Wissenschaftszentrum Berlin für Sozialforschung (WZB) und seit 2013 Sprecher des Leibniz-Forschungsverbundes Energiewende.

Martyn Douglas ist wissenschaftlicher Mitarbeiter im Fachgebiet Umwelt und Verkehr im Umweltbundesamt in Dessau-Roßlau und dort zuständig für den Güterverkehr.

Marcus Franken, geb. 1968, ist gelernter Umweltingenieur und Journalist, heute Autor, leitender Redakteur für Magazinproduktionen und Partner bei Ahnen & Enkel, einer Inhalte-Agentur.

Ralf Fücks, geb. 1951, Vorstand der Heinrich-Böll-Stiftung von 1996 bis 2017 und Autor, veröffentlichte zuletzt seinen langen Essay *Freiheit verteidigen – Wie wir den Kampf um die offene Gesellschaft gewinnen.*

Franz-Theo Gottwald studierte Katholische Theologie, Philosophie, Sozialwissenschaften und Indologie. Er ist Vorstand der Münchner Schweisfurth-Stiftung und Honorarprofessor für Agrar- und Umweltethik an der Humboldt-Universität in Berlin.

Dr. **Ralph Hintemann** ist Partner und Senior Researcher am Borderstep-Institut für Innovation und Nachhaltigkeit in Berlin. Er forscht seit mehr als 25 Jahren im Bereich neue Technologien und ihre Umweltwirkungen, insbesondere mit dem Fokus auf Informations- und Kommunikationstechnologien. Neben seiner Tätigkeit bei Borderstep ist Ralph Hintemann Lehrbeauftragter an verschiedenen Hochschulen und Mitglied des Oldenburg Center for Sustainability Economics and Management (CENTOS).

Prof. Dr. habil. **Andreas Knie**, geb. 1960, Politikwissenschaftler, Promotion und Habilitation an der Technischen Universität Berlin und seit 1988 als wissenschaftlicher Mitarbeiter am Wissenschaftszentrum Berlin für Sozialforschung sowie seit 1996 apl. Professor für Techniksoziologie an der TU Berlin, außerdem seit 2006 Geschäftsführer des Innovationszentrums für Mobilität und gesellschaftlichen Wandel (InnoZ) in Berlin.

Dr.-Ing. **Jörg Mandel** ist Leiter der Abteilung Nachhaltige Produktion und Qualität am Fraunhofer IPA.

Dr.-Ing. **Martin Pehnt** ist Mitglied der Geschäftsführung des ifeu (Institut für Energie- und Umweltforschung) in Heidelberg. Das Institut wurde 1978 von Wissenschaftlerinnen und Wissenschaftlern der Universität Heidelberg als Zentrum für unabhängige Forschung zu umweltrelevanten Fragen gegründet. Heute arbeiten dort rund 70

Mitarbeiterinnen und Mitarbeiter aus dem Bereich der Natur-, Ingenieurs- und Gesellschaftswissenschaften.

Barbara Praetorius ist Professorin für Nachhaltigkeit, Umweltökonomik und -politik an der Hochschule für Technik und Wirtschaft (HTW) Berlin sowie Senior Advisor bei Agora Energiewende. Bis März 2017 war sie stellvertretende Direktorin von Agora Energiewende und davor Leiterin der Verbandsstrategie beim Verband kommunaler Unternehmen und Wissenschaftler am DIW Berlin. Sie ist Diplom-Volkswirtin und promovierte Politologin.

Prof. Dr.-Ing. Dipl.-Kfm. **Alexander Sauer** ist Leiter des Instituts für Energieeffizienz in der Produktion an der Universität Stuttgart und Leiter der Abteilung Effizienzsysteme am Fraunhofer IPA.

Gerhard Schick ist promovierter Volkswirt und hat in verschiedenen Forschungsinstituten und Stiftungen gearbeitet, bevor er in den Bundestag gewählt wurde. Dort verantwortet er für die Fraktion von Bündnis 90/Die Grünen als finanzpolitischer Sprecher unter anderem die Regulierung von Banken, Versicherungen und Finanzmärkten.

Daniel Sutter ist Partner und Bereichsleiter im Themenfeld Verkehr beim Forschungs- und Beratungsbüro INFRAS in Zürich.

Michael Weltzin ist promovierter Diplom-Biologe, arbeitet als Referent für Klimapolitik in der Grünen Bundestagsfraktion und hat einen Lehrauftrag für Abfallwirtschaft an der Beuth-Hochschule für Technik in Berlin.

Barbara Zeschmar-Lahl hat an der Universität Bremen Biologie studiert und an der Technischen Universität Berlin in der Fakultät III – Prozesswissenschaften über ein abfallspezifisches Thema promoviert. 1994 hat sie die BZL Kommunikation und Projektsteuerung GmbH gegründet. Arbeitsschwerpunkte sind Abfallwirtschaft, Chemie, Klimaschutz, Ressourceneffizienz und Nachhaltigkeit.

Bildnachweis

Alle angegebenen Bilder wurden zugeschnitten, um sie dem Buchformat anzupassen; vierfarbige Bilder wurden in schwarz/weiß umgewandelt. Alle Bilder stammen von www.flickr.com.

S. 16
Rosmarie Voegtli: hello
CC BY 2.0

S. 36
Kevin McCarthy: INTERNET: Series of tubes
CC BY 2.0

S. 56
Martin Abegglen: Industrie
CC BY-SA 2.0

S. 86
stanze: Kette an einem Pfosten an der Strasse
CC BY-SA 2.0

S. 106
janie.hernandez55: Wind Energy
CC BY 2.0

S. 126
EnergieAgentur.NRW: EnergieAgentur.NRW auf der SHK
CC BY 2.0

S. 138
Moritz Sirowatka: Die Frankfurter Banken
CC BY 2.0

S. 152
avda-foto: Berlin - Potsdamer Platz - E-Mobility-Charging
CC BY-SA 2.0

S. 172
Rolf Heinrich, Köln: 185 243-3 Köln-Kalk Nord 2015-11-04-01
CC BY-SA 2.0

S. 186
Teppo Kotirinta: Clouds from Aeroplanes HEL-LND-8584
CC BY 2.0

S. 202
Xavi: robota
CC BY 2.0